구약에 나타난 부흥운동
(상권)

월터 카이저 지음
횃불성경연구소 옮김

신교횃불

상권 차례
Volume One Contents

책머리에 …………………………………………………………… 5

구약에 나타난 부흥운동 ………………………………………… 9
The Theology of Revival in the Old Testament

제 1강 서론 …………………………………………………… 21
Session One Introduction

제 2강 지금은 우리의 우상을 제거할 때 ……………………… 47
Session Two It's Time to Get Rid of out Idols

제 3강 지금은 우리의 죄를 고백할 때 ………………………… 87
Session Three It's Time to Coness Our Sin

제 4강 지금은 여호와를 섬길 때 …………………………… 179
Session Four It's Time to Serve the Lord

제 5강 지금은 하나님으로 하나님 되시게 할 때 …………… 231
Session Five It's Time to Let God be God

책머리에

횃불선교센타는 1992년 11월부터 1993년 8월까지 총 8학차에 걸쳐 미국 시카고 근교 디어필드에 소재한 트리니티 복음주의신학교(Trinity Evangelical Divinity School)와 함께 횃불 트리니티 신학강좌를 개설했습니다. 영성교육, 선교부흥, 성경관, 윤리 현대신학, 가정사역 리더십 등, 오늘날 한국 교회에 적실성이 있는 다양한 주제로 폴 시다, 테드 워드, 월터 카이저, 존 우드브리지, 니겔 캐머런, 케네스 칸처, 찰스 셀, 마크 센터 부부 등 트리니티 신학교의 우수한 교수들이 강의해 주었습니다. 매학차 평균 500명의 목회자 신학생 및 평신도들이 참석하여 횃불 트리니티 신학강좌는 대성황을 이루었습니다. 유학 가지 않고도 한국에서 세계적인 석학들의 강의를 듣게 된 참석자들은 한결같이 이 프로그램이 개인의 신앙성숙과 한국 교회의 발전을 위해 매우 유익한 프로그램이라는 반응을 보여 주었습니다.

횃불선교센타는 이렇게 유익한 신학강좌를 한국교계에 보다 널리 보급하기 위하여, 횃불성경연구소 연구원들로 하여금 매강의의 영문을 그대로 녹취하고 그것을 한글로 대역하게 하여 책을 만들게 하였습니다. 이리하여 매강의마다 두 권의 책으로 엮어지게 되고 이렇게 엮어진 책자들은 비디오 테이프, 카세트 테이프와 함께 한국교계에 소개될 것입니다.

횃불 트리니티 신학강좌에 직접 참석한 사람들은 이런 매체를 통해서 자신이 들은 강의를 다시 확인하면서 공부할 수 있을 것이고, 강의에 참석하지 못한 사람들은 해외 석학들의 강의를 미리 들어봄으로써 영어와 신학을 동시에 익히는 일석이조의 유익을 볼 것입니다. 무엇보다도 개교회의 목회자들은 비디오 테이프(16강의 16개)와 카세트 테이프 16강의 16개 및 책자들을 교회 재직과 교사 등 지도자 교육용으로 활용할 수 있을 것입니다.

지금까지 햇불트리니티 신학강좌 시리즈는 제1학차분 폴 시다 박사의 「크리스챤의 영성계발」(상, 하)과, 제2학차분 테드 워드 박사의 「기독교 교육과 한국교회 선교운동」을 발간하였습니다. 이번에 제3학차분으로 월터 카이저의 「구약에 나타난 부흥운동」을 상·하권으로 발간하게 되었습니다.

월터 카이저 박사는 설명이 필요없는 최고의 석학이요, 구약신학에 관한 한 세계 최고의 신학자입니다. 이미 국내에서도 몇 권의 저서가 번역되어 신학자들과 신학생들, 그리고 목회자들의 주요한 길잡이 역할을 하고 있습니다.

월터 카이저 박사는 복음적이고 신앙적인 신학교로 이름나있는 위튼 대학에서 신학교수를 역임했었고, 또 복음주의신학회의 회장의 역임하는 등 복음주의신학의 일선에서 복음적이고 성경적인 신학을 정립하는데 그의 일생을 바쳐왔습니다.

그는 현재 트리니티 복음주의 신학대학원의 구약학 교수로 재직 중이며 성서문학협회의 회원으로, 근동고고학협회의 이사로서도 활발한 활동을 하고 있습니다.

월터 카이저 박사의 주요한 저서로는 「현대설교에서의 구약」, 「갱신의 추구 : 구약의 부흥운동」, 「구약의 난제 해설」 등 다수가 있습니다.

이러한 세계적인 신학자를 초빙하여 그 생생한 메시지를 접할 수 있게 된 것은 하나님께서 한국교회를 사랑하시는 한 증거라고 생각됩니다. 월터 카이저 박사는 지난 1993년 1월 횃불선교센타의 초청으로 구약에 나타난 부흥운동에 대하여 그의 명강의를 들려주었습니다.

본서는 그의 탁월한 강의를 있는 그대로 생생하게 느낄 수 있도록 번역된 책입니다. 구약에 나타난 부흥운동을 연구하는 가운데 오늘날 우리 개개인의 신앙이 성숙되고 한국교회의 신앙이 부흥되는 계기가 되기를 기도합니다.

이 책이 출판되기까지 물심양면의 지원을 아끼지 않는 횃불선교센타와 특히 녹취와 한글대역에 힘을 쏟은 횃불성경연구소 연구원들에게 진심으로 감사를 드리며, 앞으로 이런 책자를 통해서 한국교회가 정화되고 부흥되기를 바랍니다.

횃불선교센터 실행위원장 　김상복
횃불성경연구소 부소장 　권성수

[Tape 1]

The Theology of Revival in the Old Testament

Walter C. Kaiser, Jr.
Trinity Evangelical Divinity School
Deerfield, Illinois, U. S. A.

We greet you in the name of the Lord Jesus and look forward to working with you in this class. It seems a little ridiculous to bring a lecture series on the theology of revival to a nation that has known so much of revival of God. Nevertheless, I feel like God has laid it upon my heart to minister this to you, and I trust that it will have a great impact.

I am also hopeful that we will be able to do a good number of biblical passages together in expository preaching. I am committed to the exposition of the Word of God because, I think, that is where the power of the Word of God is. I realize there is such a thing as topical preaching, but I always like to go back to the texts of Scripture. I tell my students that they should preach topically once every five

【테이프 #1】

구약에 나타난 부흥운동

월터 카이저
트리니티 복음주의 신학대학원
미국 일리노이 주 디어필드

　우리 주 예수님의 이름으로 여러분에게 문안드리면서, 그 동안 이 강의를 통해 여러분과 함께 공부하게 되기를 매우 기다렸음을 말씀드립니다. 하나님의 부흥에 관해서 잘 아는 이 나라에서 구약에 나타난 부흥운동을 강의한다는 것이 약간 우습게 보일지도 모르겠습니다. 그러나 저는 하나님께서 이것을 여러분에게 강의하도록 제 마음 속에 강하게 역사하셨음을 느끼며, 이것이 여러분에게 큰 도전이 될 것이라고 믿습니다.
　저는 또한 우리가 강해설교에서 아주 많은 성경구절들을 다룰 수 있기를 희망합니다. 제가 하나님의 말씀을 강해하는 데 헌신하게 된 것은 강해설교에 하나님의 말씀의 능력이 존재한다고 생각하기 때문입니다. 주제설교와 같은 것도 있는 줄은 알지만, 저는 항상 성경 본문으로 돌아가기를 원합니다. 저는 학생들에게 매 5년마다 한 번씩 주제설교를 해야 한다고 말합니다. 그렇게 하고 나서, 곧 회개하고 다시 강해설교로 돌아가야 합니다.

years. And then they should repent and go back to preaching the Word of God.

We are going to try to use about twelve different texts of Scripture in the series. I am also interested in our preaching and teaching from the Old Testament, as well. Over three-fourths of the Bible is found in the Old Testament. We need to hear the whole counsel of God if we are going to instruct our people properly. Leave one portion of God's Word neglected, and that will become the seedbed for tomorrow's heresies. That is why we need to declare the whole counsel of God.

Jesus rebuked the disciples on the road to Emmaus for not understanding the Old Testament. He said, "Oh, fools and slow of heart to believe all that the prophets and Moses said concerning me!" I don't know what it is like in the Korean Church, but in the American Church we do not preach from the Old Testament very much. And our modern problems in America are usually directly related to that lack of preaching in the Old Testament. So our attempt will be to also give you some sermons from this that you can perhaps preach.

Theme Verses for the Course :

Let's turn to our outline then on theology of revival. We have three theme verses for the course as I have noted them there.

II Chronicles 7 : 14

II Chronicles 7 : 14 is the best known, perhaps, of all of these verses. This text was given to Solomon at the dedi-

우리는 이번 강의에서 12개의 성경본문을 사용할 것입니다. 저는 우리가 구약성경을 설교하고 가르쳐야 한다는 데에도 관심을 가지고 있습니다. 사실 성경의 4분의 3 이상이 구약입니다. 그러므로 우리가 교인들을 적절하게 가르치려면 하나님의 말씀 전체에 귀를 기울일 필요가 있습니다. 하나님의 말씀 중 한 부분을 소홀히 한다면, 그것이 미래의 이단의 씨앗이 될 것입니다. 그렇기 때문에 우리는 하나님의 말씀 전체를 선포해야 하는 것입니다.

예수님은 엠마오로 가는 제자들이 구약을 이해하지 못하는 것에 대해 책망하셨습니다. 예수님은 "미련하고 선지자들과 모세가 나에 대하여 말한 모든 것을 더디 믿는 자들이여!"라고 말씀하셨습니다. 저는 한국 교회의 상황이 어떤지는 잘 모릅니다만, 미국 교회에서는 구약을 잘 설교하지 않습니다. 그리고 현대 미국의 문제들은 언제나 직접적으로 바로 이 구약을 설교하지 않는 것과 관계됩니다. 그러므로 우리는 여러분에게 구약에서 몇 가지를 설교함으로써 여러분도 구약을 설교할 수 있도록 하려고 합니다.

강의를 위한 주제 구절들 :

이제 구약에 나타난 부흥운동이라는 강의안으로 돌아가 봅시다. 거기 기록된 대로, 이 강의에는 세 개의 주제구절이 있습니다.

역대하 7 : 14

역대하 7 : 14은 이 구절들 가운데 가장 잘 알려진 구절입니다. 이 구절은 성전 낙헌식에서 솔로몬에게 주신 말씀입니다. 아마 이 구절은 여러분의 귀에 못이 박히도록 들은 유명한 구절일 것입니다. "내 이름으로 일컫는 내 백성이 그 악한 길에서 떠나 스스로 겸비하고 기도하여 내 얼굴을 구하면 내가 하늘에서 듣고 그 죄를 사하고 그 땅을 고칠지라."

제가 미국에서 이 본문을 설교할 때, 많은 사람들이 첫번째 문장의 첫

cation of the temple. And it is that famous text, I guess, we've heard over and over again. It says, "If my people, who are called by my name, will humble themselves and pray and seek my face and turn from their wicked way, then will I hear from heaven and will forgive their sin and will heal their land."

When I preach from this text in America, many immediately object to the first sentence-first phrase "if my people." They say, "This was not addressed to us. This was addressed to Israel; this is their mail." But I object and I say, "Yes, but look at the next phrase: 'who are called by my name'." That phrase is used in both the Old and the New Testaments for God's people everywhere. So the promise is to anyone at anytime in anywhere in the world.

Then there are four requests that are made here: we are to humble ourselves; we are to pray; we are to seek God's face; and we are to turn from our wicked way. That is an agenda for practically the whole of the First and Second Chronicles. A half of the chapters in II Chronicles deal with revivals. And there are five major revivals in the book. They are built around these four phrases here.

The first and the last deal with humbling ourselves. There were revivals during the days of King Asa and King Josiah. And the next ones, the middle three, take up the next three imperatives. God taught King Jehoshaphat how to pray. God taught King Hezekiah what it meant to turn from their wicked ways. And God taught King Asa what it meant to seek his face.

But God said, if we would heed these conditions, then he

번째 구(句) '내 백성이'라는 말에 즉각적으로 반대를 했습니다. 그들은 말하기를 "이것은 우리에게 하신 말씀이 아니었습니다. 이것은 이스라엘 백성에게 하신 말씀이었습니다. 이것은 그들에게 온 우편물입니다." 그러나 저는 반대하며 이렇게 말했습니다. "그렇지요, 그러나 그 다음 구절 즉 '내 이름으로 일컫는'을 보십시오. 이 구절은 구약에서나 신약에서나 어디에나 있는 하나님의 백성들에 대해서 언급할 때 사용된 구절입니다. 그러므로 이 약속은 온 세계의 모든 사람들, 어느 시대에나 적용되는 것입니다."

여기에 제시된 것은 네 가지 요구사항입니다. **우리는 스스로 겸비해야 합니다. 우리는 기도해야 합니다. 우리는 하나님의 얼굴을 구해야 합니다. 그리고 우리는 악한 길에서 떠나야 합니다.** 그것은 실제적으로 역대상과 역대하 전체의 축약도입니다. 역대하의 반(半)은 부흥운동을 다룹니다. 역대하에는 다섯 개의 주요한 부흥운동이 있는데, 그 부흥운동들은 여기에 있는 이 네 가지의 요구사항을 따라 이루어졌습니다.

첫번째와 마지막 부흥은 우리의 겸비함에 관한 것입니다. 아사 왕과 요시야 왕 시대에 있었던 부흥운동입니다. 다음에 있는 것들, 중간의 세 개는 나머지 세 가지 명령을 다룹니다. 하나님은 여호사밧에게 기도하는 법을 가르치셨습니다. 하나님은 히스기야에게 악한 길에서 돌이키는 것이 무엇인지 가르치셨습니다. 그리고 하나님은 아사 왕에게 하나님의 얼굴을 구하는 것이 무엇인지를 가르치셨습니다.

하나님은 우리가 이러한 요구사항들에 주의를 기울인다면 하나님이 하늘에서 들으실 것이라고 말씀하십니다. 하나님이 들으신다는 것은 단지 하나님께서 귀로 들으시고 마음에 새기는 것 이상의 일을 하신다는 것입니다. 하나님이 우리를 위해서 행동하실 것입니다. 우리의 죄를 사해 주실 것이라고 말씀하셨습니다. 또한 각 나라마다 있는 문제들을 치료해 주실 것이라고 말씀하셨습니다.

would hear from heaven. And when God hears, he does more than just enter and register in his ears. He will also act accordingly on our behalf. He said he would forgive our sin. And he also said he would heal each country of its own problems.

Someone says, "That's pushing the verse a little too far." But I remind you that when Adam and Eve fell, it also affected the dirt and the ground. What we are waiting for in the return of Christ is the healing not only of hearts of men and women but also of the ground. Paul taught this to us in Romans 8:20. There he said, "The whole creation groans in travail, waiting for the redemption in Christ Jesus." That's in verse 22. And if the whole creation is groaning and waiting for that redemption, then redemption also affects the ground.

But in the meantime, whenever we meet these conditions of God, there can come a substantial healing right now. These God gives as samples of what will be like in the final day. This is the tension in the Bible between the "now" and the "not yet" of future times. John says in his first epistle, 1 John, "Now are we the sons of God, but it doth not yet appear what we shall be." So now God can give a sample of the healing of our land as to what not yet we've seen will be in the future day.

People ask me, "How important are teachers and pastors in their countries?" I answer, "They are the key persons to stand in the gap between God and their culture." We need great preaching in this day of international crisis. More important than all the councils of government and the economic forces of our day are those who teach the Word of

어떤 사람들은 "그건 이 구절을 너무 비약시키는 거예요"라고 말합니다. 그러나 여러분이 한 번 생각해 보십시오. 아담과 하와가 타락했을 때는 그 영향이 토양과 대지에까지 미쳤습니다. 그리스도의 재림 때에 우리가 기다리는 것은 사람들의 마음만 치유하시는 것이 아니라 땅도 치유하시는 것입니다. 바울은 로마서 8 : 20에서 바로 이 사실을 가르친 것입니다. 22절에서는 "피조물이 다 이제까지 함께 탄식하며 함께 고통하고 있다."고 합니다. 만일 모든 피조물이 신음하면서 그러한 구속을 기다린다면, 구속은 땅에도 영향을 미치는 것입니다.

그러나 어떻든지 우리가 이런 하나님의 조건들을 충족시키기만 하면 바로 지금이라도 그에 상응하는 땅의 치유를 볼 수 있습니다. 이것은 하나님이 주시는 마지막 날에 어떻게 될 것에 대한 실례들입니다. **이것이 성경에 나타난 미래 시대의 '이미'와 '아직' 사이의 긴장관계입니다.** 요한은 그의 첫 서신인 요한일서에서 말하기를 "우리가 지금은 하나님의 자녀이나, 장래에 어떻게 될 것은 아직 나타나지 않았다"라고 했습니다. 그러므로 이제 하나님은 우리가 아직 보지 못한 바 땅이 장차 치유될 실례를 보여 주실 수 있는 것입니다.

사람들은 저에게 교사와 목회자가 자기 국가에서 얼마나 중요하냐고 묻습니다. 저는 대답하기를 "그들은 하나님과 그들의 문화 사이에 서 있는 핵심인물들입니다"라고 했습니다. 현대와 같은 국제적인 위기의 시대에는 위대한 설교가 필요합니다. 우리 시대에는 정부의 모든 위원회와 경제적인 세력보다도 더욱 중요한 것이 하나님의 말씀을 가르치는 사람들입니다. 저는 여기서 하나님이 "내가 하늘에서 듣고 그 죄를 사하고 그 땅을 고칠지라"라고 하시는 말씀을 약속으로 받아들입니다. 그러므로 여러분, 이 나라의 장래가 여러분에게 달려 있는 것처럼 설교하고 가르치십시오. 그것이 바로 이 강의의 첫번째 주제 구절입니다.

God. I take it as a promise, here, when God says, "I will hear from heaven; I will forgive your sin; and I will heal your land." So preach and teach as if your country's future depends on you. That's our first theme verse for this course.

Psalm 85 : 6

The second one is found in Psalm 85 : 6. It is the question, "Will you not revive us again, O Lord, so that your people may rejoice in you?" We hope to look at this passage in detail a little later on. But I think it is the great call-cry of the heart of God's people in all generations-that God will revive us again. The word "revive" speaks of life that already is there, so we're talking to Christians. And it's based upon what God has done in the past, therefore, we have a courage of what he will do in the future.

So in verses 1 through 3 he uses six verbs that talk about what took place in the past. And you, in Korea, have experienced revivals in the most blessed and wonderful way in the past. So I think verses 4 through 7 ought to be the prayer for the present day once again. In verse 4 he says, "Restore us again, O God our Savior." And verse 6 says, "Will you not revive us again, O Lord?" So the stress is upon God repeating what he has done before. And the whole Psalm goes on to talk of the blessedness and the advantages of this for the Christians.

Habakkuk 3 : 2

The third text is found in the prophet Habakkuk 3 : 2. The prophet Habakkuk was also a minister in a time when it was

시편 85 : 6

두번째 구절은 시편 85 : 6입니다. 그것은 "우리를 다시 살리사 주의 백성으로 주를 기뻐하게 아니하시겠나이까?"라는 질문입니다. 잠시 후에 이 구절을 자세히 살펴보게 될 것입니다. 그러나 제 생각에, **이것은 하나님이 우리를 다시 부흥시키실 것이라는, 모든 시대에 걸친 하나님의 백성의 마음에서 나오는 외침 곧 커다란 부름입니다.** '부흥하다'라는 것이 이미 있는 생명을 전제한다면, 우리는 지금 그리스도인들에게 말하고 있는 것을 알 수 있습니다. 그리고 이 질문은 과거에 하신 하나님의 사역에 기초하므로 하나님이 장차 하실 일에 대하여 담대함을 갖게 되는 것입니다.

그래서 여기 1절부터 3절까지에는, 과거에 일어났던 일들에 관해서 말하는 6개의 동사가 사용되고 있습니다. 한국에 있는 여러분들은 과거에 가장 복되고 놀라운 방식으로 부흥을 경험했습니다. 그래서 저는 4절에서 7절까지의 말씀이 (여러분을 위한) 현재의 기도가 되어야 한다고 생각합니다. 4절에서 저자는 "우리 구원의 하나님이여, 우리를 돌이키소서"라고 합니다. 그리고 6절은 말하기를 "주여, 우리를 다시 살리지 않으시려나이까?"라고 합니다. 그러므로 여기에는 과거에 해 오신 일들을 반복하시는 하나님에게 그 강조점이 있습니다. 그리고 이 시편 전체는 계속해서 이것이 그리스도인에게 복되고 유익하다고 말해 줍니다.

하박국 3 : 2

세번째 본문은 하박국 3 : 2입니다. 하박국 선지자 역시 그의 조국이 매우 절망적인 상황에 처했을 때의 목회자였습니다. 하나님께서는 그 백성들의 죄가 너무 크므로 적군이 이스라엘을 침략하도록 하겠다고 말씀하셨습니다. 하박국은 이것을 결코 좋은 메시지로 받을 수 없었고, 크게 근심하였습니다. 그는 "주여, 다른 자를 사용하실 수는 없으신지요? 왜 바벨론 사람들로 와서 치게 하십니까?"하고 질문하였습니다. 주님은 대

desperate for his nation. God said he was going to bring an enemy invasion upon the land because the people's sin had become so great. Habakkuk did not greet this as good news; it grieved him. He said, "Lord, can't you use anyone else? Why would you use the Babylonians to come to us?" There was no answer; the Lord did not answer. So the prophet of God said, "I will go upon my watch tower, and I will wait to see what God will do." His point was that righteous people, just people really live, but they live by faith.

And then in chapter 3 he gives his prayer. He said, "Lord, I have heard of your fame," in 3:2. And he said, "I stand in awe of your deeds, O Lord." And then comes the great revival theme. He says, "Revive or renew them again in our day, O Lord." He says, "In wrath, please remember mercy. Don't give us what we deserve as a nation. We count on your goodness and your kindness along with your justice." And so there was the prayer here that God would revive them again in that day. For these were three theme verses weeeeeee will be referring to throughout the couhout the course.

답하시지 않았습니다. 그래서 이 하나님의 선지자는 "제가 파수대에 올라가서 하나님이 하실 일들을 보고자 기다릴 것입니다"라고 했습니다. **그가 말하고자 한 것은 의로운 사람, 공평한 사람은 참으로 사는데, 그것은 곧 믿음으로 산다는 것이었습니다.**

그리고 그는 3장에서 기도합니다. 3장 2절에서 그는 "여호와여, 내가 주께 대한 소문을 들었나이다"라고 기도했습니다. 그리고 "여호와여, 내가 주의 행위에 놀랐나이다"라고 했습니다. 그리고는 이 위대한 부흥의 주제가 나옵니다. 그는 "여호와여, 이 수년 내에 이들을 부흥케 하고 새롭게 하옵소서"라고 기도합니다. 곧 그는 다음과 같이 말하는 것입니다. "진노 중에라도 긍휼을 잊지 마옵소서. 이 민족에게 합당한 것을 내리지 마옵소서. 우리가 주의 공의와 함께 주의 선하심과 인자하심을 의지하나이다. 여기 그 당시 하나님께서 그들을 다시 부흥케 하시기를 간구하는 기도가 있습니다. 이 구절들이 저의 강의 전체를 통하여 언급하게 될 세 개의 주제구절입니다.

Lecture I
Introduction

I. What Revival Presupposes

Let's look for a little bit more at the introduction in lecture one now. First of all, we need to define *revival*. There's very little agreement on a formal definition of what revival consists of. It's easier to tell when we need a revival than to say what it is. So let's take up, first of all, what revival presupposes.

A. A Decline in Spiritual Things, Morality and Justice

The first thing is a decline in spiritual things, in morality and ethics. This is what we call *back-sliding*.

The key verse that will really define that is Proverbs 14:14. It says the back-slider in heart is filled with his or her own ways. That's what it means to fall away from God. It is the opposite of Matthew 6:33. Rather than seeking first the Kingdom of God and his righteousness, I seek my way first. That leads to a decline in spiritual things. And that leads to a decline in morality and ethics in society. That is where, I think, we are on the international scenes. But how the world

제 1강
서론

I. 부흥의 전제

제 1강에 있는 서론을 조금 더 살펴봅시다. 우선, 우리는 '부흥'이란 말을 정의해야 합니다. 부흥이 무엇으로 이루어지는가에 대한 공식적인 정의에 대하여 일치된 견해가 거의 없습니다. 부흥이 무엇인가를 말하기 전에 부흥이 필요한 시기를 언급하는 것이 더 쉽습니다. 그럼 먼저 부흥의 전제를 살펴봅시다.

A. 영성, 도덕성 및 정의의 실추(失墜)

첫째는 영성, 도덕성 및 정의의 실추입니다. 이것은 바로 우리가 '타락'이라고 부르는 것입니다.

그것을 실제로 정의하는 핵심 구절은 잠언14 : 14입니다. 타락한 자들의 마음은 자기 자신의 방식으로 꽉 차 있다고 말씀합니다. 하나님으로부터 떨어진다는 의미가 바로 그것입니다. 이것은 마태복음 6 : 33과 정반대입니다. 하나님의 나라와 그의 의를 구하기보다 자기의 방식을 우선해서 구하는 것입니다. 그것은 영성을 저하시킵니다. 그것은 또한 사회의 도덕성과 윤리성을 저하시킵니다. 이것은, 제가 생각하기에, 현재의

has changed in just three years! Since Christmas 1989, think of the changes that have taken place in our world. Some have been saying for thirty years that we are in the post-Christian age. Don't believe that; we are in the post-secular age. It is because the whole of the modern man has died, not God has died.

We had, since the French Revolution, the lifting-up of the individualism of a man. Life, liberty, and the pursuit of happiness was the French Revolution slogan. But that has collapsed after 200 years. From 1789, the French Revolution, to 1989 is 200 years - from the fall of Bastille in France to the fall of the Berlin Wall in Germany. And a philosophy that exalted man and man's ways is now empty in Eastern Europe and in the former Soviet Union. It is all over in the former Russia and it's all over in Eastern Europe. A man is not what he was supposed to be; he is lonely now, and has no values and nothing at all to say. Here, I feared communism more than I feared God, and it's bankrupt.

So we live in a very wonderful moment in history. This is no time for back-sliding and filling ourselves with our own ways. It is time for the preaching and practicing of the eternal, powerful Word of God.

B. Strong Influence for Evil, Neutralizing the Good

A second influence can be seen here in number B. There are strong counter-acting influences for evil, for neutralizing good in the cause of Christ.

We admit that there are strong influences in philosophies and in political systems in this day. But let us remind our-

국제적인 현상입니다. 단지 3년 동안에 세계가 얼마나 변하였는지요! 1989년 성탄절 이후 세계에서 일어난 변화들을 생각해 보십시오. 어떤 사람들은 지난 30년 동안 우리가 후기(後期) 기독교 시대에 살고 있다고 말해 왔습니다. 그러나 믿지 마십시오. 우리는 후기 세속시대에 살고 있습니다. 왜냐하면 현대인 모두가 죽었지만 하나님은 죽지 않으셨기 때문입니다.

우리는 프랑스 대혁명 이래로 개인주의의 팽배(澎湃)를 경험해 왔습니다. 생명, 자유, 행복의 추구는 프랑스 대혁명의 슬로건이었습니다. 그러나 그것은 200년 후에 붕괴했습니다. 프랑스 대혁명이 있었던 1789년부터 1989년까지가 200년이었고, 프랑스 바스티유 감옥의 파괴에서부터 독일의 베를린 장벽의 무너짐까지가 200년이었습니다. 인간과 인간의 방법을 찬양하던 철학은 이제 동유럽과 구 소련에서 공허한 것이 되었습니다. 그 철학은 이제 모든 동유럽과 구 소련에서 완전히 끝났습니다. 인간은 그가 의도한 대로 되는 것이 아닙니다; 인간은 지금 외롭고 아무 가치도 없으며 아무 할 말도 없습니다. 그 때는 하나님을 경외하기보다 공산주의를 경외했었습니다만, 파산하고 말았습니다.

그래서 우리는 역사상 매우 놀라운 시대에 살게 되었습니다. 이 시대는 결코 타락의 시대가 아니며 우리 자신의 방식을 채우는 시대도 아닙니다. 이 시기는 영원하고 능력 있는 하나님의 말씀을 선포하고 실천해야 할 시기입니다.

B. 강력한 악의 영향, 선의 중립화

두번째 영향은 강력한 악의 영향과 선의 중립화에 있습니다. 악을 행하게 하고 그리스도로 인한 선을 중립화시키려는 강력한 반동적인 영향이 있습니다.

우리는 그것이 철학에 영향을 끼쳤고 그 후에 오늘날의 정치 구조에까지 강력하게 영향을 끼쳤다는 것을 인정합니다. **그러나 우리가 기억해야**

selves that greater is he that is in us than he that is in the world.

So Paul's word to Timothy is the word to us, too, as well. He said, "Preach the Word, Timothy." This is not a time for falling into the modern trap of our day. It is pastoral counseling, not the psychological counseling that is primarily needed today. I am not to use systems that try to help people think they are better than what they are.

A very popular book in the States, a psychology book, is *I Am OK; You Are OK;* but I am not OK, and you are not OK. We have the problem of sin that must be dealt with. And while we must say it with kindness, we must still say it.

C. The Absence or Lack of Principle, Firmness, Purpose

There is also a third presupposition, as well. That is the absence or lack of principle or purpose in our day. You'd say, As judged by what standard? And, here, again, we answer, By the Scripture's standards. I must come back and ask what Scripture says about principle and purpose. Not only has God died for much of secular society but so has truth.

Most of the modern and liberal ways of interpreting the Bible now no longer ask what it says, but rather what I get out of it - what it says to me. Now we must apply the Bible to ourselves; that's true. But I must not put my meanings in the text ahead of those men and women who stood in the council of God.

So we come back to what was it that the author meant when he wrote it into the Scripture. It is not just a merging

할 것은, 우리 안에서 행하시는 분이 세상에서 행하는 자보다 크시다는 사실입니다.

그래서 바울이 디모데에게 한 말씀은 또한 우리에게도 적용되는 말씀입니다. 바울은 "디모데야, 말씀을 전파하라. 지금은 우리 시대의 현대적인 함정에 빠져서는 안 되는 시기이다"라고 했습니다. 오늘날 일차적으로 필요한 것은 목회적 상담이지 심리적 상담이 아닙니다. 저는 사람들로 하여금 실제의 자신보다 더 괜찮다고 생각하게 하는 어떤 체계도 사용하지 않을 것입니다.

미국에서 매우 인기 있는 심리학 책으로 「나도 오 케이, 너도 오 케이」라는 책이 있습니다만, 사실은 저도 오 케이가 아니고, 여러분도 오 케이가 아닙니다. 우리는 처리해야만 하는 죄의 문제를 가지고 있습니다. 그리고 우리가 그 사실을 말할 때 친절하게 말해야 하긴 하지만, 어쨌든 우리는 반드시 그 사실을 말해야만 합니다.

C. 원리, 지조, 목적의 부재 내지 결핍

또한 세번째 전제가 있습니다. 그것은 오늘날에는 원리나 목적이 없거나 부족하다는 것입니다. "무슨 기준으로 판단하느냐?"라는 것입니다. 그럼 우리는 다시 "성경의 기준으로"라고 대답합니다. 저는 성경으로 돌아가서 성경이 원리와 목적에 관해서 무엇이라고 말하는지를 물어야만 합니다. 대부분의 세속사회에서는 하나님만 죽은 것이 아니라 진리도 죽었습니다.

대부분의 현대적이고 자유주의적인 성경해석법들은 더 이상 성경이 무엇을 말씀하는가를 찾지 않고, 성경에서 내가 무엇을 얻는가 즉, 성경이 나에게 무엇을 말하는가를 찾습니다. 물론 우리는 성경을 우리 자신에게 적용시켜야 합니다. 그러나 하나님의 공회 안에 서 있는 남녀들(제자들 : 역자주)이 의미한 것보다 나의 의미를 더 내세워서는 결코 안 됩니다.

of horizons between the reader and the author. We cannot just make truth into yes and no, truth and false, at the same time. That kind of thinking is more to be feared than communism.

Yet they both come from the philosopher, Hegel. Hegel said you have the thesis opposed by the antithesis. And he said, "You don't need to say yes or no, true or false; but you can say 'synthesis' - between the two."

Sometimes we do this in the Bible studies in the States. Don't get me wrong; I love Bible studies. But sometimes people sit in a circle to study the Bible. They used to say everyone should study before they come to the Bible study. But some people don't have time to study. So, to make it fair, no one studies, not even the teacher.

So the teacher says, "Let's study Luke 10:1-10." Then he turns to the person on his right and says, "You read verse 1, please." And he read it fairly well - three mistakes. And then the teacher says, "Now, who gets something out of this? Does this turn you on? What does it say to you?" No one says anything for about a minute. This is known as 'evangelical humility'.

Then finally someone says, "Well, I don't know about you, but what I got out of this was..." He starts to say something that no one else has ever heard of. Everyone in the group starts shaking their heads. That either means they agree or 'hurry up'. And he finishes, and now what will the leader say? It is something that no one has ever heard of before from that passage of Scripture. He can't say, "Oh, that's good, thank you. That's the truth." That would be lying.

그러므로 우리는 저자가 성경을 기록했을 당시에 그것이 의미했던 것으로 되돌아가야 합니다. 이것은 독자와 저자 사이에 있는 지평들을 혼합시키자는 것이 아닙니다. 우리는 진리를 단순히 동시에 "가도 되고 부도 되는 것" 또는 "진리도 되고 거짓도 되는 것"으로 만들 수가 없습니다. 이런 생각은 공산주의보다도 더 조심해야 합니다.

이 두 가지 방법이 다 철학자 '헤겔'에서부터 비롯된 것입니다. 헤겔은 우리에게 정(正)명제는 반(反)명제로 반대된다고 말합니다. 그러면서 "'예냐 아니냐', '진리냐 거짓이냐'를 말할 필요가 없다. 오히려 그 둘 사이에 있는 합(合)을 말할 수 있다"라고 말합니다.

때때로 미국에서 우리는 성경공부도 그렇게 합니다. 절 오해하지 마십시오. 저는 성경공부를 좋아합니다. 그러나 때로는 이런 일도 있지요. 사람들이 성경공부를 하기 위해서 둘러앉습니다. 그리고는 모두가 성경공부하러 오기 전에 미리 예습을 해 와야 한다고 말하곤 합니다. 그러나 어떤 사람들은 예습할 시간이 없습니다. 그래서 그 사람을 좋게 해 주려고, 아무도 예습을 해 오지 않게 되고, 심지어 인도자조차도 예습을 하지 않게 됩니다.

그리고는 인도자가 "누가복음 10장 1절에서 10절까지 공부하겠습니다"라고 말합니다. 그 때 그는 자기의 오른쪽에 있는 사람을 가리키며 "1절을 읽어 주십시오"라고 말합니다. 그 사람은 그것을 꽤 잘 읽었지만 세 번의 실수가 있었습니다. 그 때 인도자는 "자, 여기서 무엇을 얻을 수 있습니까? 이 구절이 당신에게 감동을 줍니까? 이것이 당신에게 의미하는 바는 뭡니까?"라고 합니다. 한 1분 동안 아무도 말하지 않습니다. 이것을 '복음주의적 겸손'이라고 합니다.

잠시 후 결국 어떤 사람이 말합니다. "글쎄, 당신이 뭐라고 할지는 모르지만, 제가 여기서 깨달은 것은…" 그는 아무도 들어 보지 못한 이야기를 시작합니다. 그룹에 있는 사람들은 모두 머리를 흔들기 시작합니다. 그것은 동의의 표시이거나 빨리 끝내달라는 표시입니다. 그들이 그

But he can't say also, too, "That's awful. Wooh, where did you ever get that?" One is thesis; the other is antithesis. What will he say? He says, "That's interesting." It is interesting, given that passage. Probably the Holy Spirit never thought of that, either. And the leader says, "Well, who else gets something out of this?" Someone else says, "Well, I didn't quite get that out of the passage." With emphasis on that word "quite", which means "whooo." They say just the opposite of what the first person said. And the leader says, "That's interesting."

Now I know you don't do this. I am just sharing this as an example. We want to get to the problem of application which is important. But we must not miss the point of what the text was teaching to us. A part of this has come because of the culture of our day. To the effect that you have also been affected by Western culture, it may also have its root, here, with you, too. It is against the whole teaching of what the Scripture is trying to do.

D. A Consistent Lack of Obedience to the Will of God

A fourth and the last presupposition is that there is a consistent lack of obedience to the will of God. Obedience is the natural outcome of the faith in God. How can we say "Jesus is Lord and Master" if we are not willing to do what he says? Yet there are so many places where Scripture teaches something and we are unwilling to do it.

Scripture calls us to prayer, and yet sometimes we are unwilling to pray. Scripture calls us to hunger and thirst for righteousness and God's truth, and yet we do not have an

렇게 끝내면 인도자가 다시 무엇이라고 말하는가요? 아마 그 말은 아무도 전에는 그 구절에 관해서 그렇게 말한 적이 없었다는 것이겠지요. 그는 "오, 좋아요. 감사합니다. 바로 그 진리입니다"라고 말할 수 없습니다. 그렇게 말하면 거짓말일 것입니다. 그러나 그는 또한 "그것 참 대단합니다. 어디서 그런 깨달음을 얻었습니까?"라고 말할 수도 없습니다. 한 쪽은 정(正)이요 다른 한 쪽은 반(反)입니다. 그가 무엇이라고 말할까요? 그는 "그것 참 흥미롭네요"라고 말합니다. 그 말씀이 흥미롭습니다. 아마 성령님께서도 그것은 생각지 못하셨을 것입니다. 그리고 인도자는 말하기를 "자, 이 성경구절에서 무엇을 깨달은 분이 또 없습니까?"라고 합니다. 또 다른 사람이 말하기를 "글쎄요, 저는 이 본문을 잘 이해하지 못하지만"이라고 말합니다. 그는 '잘'이라는 단어를 강조하는데, 그 단어의 의미는 "우흐." 그들은 처음에 말한 사람과 정반대되는 것을 말합니다. 그러면 인도자는 "그것 참 흥미롭군요"라고 말합니다.

여러분은 이렇게 하지 않을 줄로 압니다. 저는 단지 이것을 하나의 예로 말씀드리는 것입니다. 우리는 아주 중요한 '적용'의 문제를 다루려는 것입니다. 그러나 우리는 본문이 우리에게 가르쳐 주는 정확한 요점을 놓쳐서는 안 됩니다. 이 요점의 일부는 우리 시대의 문화에서 온 것입니다. 여러분은 서구문화의 영향을 받은 이상 이런 문제가 여러분에게도 생길 수 있습니다. 그러나 이것은 성경 전체의 가르침에 어긋나는 것입니다.

D. 하나님의 뜻에 대한 일관된 불순종

마지막으로, 네 번째 전제는 하나님의 뜻에 대한 일관된 불순종이 있다는 것입니다. 순종은 하나님을 믿는 믿음의 자연스러운 결과입니다. 우리가 예수님의 말씀을 기꺼이 행하려 하지 않는다면 어떻게 그를 주님과 선생이라고 고백할 수 있겠습니까? 그러나 성경은 가르치지만 우리가 하기를 원치 않는 말씀이 아주 많이 있습니다.

appetite for it. Scripture calls us not only to know what the truth is but to do it. Scripture also calls us to think about eternity and about eternal values. Scripture calls us to worship God in his holy temple and to rejoice in his services, but sometimes we don't rejoice in church services. God calls us also to get rid of the sins of the flesh and of the body, but sometimes we are not willing to do it. God calls us to the goal, "Be holy as I, the Lord your God, am holy," and yet we don't. God calls us to set our mind on things above, and yet we set it on money and other things as being first. God calls us to sing and to teach his word with all of our heart and soul, and yet we don't enjoy it. God calls us not to take his name in vain, and yet on the other hand, we hear his name mocked and used and abused and it doesn't hurt us any more.

II. What Is Revival?

A. It Always Includes a Conviction of Sin in the Church

Let's ask, "What is revival then?" It always includes conviction of sin in the Church. It is not primarily addressed to the unbeliever but to the believer.

B. It Always Leads to Repentance of Sin

It always leads to repentance of sin. The key word of the Prophets in the Old Testament is the word "to turn" or "to return" back to God. That's what the prophet Zechariah, next to the last prophet in the Old Testament, said. He said,

성경은 우리에게 기도하라고 말씀하지만, 때때로 우리는 기도하려고 하지 않습니다. 성경은 우리가 의와 하나님의 진리에 대하여 주리고 목말라 하라고 말씀합니다. 그러나 우리는 그렇게 할 욕망을 갖고 있지 않습니다. 성경은 우리에게 진리가 무엇인지를 알 뿐만 아니라 그것을 행하라고 말씀합니다.

성경은 또한 우리에게 영원성과 영원한 진리에 대해 생각하라고 말씀합니다. 성경은 우리가 하나님의 거룩한 성전에서 하나님을 예배하고 그 예배를 기뻐하라고 말씀하지만, 때때로 우리는 교회 예배도 기뻐하지 않습니다. 하나님은 또한 우리에게 죄를 제거하고 육신의 정욕과 몸의 정욕을 제거하라고 말씀하지만, 때때로 우리는 그렇게 하기를 기꺼워하지 않습니다. 하나님은 "주 너희 하나님, 내가 거룩한 것 같이 너희도 거룩하라"는 목표에 이르라고 말씀하시지만, 우리는 그렇게 하지 않습니다. 하나님은 우리에게 위에 있는 것들에 마음을 두라고 말씀하시지만, 우리는 돈이나 다른 것들에 먼저 마음을 둡니다. 하나님은 우리에게 마음과 영혼을 다해 하나님의 말씀을 노래하고 가르치라고 말씀하시지만, 우리는 그것을 즐기지 않습니다. 하나님은 우리에게 그의 이름을 헛되이 부르지 말라고 말씀하시지만, 우리는 한편으로 그의 이름이 조롱받고 남용되고 오용되고 있는 것을 들으면서도 아무런 가책을 받지 않습니다.

II. 부흥이란 무엇인가?

A. 부흥은 항상 교회 안에서의 죄의 각성을 포함한다.

자, 이제는 "그러면 부흥이란 무엇인가?"를 질문해 봅시다. 부흥은 항상 교회 안에서의 죄의 각성을 포함합니다. 부흥은 우선적으로 불신자들이 아니라 신자들에게 해당되는 것입니다.

"Did not all the former prophets come saying 'Turn ye, turn ye, turn back to God?'" We were headed off in the direction for our own ways and he wants us to do a 180 degree and turn around and follow God. That's the key word for repentance in the Old Testament.

The same word occurs in the Greek form in the New Testament. Paul would say this in I Thessalonians 1. He said, "How you turned from idols to serve the true living God!" But the New Testament uses two other terms, as well. It is "to change the mind" and "to change the will." You say, "But that is only for coming to Christ the first time." But I argue, "No, John said the reverse in the Book of Revelation." To five out of the seven churches in the Book of Revelation, he tells them to repent of their sin. He was talking to believers.

C. It is a New Beginning in Obedience to God

There's also a third aspect of revival. It is a new beginning in obedience to God. It's called the new commandment that I give to you. One of the hymns we sing in America, you may also know, is "Trust and obey for there is no other way." Belief comes first and obedience is the fruit of their root of belief.

D. It is a New Experience of the Power of God

But revival also is a new experience of the power of God. All, then, could see in marvelous ways the power of God once again. Whenever the Spirit of God moves upon a people, there's power in the Church like never before.

B. 부흥은 항상 죄를 회개하게 한다.

부흥은 항상 죄를 회개하게 합니다. **구약 예언자들의 핵심단어는 하나님께로 '돌이킴', 하나님께로 '돌아옴'이라는 단어입니다.** 이 단어는 구약성경의 끝에서 두번째 선지자인 스가랴 선지자가 말한 것입니다. 그는 "앞선 모든 선지자들이 말하기를 '돌아오라, 돌아오라, 하나님께로 돌아오라'고 하지 않았느냐? 우리는 우리 자신의 방법을 추구하고 있었으나, 하나님은 우리가 180도 돌아서서 그를 따르기를 원하신다"라고 했습니다. 이것은 구약에서 '회개'에 대하여 말씀하는 핵심단어입니다.

같은 단어가 신약에서는 그리스어로 나타납니다. 바울은 데살로니가전서 1장에서 이것을 말했을 것입니다. 그는 말하기를 "너희가 어떻게 우상에서 돌아서서 참되고 살아 계신 하나님을 섬기겠느냐?"라고 합니다. **그러나 신약은 또한 다른 두 개의 용어도 사용합니다. 그것은 '마음을 바꾸다'와 '의지를 바꾸다'입니다.** 여러분은 아마 "그러나 그것은 불신자가 처음으로 그리스도에게 회심하는 사건만을 위한 것입니다"라고 말할 것입니다. 그러나 저는 "아니요. 요한은 계시록에서 정반대로 말했습니다"라고 주장할 것입니다. 요한은 계시록에 나오는 일곱 교회 중 다섯 교회에게 그들의 죄를 회개하라고 말했습니다. 그는 분명히 신자들에게 말하고 있었습니다.

C. 부흥은 하나님께 대한 순종의 새로운 시작이다.

부흥의 세번째 양상이 있습니다. 이것은 하나님께 대한 순종의 새로운 시작입니다. 이것은 "내가 너희에게 주는 새 계명"이라고 부릅니다. 미국에서 우리가 부르는 찬송 중에 하나는, 여러분이 아실 지 모르지만, '의지하고 순종하는 길밖에 없다'라는 것입니다. 믿는 것이 먼저이며, 순종은 믿음이라는 뿌리의 열매인 것입니다.

This has been true not only in the Book of Acts, but in every place in history where God has moved his people to revival. There has been the power of the Holy Spirit and of the God the Father.

E. It Results in Sinners Being Convicted of Sin

A by-product of revival is that sinners are convicted of sin as well.

F. It Results in the Church Being Expanded

It also results in the Church being expanded. We are very interested in church growth in our day and age. While I do not downplay methods, there is a great divine method we must not overlook. Nothing builds a Church of God more than revival coming to the people of God.

So let's try to summarize and give a definition, then, of what revival is before we go on. Let's say revival is a time of the extraordinary work of God. It's a time when God brings a new life to believers. He elevates and strengthens life that is already present in the believer. The problem is that life that is in the believer is now in the state of decline and is feeble. Sometimes the Christian life has become dull and mediocre; it needs to be stirred up again.

If I had to choose a verse, I would choose Acts 3:19. There, the phrase is used, "times of refreshing from the Lord." That's what a revival is. It's a time of refreshing from the Lord. God rains his Holy Spirit in a downpour upon his people. And it is the time when the Holy Spirit of God moves with the extraordinary freedom.

D. 부흥은 하나님의 능력에 대한 새로운 체험이다.

또한 부흥은 하나님의 능력에 대한 새로운 체험입니다. 모두가 그 때에 놀라운 방식으로 하나님의 능력을 다시 한번 보게 됩니다. 하나님의 영이 사람들에게 임할 때마다, 교회 안에는 전에 없었던 능력이 나타납니다.

성령의 능력과 성부 하나님의 능력은, 사도행전에서뿐만 아니라 하나님께서 그의 백성들을 부흥케 하시는 모든 역사와 장소에 있었습니다.

E. 부흥은 그 결과로 죄인들이 죄를 깨닫게 한다.

부흥의 부산물(副産物)은 또한 죄인들이 죄를 깨닫게 된다는 것입니다.

F. 부흥은 그 결과로 교회가 확장되게 한다.

부흥은 교회의 확장을 일으킵니다. 오늘날 우리는 교회성장에 많은 관심을 가지고 있습니다. 저는 교회성장의 방법들을 얕보지는 않지만, 우리가 간과해서는 안 되는 위대한 신적(神的) 방법이 있다고 생각합니다. 부흥이 하나님의 백성에게 임할 때보다 하나님의 교회를 더 잘 세우는 것은 없습니다.

이제 우리가 더 나아가기 전에 요약을 좀 하고, 부흥에 대해서 정의를 내립시다. 부흥은 "하나님의 특별한 사역기간"이라고 해 봅시다. **부흥은 하나님이 믿는 자에게 새로운 생명을 불어넣으시는 기간입니다.** 하나님은 믿는 자에게 이미 존재하는 생명을 고양시키시고 강화시키십니다. 문제는 믿는 자 안에 존재하는 생명이 현재는 약화되고 병적 상태에 있다는 것입니다. 때때로 그리스도인의 생명은 무뎌지고 평범해져서 다시 고양될 필요가 있습니다.

제가 한 구절만 택해야 한다면 사도행전 3장 19절을 택하고 싶습니다.

III. When is A Revival Needed?

A. When There is a Worldly Spirit in the Church

Let's ask thirdly, "When is a revival needed?" First of all, we suggest when there's a worldly spirit in the Church. This is when we seek our own pleasure rather than the glory of God. The great Westminster Confession asks that first question, "What is the chief purpose of man?" The answer was "to glorify God and to enjoy him forever." When I lose that goal, I buy into a worldy spirit. That's when we need a revival all over again.

B. When Church Members Fall into Great and Scandalous Sins

When one church member's fallen into great and scandalous sins, we need a revival.

World-wide some of our great ethical, moral problems are embarrassing, all including the Church. The break-up of the family unit is one of those signals. The divorce and the break-up of the marriage is another. Abortion, where we take life and we decide who should live and not live. Since 1973 my country has put twenty four million babies to death. I've been preaching in our churches in America and saying we have done four times what Hitler did in Germany. He put six million people up a chimney and burned them alive. The Holocaust, and six million Jews, stands as one of the great black marks of history. But I've asked my country, "What will God do to the U. S. A. when we put twenty four

거기에는 "유쾌하게 되는 날이 주 앞으로부터"라는 구절이 있습니다. 부흥은 그런 것입니다. 부흥은 주 앞으로부터 유쾌하게 되는 날입니다. 하나님께서 성령을 홍수같이 그의 백성에게 부어 주십니다. 그래서 부흥은 하나님의 성령이 특별히 자유롭게 활동하시는 때입니다.

III. 언제 부흥이 필요한가?

A. 교회 안에 세속주의가 있을 때

세번째로 질문할 것은 "언제 부흥이 필요한가?"입니다. 우선, 우리는 교회 안에 세속주의가 있을 때라고 지적합니다. 이것은 우리가 하나님의 영광보다 우리 자신의 즐거움을 추구하는 때입니다. 웨스트민스터 대 요리문답은 첫째 질문으로 "사람의 제일 되는 목적은 무엇인가?"라고 묻습니다. 그 대답은 하나님을 영화롭게 하고 영원토록 그를 즐거워하는 것입니다. 이 목표를 상실할 때, 세속주의의 회원이 됩니다. 그 때가 바로 우리가 다시 한번 부흥을 필요로 하는 때입니다.

B. 교인들이 큰 죄를 지어 스캔들을 일으킬 때

교인 중에 한 사람이 스캔들을 일으키는 큰 죄에 빠졌을 때 부흥이 필요합니다.

세계적으로 널리 퍼진 윤리적 문제들 중에 몇 가지는 교회를 포함하여 모두를 당황하게 만들고 있습니다. 가정의 파괴는 그러한 징조들 중에 하나입니다. 이혼이나 결혼의 무효화는 또 다른 징조들 중에 하나입니다. 또한 생명을 취하는, 즉 누가 살 자이고 누가 살지 못할 자인지를 우리가 결정하는 낙태도 있습니다. 1973년 이후로 미국은 2,400만 명의 유아들을 죽였습니다. 저는 우리 미국 교회에서 설교하기를, 우리는 히틀러가 독일에서 죽인 유대인들의 수보다 4배나 더 많은 사람들을 죽였다

million into a bucket since 1973?" I ask Christians in the United States, "Will it not be necessary for God to judge us as a nation if we do not repent?"

But it's not only the world that's falling into this gross sins but also is the Church. You've heard of scandals of our tele-evangelists and others in the States. But that's why revival is needed for any country - when indeed there comes a blessing of good times.

This is not to give the whole list of all the social and personal sins of our day. I think, very shortly, we will have euthanasia, the killing of older folks, as well. If we can kill babies on the front end of life, then we can also say how old a person should live on the back end of life. We're promised to have a social legislation for homo sexuality and for lesbianism, and make it legal in the States. My point is that a revival is deeply needed all over the world.

C. When There is a Spirit of Controversy in the Congregation

We also need a revival when there's a spirit of controversy in the congregation. We need to distinguish between those things that are immutable - that we must not do less than hold fast to - and those that we should leave conscience to. But when we start party spirits and we start exalting individual, then there's a need for a revival once again. We start following individuals and start our own little programs rather than the program of God.

What will we say when we face the Lord Jesus personally one day in the future? 2 Corinthians 5:10 says, "We must all appear before the judgment seat of Christ, give an ac-

고 했습니다. 히틀러는 600만 명의 사람들을 가스실에 넣고 산 채로 태워 죽였습니다. 유대인 600만 명의 대학살은 역사의 큰 오점들 중에 하나입니다. 그러나 저는 우리 나라 미국을 향하여 질문합니다. "1973년 이후로 2,400만 명의 유아들을 죽인 미국을 하나님은 어떻게 하실까요?" 저는 미국의 그리스도인들에게 이렇게 질문합니다. "우리가 회개하지 않는다면 하나님이 우리 나라를 심판하시는 것이 당연하지 않을까요?" 그러나 이렇게 엄청난 죄에 빠진 것은 세상뿐만 아니라 교회도 마찬가지였습니다. 여러분은 텔레비전에 나오는 복음설교가들이나 그 밖의 다른 사람들의 스캔들을 들어 보셨는지요? 이것이 바로 왜 어느 나라에서건 부흥이 필요한지에 대한 이유입니다. 그러면 실제로 유쾌하게 되는 날이 올 것입니다.

이 강의는 우리 시대의 모든 사회적이고 개인적인 죄들의 전체 목록을 제시하려는 것이 아닙니다. 저는 간단하게 안락사나 노인들의 살해를 살펴볼 것입니다. 우리가 인생 초기의 유아들을 죽일 수 있다고 하면, 우리는 또한 인생의 황혼기에 있는 노인들이 어떻게 살아야 할지도 결정할 수 있게 되는 것입니다. 우리 미국에서는 조만간 남자동성연애와 여자동성연애가 사회적으로 합법화되고 정당한 것으로 여겨질 것입니다. 저의 요점은 부흥이 전세계적으로 참으로 필요하다는 것입니다.

C. 교인들 간에 다투는 마음이 일어날 때

교인들 간에 다투는 마음이 있을 때 부흥이 필요합니다. 우리는 한결같이 굳게 지켜야만 되는 변하지 않는 것들과 양심에 맡겨야 하는 것들을 구별해야 합니다. 우리가 다투는 마음을 일으키기 시작하고 개인을 높이기 시작할 때 다시 한번 부흥이 필요합니다. 그때는 우리가 개인을 따르고 하나님의 프로그램보다 우리 자신의 프로그램을 따르는 때입니다.

우리가 어느 날 우리 주 예수님을 대면할 때 무엇이라 말하게 될까요?

count of deeds done in the body." The text says, "We must all appear" not just a few.

You say, "That's not my favorite verse. My favorite verse is Romans 8:1. Romans 8:1 says, "There's, therefore, now no condemnation." 'But that's a verse of position or standing in Christ. But our Lord does keep a book in which he records everything that we do on earth. Therefore, we must give an account of the deeds done in the body on that day. And a lot of the church fights, we thought were important here, won't look very important when we look at Jesus. So there is a need for a revival when there's a spirit of controversy in the Church, and also when there are dissensions and whisperings about fellow church members.

D. When There are Dissensions and Whisperings about Fellow Members of the Church

We start dividing each other up over who are Calvinists and who are Arminians or who are Charismatics and who are non-Charismatics. But these are God's sheep, and he died for each one of them. We should not mistreat God's sheep; they belong to him. You can't push the sheep or kick them or shove them or anything like that. The only thing you can do to God's sheep is to shear them; take an offering. But there is a need for a revival when we mistreat God's sheep.

E. When There is a Lack of Brotherly Love among Church Members, Colleagues in Institutions, Mission Organizations, and Across National Barriers

고린도후서 5 : 10은 말하기를 "이는 우리가 다 반드시 그리스도의 심판대 앞에 드러나 각각 선악간에 그 몸으로 행한 것을 따라 받으려 함이라"라고 했습니다. 본문은 말하기를 "단지 몇 사람만이 아니라 우리 모두가 다 드러난다"라고 합니다.

어쩌면 여러분은 이렇게 말할지도 모릅니다. "그것은 제가 좋아하는 구절이 아니군요. 제가 좋아하는 구절은 로마서 8장 1절입니다. 로마서 8장 1절은 말하기를 '그러므로 이제는 결코 정죄함이 없다'라고 합니다." 그러나 그 구절은 그리스도 안에 있다는 지위나 위치를 말하는 구절입니다. 우리 주님은 우리가 세상에서 행한 모든 일을 기록한 책을 가지고 계십니다. 그러므로 우리는 그 날에 우리가 이 땅에서 행한 모든 것을 직고해야 합니다. 교회의 많은 다툼들 중에서 우리가 여기서 중요하다고 생각했던 것들 상당수는 예수님 앞에서 그렇게 중요하게 보이지 않을 것입니다. 이렇게 교회 안에 다투는 마음이 있을 때 부흥이 필요하며, 또한 동료 교인들 사이의 분쟁과 수군거림이 있을 때에도 그러합니다.

D. 분쟁과 다른 교인들에 대한 수군거림이 있을 때

우리는 누구는 칼빈주의자이고 누구는 알미니안주의자, 누구는 은사주의자이고 누구는 비은사주의자라고 하면서 서로를 분리하기 시작합니다. 그러나 이들은 하나님의 양들이며 주님은 그들 모두를 위해 죽으셨습니다. 우리는 하나님의 양들을 학대해서는 안 됩니다. 그들은 하나님께 속해 있기 때문입니다. 우리는 주님의 양들을 누르거나, 발로 차거나, 밀어제치는 그런 일들을 할 수 없습니다. 우리가 하나님의 양들에게 할 수 있는 유일한 일은 그들의 털을 깎아 주고 그들을 하나님께 드리는 일입니다. 우리가 하나님의 양들을 학대할 때 부흥의 필요성이 있습니다.

The same thing is needed when there is a lack of brotherly love in our institutions. This happens in our competition between institutions and mission societies and the like.

F. *When the Wicked Triumphs over Pastors, Evangelists, Missionaries and the Cause of Christ is Reduced to Impotency and is at the Mercy of a Mocking World*

There is also a need for a revival when the wicked triumphs over the cause of Christ. We may have terrorists and others that murder and threaten the servants of God, but that's a concern to the whole body of Christ. God never meant for his Church to be at the mercy of a mocking world.

G. *When the Wicked Becomes Insolent, Fearless, Arrogant and Reach New Lows in Morality, Unrighteousness and Anti-God Schemes*

So when the wicked becomes insolent and fearless, it's time also to ask God for a revival. It is God who holds the standards of the world, not the Church.

So we've given to you, here, some, six or seven, reasons why a revival is needed and when it is needed.

Now I think we've gone about as far as we can with our initial session before we take a break here. I am going to hold, to a later time, points four and five, about "How to Start a Revival?" and then "Some of Key Characteristics of Revival." Because I am restless right now to get into the Scriptural text and I think that's where we should go next. So after the break we will come back and do lecture number

E. 교인들 간에, 선교기관이나 선교단체들의 동료들 간에, 민족과 민족 간에 형제 사랑이 결핍되어 있을 때

우리의 기관들에서 형제사랑이 없을 때에도 동일합니다. 이것은 기관들과 선교단체 등등이 서로 경쟁할 때 발생합니다.

F. 악한 자들이 목회자들, 전도자들, 선교사들을 이기고, 그리스도의 대의(大義)가 무기력해지고 세상의 조롱을 받을 때

악한 자들이 그리스도의 대의를 이길 때 부흥이 필요합니다. 우리에게는 하나님의 종들을 살해하고 위협하는 테러분자들이나 그와 같은 사람들이 없을지 모르나, 이것은 그리스도의 몸 전체에 대한 근심거리가 됩니다. 하나님은 경멸적인 세계의 처분대로 자신의 교회가 좌우되는 것을 원치 않으십니다.

G. 악한 자들이 오만하고 겁 없고 거만해져서 도덕성이 실추되고, 불의와 반신적(反神的) 계략이 있을 때

그러므로 악한 자들이 오만하고 겁 없이 될 때 역시 하나님께 부흥을 간구해야 할 시간입니다. 세상을 판단하는 기준을 가진 분은 하나님이시지 교회가 아닙니다.

저는 여러분에게 부흥이 필요한 이유 또는 부흥이 필요한 때를 예닐곱 가지로 말씀드렸습니다.

이제 우리가 휴식을 갖기 전에 해야 할 첫번째 강의의 진도는 다 나간 것 같습니다. 잠시 후에는 '부흥은 어떻게 시작되는가?'에 관하여 네 다섯 가지 요점을 말씀드리고, '부흥의 주요 특징들'을 살펴볼 것입니다. 왜냐하면 저는 막바로 성경본문으로 들어가고 싶은 생각이 너무 많아서 그 후에 다음 강의로 넘어가야 한다고 생각하기 때문입니다. 그래서 휴

two and go to the first great revival in the Old Testament.

But I have one thought that I'd like to leave with you to kind of wrap up this first session. It is a question that I'd like to leave with you. What is your opinion at the present time? is God calling you and me and his Church in Korea, in particular, for a new experience of the Holy Spirit and revival in our day?

Your answer to that question is very important. It will really shape the way in which you preach and pray in the days ahead. When we teach and preach, we go for decision. We want something to happen. But if we think this is not important since we've been visited in the sixties and seventies by the Spirit of God, then how will we be able to lead God's people in the nineties?

It is my conviction - God does want us to be revived. I would pray that even during these days of our studying together, God would send to this group and to us, in his mercy, times of refreshing from above.

식이 끝난 후 우리는 제 2강으로 넘어가서 구약에 나타난 첫번째 부흥운동을 다루고자 합니다.

그러나 저는 이 첫째 강의를 마무리하면서 여러분에게 던지고 싶은 한 가지 생각이 있습니다. 그것은 제가 여러분에게 던지고 싶은 질문입니다. 현 시대에 대한 여러분의 견해는 무엇입니까? 하나님께서 지금 우리 시대에, 특별히 한국에서, 성령의 새로운 경험과 부흥을 일으키시기 위해 여러분과 나와 주님의 교회를 부르시고 계시다고 믿습니까?

이 질문에 대한 여러분의 대답이 매우 중요합니다. 그것은 여러분이 앞으로 어떻게 설교하고 어떻게 기도할 것인가 하는 그 방식을 결정할 것이기 때문입니다. 언제나 우리가 가르치고 설교할 때는 결론으로 향해 갑니다. 우리는 어떤 일이 발생하기를 소원합니다. 그러나 만일 우리가, 하나님의 영이 60년대와 70년대에 우리에게 역사하셨기 때문에 이제는 부흥이 중요하지 않다고 생각한다면, 어떻게 90년대에 하나님의 백성을 이끌어 갈 수 있겠습니까?

저는 분명히 하나님께서 우리의 부흥을 원하신다고 확신합니다. 저는 우리가 함께 공부하는 바로 이 기간 동안에 하나님께서 그의 자비로써 위로부터 유쾌하게 하는 날이 이 무리와 우리에게 임하게 하시기를 기도드립니다.

【Tape 2】

Lecture II
It's Time to Get Rid of our Idols
Genesis 35:1~15

Now we come to the wonderful part of studying the great revivals in the Old Testament. The first one is found in Genesis 35:1-15. It is going to be hard to balance the Bible and your notebook. But, as best as you can, try to follow along in the biblical text.

I have titled this lecture 'It's Time to Get Rid of Idols'. This comes from 35:2. There, Jacob said to his household and to all who were with him, "Get rid of your foreign gods you have with you, and purify yourselves and change your clothes." Every passage in Scripture has what I call a focal point or a pivot point around which the whole chapter develops. I think verse 2 is that pivot point in this passage.

Now when I begin to preach or to study a passage, the first thing I do is to ask, "Where is the pivot point of the whole passage?" From that pivot point I will get my subject or the title for my message. The next thing I must do is to find out how many paragraphs we have. This is so that I can group the main ideas of the passage, so that I can teach God's

【테이프 #2】

제 2 강
지금은 우리의 우상을 제거할 때
창세기 35 : 1~15

　이제 우리는 구약에 나타난 위대한 부흥운동을 공부하게 되었습니다. 첫번째 부흥운동은 창세기 35장 1~15절에서 발견됩니다. 성경말씀과 강의안을 동시에 다루는 것이 다소 어려울 것입니다. 그러나 여러분이 최선을 다하여 성경본문을 따라 살펴보기를 바랍니다.
　저는 이번 강의의 제목을 '지금은 우리의 우상을 제거할 때'라고 했습니다. 이 제목의 출처는 35장 2절입니다. 거기서 야곱은 자기 집 사람과 자기와 함께 한 모든 사람들에게 말하기를 "너희 중의 이방 신상을 버리고 자신을 정결케 하고 의복을 바꾸라"고 합니다. 성경의 각 부분에는 그 전체 장 전개에 핵심이 되거나 전환점이 되는 구절이 있습니다. 저는 2절이 이 본문의 중심점이라고 생각합니다.
　저는 한 구절을 설교하거나 연구하기 시작할 때 맨 먼저 "전체 구절의 중심점은 어디에 있는가?"하고 질문합니다. 그리고 그 중심점에서 메시지의 주제와 제목을 결정합니다. 그 다음으로는 몇 개의 문단으로 나눌 수 있는가를 살펴봅니다. 이렇게 본문의 주요개념들을 분류함으로써 하나님의 백성을 가르칠 수 있게 됩니다.
　여기 창세기 35장에는 한 가지 설화체(說話體) 본문이 나와 있습니다.

people.

Now we are in a narrative text here in Genesis 35. Narratives are very helpful because they tell a story and therefore can be remembered. And one of the things in narrative text that will help us with paragraphing are the scenes or the change of major places within the text.

I am going to suggest there are three such main paragraphs in this text. Verses 1 through 4 make up the first one. There you have the problem that is stated in this passage. The second one comes in verses 5 through 8. There you have them leaving the site up near Shechem and setting off for a different place. And once again, verses 9 through 15 make up the third main paragraph.

Now each of these three, then, need to be brought over into teaching or preaching principles for our day. And I don't want to teach a message that is dated and belongs only to Israel back there. Even in the outline I wantit to address us today in our culture.

Let me give you three rules on the side that will help you. This is to help us to make outlines that will be addressed to us and not just to Israel in that day.

My first rule is do not use any proper names except God's. For example, if I talked about Jacob who is caught in the first paragraph and I went on to talk about Jacob in the second and third paragraphs, it would be a dated message. So my outline deliberately drops Israel or Bethel or any reference to Jacob. The Scripture is inspired and is useful for all peoples of all times. So one of the ways that I can help myself and the people is by avoiding proper names

설화체 본문은 우리에게 한 가지 이야기를 전해 주므로, 기억하는 데 매우 도움이 됩니다. 설화체 본문에 있는 특징 중에서 문단을 나누는데 도움이 되는 것 한 가지는, 본문의 장면들 또는 주요 장소들이 변화하는 것입니다.

저는 이 본문에 세 개의 주요문단으로 나눌 것을 제안하려고 합니다. 1절에서 4절까지는 첫번째 문단입니다. 거기서 우리는 이 본문에서 언급되고 있는 문제를 발견하게 됩니다. 두번째 문단은 5절에서 8절까지입니다. 거기서는 세겜 근처에서 살다가 다른 곳으로 떠나는 사람들을 발견하게 됩니다. 그리고 9절에서 15절까지가 세번째 주요문단을 구성합니다.

이제, 세 문단 각각을 오늘날을 위한 원칙들을 가르치거나 설교하기 위하여 사용하여야 합니다. 또한 저는 단지 이스라엘 시대에만 소급되고 이스라엘 백성에게만 한정되는 메시지를 가르치고 싶지는 않습니다. 그러므로 강의개요에서도 저는 '현대문화 속에 있는 우리'라고 명시하고 싶었습니다.

여러분에게 도움이 되도록 세 가지 규칙을 제시합니다. 이것은 우리로 하여금 그 당시의 이스라엘에게만이 아니라 우리에게도 전달되는 개요를 만드는 데 도움을 주기 위한 것입니다.

저의 **첫번째 규칙은 '하나님의 이름 이외에 다른 고유명사를 사용하지 말라'는 것입니다.** 예를 들면, 제가 첫번째 문단에 나오는 야곱에 관해서 이야기하고, 계속해서 두번째와 세번째 문단에 나오는 야곱에 관해서 이야기한다면, 그것은 시대에 뒤떨어진 메시지가 될 것입니다. 그러므로 제가 의도적으로 강의개요에서 이스라엘이나 벧엘, 그 외 야곱을 지칭하는 어떤 말도 사용하지 않은 것입니다. 성경은 영감된 책이므로 모든 시대, 모든 사람에게 유용합니다. 그래서 제 자신과 사람들에게 도움을 줄 수 있는 한 가지 방법은 하나님의 이름 이외의 고유명사를 사용하지 않는 것

other than God's name.

A Second rule is not to use the past tense in the verb form. If I talk about what God did back there, it sounds as if it is a message only for them and that day. Therefore, I should use the present tense or imperative form rather than the past tense of the verb.

A third rule is never use the third person of the personal pronoun - never use the third person form. Instead, use the first person plural when we are talking to God's people. We should say what God wants us to do and what he is calling our people in our day to do. But if we say, "They did this; or he said this," then we put it back in ancient times. So, that is the way in which we try to bring the outline across to make an appeal - a challenge to God's people today.

Homiletical Keyword :

There is one more thing I must say before we get into the passage. It is what I call here the *homiletical keyword*. This is the word that really helps me to understand from what position the passage is coming. This homiletical keyword will help me for all of my main points.

There are three characteristics of this homiletical keyword. First of all, it must be a noun because we want to name something. And secondly, it must be a plural word because we are going to give probably more than one point. And thirdly, it must be an abstract word because we want to name a principle that can be applied to many situations.

Now, there are clues within the context that will tell us what that word should be. These are usually the linking words,

입니다.

두번째 규칙은 '동사의 과거형을 사용하지 말라'는 것입니다. 만일 우리가 하나님이 옛날에 하신 일들에 관해 말한다면, 그것은 그들과 그 시대만을 위한 메시지인 것처럼 들릴 것입니다. 그러므로 동사의 과거형보다는 현재형이나 명령형을 사용해야 합니다.

세번째 규칙은 '인칭대명사의 삼인칭을 절대 사용하지 말라'는 것입니다 - 삼인칭 대명사를 사용해서는 안 됩니다. 대신에, 하나님의 백성에게 말할 때는 일인칭 복수형을 사용하십시오. 우리는 하나님이 우리에게 행하기를 원하시는 것과 우리 민족을 부르셔서 오늘날 맡기시는 것을 말해야 합니다. 만일 우리가 "그들이 이것을 했습니다. 또는 그가 이렇게 말했습니다"라고 한다면, 우리는 그것을 고대시대로 되돌려 놓는 것입니다. 그러므로 이 세번째 규칙은, 우리가 성경의 교훈을 오늘날의 하나님의 백성에게 호소하고 도전을 주도록 끌어오는 방법인 것입니다.

설교의 주요단어 :

우리가 본문에 들어가기 전에 말할 것이 한 가지 더 있습니다. 그것은 제가 여기서 설교의 주요단어라고 부르는 것입니다. 이것은 실제로 이 본문이 어떻게 가고 있나를 이해하는 데 도움을 주는 단어입니다. 이 설교의 주요단어는 모든 주요요점들을 이해하는 데 도움을 줍니다.

이 설교의 주요단어에는 세 가지 특징이 있습니다. 첫째로, 그것은 명사여야 합니다. 우리는 어떤 것의 이름을 부르고 싶기 때문입니다. 두번째로, 그것은 복수여야 합니다. 우리는 한 개 이상의 요점을 제공해야 하기 때문입니다. 마지막 세번째로, 그것은 추상명사여야 합니다. 왜냐하면 우리는 여러 상황에 적용될 수 있는 한 가지 원칙을 찾아내기를 원하기 때문입니다.

자, 이제 본문에는 우리에게 그 단어가 무엇이어야 할지를 말해 줄 단서들이 있습니다. 이것들은 보통 연결단어들, 또는 부분들을 모아주는

or words like conjunctions and prepositions that bring together parts. For example, when the text keeps saying because, because, because, then we are being given reasons. And when the text keeps telling us how to do this and how to do that, then we are being given ways.

I believe in this passage we are being given three reasons why God calls us to get rid of idols in our lives. The text begins in verse 1, then God said to Jacob, "Go up to Bethel and settle there, and build an altar there to God, who appeared to you when you were fleeing from your brother Esau." He was to go thirty miles south from Shechem to Bethel. And he was to build an altar that he promised God he would build thirty years before this event.

In Genesis 28:20 he was fleeing from his brother, thirty years prior to this. And Jacob had that dream that went from earth to heaven in which he saw angels going up and down. He was sleeping at Bethel trying to get away from his brother Esau whom he had just tricked out of the birth right. And there he made a vow to God in Genesis 28:20. But he had never kept that vow. That is why our chapter begins in 35:1 the way it does.

God does not say, "Build the altar you promised thirty years ago and you never did." He says rather, "Build the altar to the God who appeared to you when you had that vision thirty years ago." Notice how gentle God is in his approach to his man. There is a rebuke here but it is very gentle. And so he says to Jacob, "Why don't you remember to do, in effect, what you haven't done these thirty years?" But it took an emergency to bring Jacob to this point in his life.

접속사나 전치사 같은 단어들입니다. 예를 들어, 본문이 '왜냐하면, 왜냐하면, 왜냐하면'이란 말을 계속해서 사용한다면, 본문은 우리에게 이유를 계속 제시하고 있는 것입니다. 그리고 본문이 이렇게 하려면 어떻게 하고, 저렇게 하려면 어떻게 하라고 계속 말씀한다면, 그것은 방법을 제시하고 있는 것입니다.

저는 이 본문에서 우리는 하나님이 우리의 삶에서 우상들을 제거하도록 초청하는 세 가지 이유를 발견할 수 있다고 봅니다. 본문은 1절에서 시작하는데, 여기서 하나님은 야곱에게 말씀하시기를 "일어나 벧엘로 올라가서 거기 거하며 네가 네 형 에서의 낯을 피하여 도망하던 때에 네게 나타났던 하나님께 거기서 단을 쌓으라"고 했습니다. 그는 세겜에서 벧엘을 향하여 30마일 남쪽으로 가야 했습니다. 그리고 그는 이 사건이 있기보다 30년 전에 하나님께 건축하겠다고 맹세한 단을 쌓아야 했습니다.

창세기 28 : 20에 의하면, 그는 이 사건이 있기 30년 전, 그의 형을 피해 도망가는 중이었습니다. 그 때 야곱은 꿈에서 천사들이 하늘에서 땅까지 연결된 사닥다리를 오르락 내리락하는 것을 보았습니다. 그는 자신이 장자권을 빼앗았던 형 에서에게서 도망하다가 벧엘에 이르러 잠을 자고 있었습니다. 그리고 창세기 28 : 20에 보니까 그는 거기서 하나님께 서원을 했습니다. 그러나 그는 이 서원을 지키지 않았습니다. 이것은 왜 본문이 35장 1절에서 시작하는지, 왜 이렇게 전개되는지를 보여주는 것입니다.

하나님은 "네가 30년 전에 약속하고 아직 지키지 않은 단을 쌓아라"라고 말씀하시지 않습니다. 오히려 "너는 30년 전 이상(異象) 중에 네게 나타났던 하나님께 단을 쌓아라"고 말씀하십니다. 하나님이 그의 백성에게 접근하실 때 얼마나 부드러우신지를 보십시오. 질책이 있습니다. 그러나 아주 부드럽습니다. 그러면서 야곱에게 "네가 지난 30년 동안 행

54 It's Time to Ged Rid of our Idols

Let me ask a question of all of us. Why is it that we seem to grow very little until trouble comes? For there was a great crisis that came in the life of Jacob right at this point.

In the previous chapter, we are told what happened to their sister Dinah and what the twelve brothers did. They were near the city of Shechem which was inhabited by one of the Canaanite tribes. And Dinah was ravaged there, and the text says the brothers got angry at what happened to their sister. And the brothers said, "Our sister can't marry you because you are not as same faith as we are." But they said, "If you become circumcised, then this can be possible." But as a matter of fact, even though people became circumcised in the city of Shechem, the sons of Jacob did not keep their word. While the men were still recovering from their operation, the sons went in and killed everyone in the city. Now Jacob feared for his life and for that of his children. All of a sudden, he said and he cried out to God, "O God, where are you? Please help me." And the Lord reminds him of a broken promise that he had made thirty years ago.

Often we are very slow to respond to God's haul in our lives until something drastic happens. Suffering and trouble and problems come to us, and, all of a sudden, misery finds a voice and we cry out to God. Some has said, "Hurting makes us grow." But would that be what we would follow God while the sunshine is out and while things are still going well? That's why God calls a nation, and that's why God calls people for revival, even in the good times.

But, unfortunately, sometimes it takes an event to shock us out of our spiritual lethargy. All of a sudden, we recog-

하지 못한 것을 이제 기억하는 것이 어떠냐?"라고 말씀하시는 것입니다. 그러나 야곱 인생의 이 지점까지 오게 하기에는 한 가지 긴급상황이 필요하였습니다.

제가 여러분 모두에게 한 가지 질문을 드립니다. **왜 우리는 어려움이 올 때까지는 거의 성장을 못 하는 것일까요?** 그처럼 바로 이 시점에서 야곱의 인생에 큰 위기가 닥친 것입니다.

그 전 장에서 우리는 그들의 여동생 디나에게 있었던 일과 열두 형제들이 행한 일을 봅니다. 그들은 가나안 족속들 중 하나가 거주했던 세겜이란 도시 근처에 있었습니다. 거기서 디나가 강간당했고, 그 오빠들은 자기의 여동생에게 일어난 일에 분개했다고 본문은 말합니다. 그들은 "우리 여동생은 우리와 같은 신을 섬기지 않는 너희들과는 결혼할 수 없다"라고 했습니다. 그러나 다시 "만일 너희가 할례를 받으면, 이 결혼이 가능하다"라고 했습니다. 그러나 사실 이 세겜 사람들은 할례를 받았지만 야곱의 아들들은 그 약속을 지키지 않았습니다. 그 남자들이 수술을 받고 회복을 기다리고 있을 때, 야곱의 아들들은 그 도시로 들어가서 그곳 사람들을 다 죽였습니다. 그러자 야곱은 그 자신의 생명과 자녀들의 생명을 잃게 될까 두려웠습니다. 갑작스럽게 그는 하나님께 부르짖습니다. "오, 하나님, 어디 계시옵니까? 나를 도와주옵소서!" 주님은 그가 30년 전에 서원했지만 깨뜨렸던 한 가지 약속을 상기시키셨습니다.

종종 우리는 뭔가 엄청난 일이 일어나기 전에는 우리 생활에서 하나님의 이끄심에 대하여 반응이 너무 느립니다. 고통과 어려움과 문제들이 우리에게 닥쳐올 때에, 이 비참한 처지에서 갑자기 소리를 지르게 될 때, 우리는 하나님께 부르짖습니다. 어떤 사람들은 말하기를 "고통이 우리를 성장시킨다"라고 합니다. 그러나 태양이 비춰며 모든 일이 여전히 잘 되고 있을 때 하나님을 따를 수는 없을까요? 이것이 바로 좋은 시절에도

nize that we've been drifting, drifting, and drifting away from the Lord. What Jacob's sons, Levi and Simeon, did was startling to Jacob. He said, "My family is drifting away from God." And so God called him back to the basics once again. All of a sudden, he says, "There are foreign gods in my household and some of my family have been worshiping them."

It is possible for us to be too towering and too hesitant to take action when we begin to see little things creep into our lives. And these things can cost us and the people of God very dearly if we do not pay attention to them. It cost Jacob the virginity of his daughter, Dinah. It cost them also the embarrassment of the sons' massacre and killing of the men of a whole city of Shechem.

At least two of the [Ten] Commandments were violated. God had said, "You shall not kill-murder." He'd also said, "You shall not bear false witness or lie." But these were only symptoms of a deeper problem that was there.

You would say, "What's the relevance of preaching about idolatry to the Christian Church?" I don't know anyone in a Christian church who has a little icon, which they take something out to it and bow down to it. But that perhaps is because we don't understand what the essence of idolatry is. Idolatry is not just having a foreign god. That's not the end of idolatry. Rather, idolatry is making any person, any goal, any institution equal to or greater than God.

Colossians 3:5 says, "Mortify covetousness which is idolatry." Paul had to warn the church in I Corinthians 10:14, "Flee from idolatry, my dearly beloved." The same thing in I

하나님이 한 국가나 사람을 부르셔서 부흥하라고 요청하시는 이유입니다.

그러나 불행하게도, 우리를 영적 무기력증에서 벗어나게 하기 위해서는 큰 사건이 필요합니다. 그러면 불현듯 우리는 우리가 하나님으로부터 멀리 멀리 떠나서 표류하고 있음을 깨닫습니다. 야곱의 아들인 레위와 시몬이 한 행위는 야곱을 깜짝 놀라게 했습니다. 야곱은 "내 가족이 하나님을 떠나 멀리 표류하고 있다"라고 했습니다. 그래서 하나님은 그를 기초적인 것으로 되돌아오도록 부르셨습니다. 야곱은 갑작스럽게 "내 집에는 이방 신상이 있고, 일부는 그것들을 섬기고 있다"라고 말합니다.

우리는 사소한 것들이 우리의 삶 속으로 기어들어올 때 어떤 조치를 취하는데 있어서 너무 격렬하던가 또는 너무 주저하는 경향이 있습니다. **이 사소한 것들은, 우리가 주의를 기울이지 않는다면, 우리와 하나님의 백성들에게 많은 대가를 지불하도록 할 수 있습니다.** 그것은 야곱에게서 그의 딸 디나의 순결을 가져갔습니다. 그것은 그들로 하여금 아들들의 학살 즉 세겜 성의 모든 남자를 죽인 사건으로 인한 당혹감을 갖게 하였습니다.

최소한 두 가지 계명을 어긴 것입니다. 하나님은 "죽이지 말라, 살인하지 말라"고 하셨고, 또한 "거짓 증거하지 말라"고 하셨습니다. 그러나 이것들은 더 깊은 문제의 증상에 불과했습니다.

여러분은 이렇게 물을 것입니다. "기독교회를 향하여 우상숭배에 관한 설교를 하는 것은 적절합니까? 저는 무슨 우상(偶像)을 가지고 다니면서 거기다가 무엇을 구하고, 또 거기에 절하는 기독교인에 대해서는 들어본 적이 없는데요?" 그러나 이것은 아마도 우리가 우상숭배의 본질을 이해하지 못하기 때문에 생기는 것이라고 생각합니다. 우상숭배는 단지 이방신상을 가지고 있음을 의미하지 않습니다. 그것은 우상숭배의 목적이 아닙니다. 오히려 **우상숭배는 어떤 사람이나 어떤 목적, 혹은 어떤 기관을 하나님과 같이 여기거나 하나님보다 더 크게 여기는 것입니다.**

John 5:21, "My little children, keep yourselves from idols." So idolatry is putting any person, any institution, any goal in life above God.

There is the key theology of this passage: Get rid of all of the competitors to the living Lord; he must be first in our lives. I can make even my own school an idol and put it equal to or above God. I can put my church or my family in the place of the living God, too, as well. I work and I try to give the best education; I'd give all of my time to my children to see that they are well off. But that, too, is idolatry.

So this text says There is a call to get rid of all the competition with the living God. It has the question that comes in Isaiah chapter 40. The prophet says to whom or to what shall we liken the living God?" Will economic success, will intellectual success be equal to the living God? Will reputation and my own career be equal to the living God? So the cause for decay in our lives can come from these competitors with God.

But you say, "This is the essence of modernity; this is what modern life is all about. I must compete in my business. I must see my children fulfilled." "Is that not legitimate?", you ask. My answer is "No, not if they take the place of or put above my allegiance to my Lord."

Reasons:

I. Only Cleansed Men and Women Can Meet God.

And so we give our first reason why God calls us to get

골로새서 3장 5절은 "탐심을 죽이라 이는 우상숭배니라"라고 말씀합니다. 바울은 고린도 전서 10장 14절에서 고린도교회를 경고해야만 했습니다. "내 사랑하는 자들아, 우상숭배하는 일을 피하라." 요한일서 5장 21절에도 똑같이 "자녀들아 너희 자신을 지켜 우상에서 멀리하라"라는 말씀이 있습니다. 그러므로 우상숭배는 어떤 사람, 어떤 기관, 어떤 삶의 목적을 하나님보다 우위에 놓는 것입니다.

이 구절에는 중요한 신학이 있습니다. 즉, **그것은 살아 계신 하나님과 경쟁하는 모든 것들을 제거하라, 하나님만이 우리 삶에서 우선되어야 한다는 것입니다.** 심지어 내 학교를 우상으로 만들 수가 있으며, 그것을 하나님과 동등하거나 하나님보다 위에다 올려 놓을 수가 있습니다. 또한 내 교회나 가정을 살아 계신 하나님의 자리에다 놓을 수 있습니다. 내 자녀들이 잘되는 것을 보기 위하여 모든 시간을 쏟으며, 최상의 교육을 받게 하려고 일하고 노력할 수 있습니다. 그러나 이것 역시 우상숭배입니다.

그래서 이 본문에 "살아 계신 하나님과 경쟁관계에 있는 모든 것을 제거하라는 부름이 있었다"라는 말씀이 있는 것입니다. 여기에는 이사야 40장에 나오는 질문과 동일한 질문이 있습니다. 이사야 선지자는 "우리가 누구를, 무엇을 살아 계신 하나님과 비교할 수 있겠느냐?"라고 질문합니다. 경제적인 성공이나 학문적인 성공이 살아 계신 하나님과 동등할까요? 명성이나 많은 경력이 살아 계신 하나님과 동등할까요? 우리 삶의 타락은 하나님과 경쟁하는 이런 것들로부터 그 원인이 생길 수 있습니다.

아마 이런 질문이 있을 것입니다. "그렇지만 이것은 현대주의의 본질이 아닙니까? 현대의 생활은 모두가 이것과 관계되어 있습니다." 혹은 "저는 제 사업에서 경쟁하지 않을 수 없습니다. 저는 제 자녀들이 성공하는 것을 보아야 합니다. 이것이 불법인 것은 아니지 않습니까?" 제 대답은 이렇습니다. "네. **그것은 결코 불법이 아닙니다. 만일 그것들이 내 주님**

rid of idols. Our first reason is because only cleansed men and women can meet God.

A. Our Lord's High Invitation

God gives us a high invitation to come and worship him. In this text, he says, "Build an altar and there I will appear to you." The place of meeting God cannot be substituted in a believer's life. But he also asked that we purify ourselves and change our clothes. This is a call to purify our hearts of all. And to purify our lives from all of bad influences.

The changing of clothes was just to symbolize the putting off the old and the putting on the new. So the outward only reflected what was inside. Of course, it is true if they only did the outside without doing it in the heart, it was no good. Repeatedly, in the Old Testament, God said that the heart was what he looked at first, and, then he looked at what they brought.

God had to teach this to King Saul where he said, "To obey is better than the sacrifice and to hearken than the fat of lambs." He did not say, "Choose one and forget the other." But he, rather, said, "Why can't you do one without having the other as the basis for it?" This message comes across frequently in the Prophets.

David learned this in Psalm 51. He says, "Sacrifice and offerings, God was not interested in, first of all. But a broken and contrite spirit, he would not despise." Then he went on to say, "Then will you be pleased with sacrifices?"

So it is clear, here, that the altar, per se, did not help them. That could only be an indication of what was taking

께 대한 나의 헌신을 대체하거나 우선하지만 않는다면 괜찮습니다."

이유들

I. 오직 정결한 자만이 하나님을 만날 수 있다. (창 35 : 1~4)

이제 우리는 하나님이 우상들을 제거하도록 우리에게 요구하시는 첫 번째 이유를 제시할 수 있습니다. 그 첫번째 이유는 오직 정결한 자만이 하나님을 만날 수 있기 때문입니다.

A. 우리 주님의 고귀한 초대

하나님은 우리에게 그에게 와서 경배하라는 고귀한 초대를 하십니다. 여기 본문에서 하나님은 "단을 쌓으라. 내가 네게 나타나리라"라고 말씀하십니다. 신자의 삶에서 하나님을 만나는 장소는 결코 다른 어떤 것으로 대체될 수가 없습니다. **그러나 하나님은 또한 우리에게 너희 자신을 정결케 하고 옷을 갈아입으라고 요구하십니다.** 이것은 우리의 전 마음을 정결케 하라는 부르심입니다. 또한 모든 악한 영향들로부터 우리의 삶을 정결케 하라는 부르심입니다.

옷을 갈아입는 것은 곧 옛 것을 청산하고 새 것을 취하는 것을 상징합니다. 외적인 것은 내적인 것을 반영할 뿐이기 때문입니다. 물론 마음에서 하지 않고 외적으로만 행할 수도 있습니다만 그것은 좋지 않은 것입니다. 구약성경에서는 계속해서, 하나님께서는 먼저 마음을 보시며 그 후에 그 마음의 결과를 보신다고 말씀합니다.

하나님께서 "순종이 제사보다 낫고 듣는 것이 수양의 기름보다 나으니"라고 말씀하실 때, 하나님은 바로 이 사실을 사울 왕에게 가르치셨던 것입니다. 하나님은 "이쪽(희생)을 택하고 저쪽(순종)은 잊어버려라"라고 말씀하시지 않으셨습니다. **오히려 하나님은 "저쪽(순종)에 근거하지**

place in their hearts. Hebrews says, "Only the pure in heart will see God." So it was here, too, as well.

God says that when Jacob called, he would answer him. He says that in verse 3. He said, "Then let's go up to Bethel where I will build an altar to God who answered me in the day of my distress." This is the theme of God who hears and also who acts. God had promised him that he would be with him back in Genesis 28. And so now when this man turns back to God, the full blessing of heaven can come on him again.

God answers in many different ways in the Bible. He answered Elijah by sending fire from heaven. God would answer by sending blessings on people who cried out to him also. And so in this text God called not only Jacob but he's still calling our generation, as well.

B. Our Response to Personal Holiness

We see the action of the family in verse 4. They gave Jacob all the foreign gods they had and the rings in their ears, and Jacob buried them under the oak at Shechem.

We ask, "Why do the people respond so willingly?" And I suggest that it is because the leader, in this case, Jacob's heart was changed first. When the spirit of teachers and pastors is right with God, then the hearts of the people were given a great access to their hearts. Things that look very difficult in the church and almost impossible are eased and made possible by God working with the pastor and the leader's heart first. So the people brought all their superstitious good luck charms and they buried them and got rid of those along with

않고 행한 이것(희생)으로 네가 무엇을 할 수 있겠느냐?"라고 말씀하셨습니다.

이 메시지는 선지서 전반에 걸쳐서 자주 등장합니다. 다윗은 시편 51편에서 이것을 배웠습니다. 그는 "하나님께서 최우선으로 기뻐하시는 것은 제사와 번제가 아니다. 하나님께서 멸시치 아니하시는 것은 바로 상하고 통회하는 마음이라"라고 고백했습니다. 그리고는 계속해서 "그 때에는 주께서 제사를 기뻐하시리이까?"라고 했습니다.

그러므로 여기서 단 건축 자체는 그들에게 아무런 도움이 되지 못한 것이 분명합니다. 이것은 그들의 마음에 어떤 일이 일어났는지를 암시할 뿐입니다. 히브리서에서는 "오직 심령이 청결한 자만이 하나님을 볼 것이다"라고 말씀합니다. 그 말씀은 여기서도 마찬가지입니다.

하나님께서는 야곱이 기도하면 그에게 대답하실 것이라고 말씀하셨습니다. 하나님은 그것을 3절에서 말씀하셨습니다. 야곱은 말하기를 "우리가 일어나 벧엘로 올라가자 나의 환난 날에 내게 응답하시며 나의 가는 길에서 나와 함께 하신 하나님께 내가 거기서 단을 쌓으려 하노라"라고 했습니다. 이것은 들으시고 또한 행하시는 하나님이라는 주제의 말씀입니다. 하나님은 창세기 28장에서 야곱에게 그와 함께 하시며 돌아오게 하실 것을 약속하셨습니다. 그러므로 지금 야곱이 하나님께로 다시 돌아올 때, 하늘의 충만한 복이 야곱에게 다시 임할 수 있는 것입니다.

성경에서 볼 때, 하나님은 여러 가지 방식으로 응답하십니다. 하나님께서 엘리야에게 응답하실 때는 하늘에서 불을 보내셨습니다. 하나님은 그에게 부르짖었던 사람들에게 복을 내리심으로써 응답하시곤 했습니다. 그러므로 이 본문에서 하나님은 야곱을 부르실 뿐만 아니라 또한 우리 세대를 부르고 계시는 것입니다.

their gods, for cleansed men and women can meet with God.

II. Only God Can Protect Us When We are in Danger

The second reason is given in this text: Why is it a time to get rid of our idols? This is found in verses 5 through 8. Only God can protect us when we are in danger.

Notice I used the word *us* rather than *him*. I don't want to date this message and make it only one that applies to Jacob and his day. This is what I call principlizing the text or making principles out of the text. I see the point was that idols had no effect as far as protecting them any more. For when we are cleansed we do not use substitutes for the living God. Our help is in the name of the Lord, and it's to his name that we go.

A. God Can Discourage Potential Detractors

But you say, "What about potential distracters? What about our enemies?" Our text says in verse 5, "Then Jacob's family set out, and the terror of God fell upon the towns all around them so that no one pursued them." Even when we take the smallest steps of faith, the grace of God far exceeds any steps we take.

Jacob and his family had responded in faith and God blessed it. We would have expected that the other cities around Shechem would have responded and would have come down on Jacob and his family. But God restrained the normally vindictive instincts of men. It was a terror sent from God that protected them. So they were outnumbered but yet they

B. 개인적 거룩성에 대한 우리의 반응

우리는 4절에서 가족들의 행동을 보게 됩니다. 그들은 야곱에게 자기들이 가졌던 모든 이방신상들과 자기들의 귀에 있는 귀고리들을 주었고, 야곱은 그것들을 세겜 근처 상수리 나무 아래 묻었습니다.

"어째서 그 사람들이 그렇게 자발적으로 응답했을까요?" 저는 이 경우 그 이유는 바로 지도자인 야곱의 마음이 먼저 변했기 때문이라고 생각합니다. 선생님들과 목사님들의 정신이 하나님 앞에 올바르면, 다른 이, 다른 사람들의 마음도 그들을 향하여 활짝 열리게 됩니다. 교회에서 매우 어렵게 보이거나 거의 불가능해 보이는 일도, 하나님께서 목사님들과 지도자들의 마음 안에 먼저 역사하시면 가능하게 됩니다. 그러므로 사람들은 모든 미신적인 부적들을 가져와서 땅에 묻음으로써 그들의 신들과 함께 제거하였던 것입니다. 그렇게 정결케 된 사람만이 하나님을 만날 수 있습니다.

II. 우리가 위험할 때 오직 하나님만이 우리를 보호하실 수 있다. (창 35 : 5~8)

두번째 이유가 이 본문에 있습니다. 왜 지금이 우리의 우상들을 제거할 때입니까? 이것은 5절부터 8절까지에서 나타납니다. 오직 하나님만이 우리가 위험할 때 우리를 보호하실 수 있기 때문입니다.

저는 '그'가 아닌 '우리'라는 단어를 사용하고 있습니다. 저는 결코 이 메시지의 날짜를 따져서 그것을 야곱과 그의 시대에만 적용되는 것으로 만들고 싶지가 않습니다. 이것은 제가 본문을 원리화함 또는 본문에서 원리를 도출함이라고 부르는 것입니다. 제가 생각하기에 여기의 요점은, 우상은 그들을 보호하는 면에 있어서 더 이상 아무런 효과가 없다는 것입니다. **일단 우리가 정결하게 되면, 더 이상 살아계신 하나님을 대체할 우상**

were still protected by God.

This is what we call *biblical math*. One person plus God equals majority. And so it was, here, in this situation, as well. God can discourage those who would come against us out of natural instinct.

B. God Has a Place of Sanctuary and Sacrifice to Restore Us

But God also has a place of sanctuary and sacrifice to restore us, as well. He builds the altar in verse 7 and called the name of the place El Bethel.

Here, now, we must come to the point of sacrifice and its central position in the Bible. Surely, this was a place where God was, for he had appeared to Jacob. And wherever God appeared before the tabernacle or temple was built, that was a place where they set up an altar to God. It is said, here, that the *El Shaddai,* the God Almighty, appeared to Jacob. This is God who is the miracle-working God, the strong one.

God asked that there be an interposing between himself and his people, a sacrifice. Already we are being taught in the Old Testament about the need of a substitute if we are ever to be forgiven. Forgiveness never involves just simply someone saying, "I forgive you." Even on the human level, when we say that, we must pay if we are going to say that we forgive someone. And God who forgives us is the one who would pay by sending his son. That is what is being depicted here in the animal sacrifice.

So dreadful is our sin that we give up our right, really, to have life. But Hebrews said the blood of bulls and goats could not atone for sin. It is the sin of humans, of real peo-

을 사용할 필요가 없기 때문입니다. 주님의 이름 안에 우리의 도움이 있기 때문에, 우리는 바로 그의 이름으로 나아가는 것입니다.

A. 하나님은 잠재적 가해자들을 낙담케 하실 수 있다.

그러나 "잠재적 가해자들은 어떻게 합니까? 우리의 적들은 어떻게 합니까?"라고 질문할 수 있습니다. 본문 5절에서는 "그들이 발행하였으나 하나님이 그 사면 고을들로 크게 두려워하게 하신 고로 야곱의 아들들을 추격하는 자가 없었더라"라고 했습니다. 비록 우리가 아주 미미한 신앙의 행위를 했을 때에라도 하나님의 은혜는 우리의 수준을 훨씬 넘어섭니다.

야곱과 그의 가족은 믿음으로 응답했고 하나님은 복을 내리셨습니다. 아마 세겜 주위의 다른 도시 사람들이 소문을 듣고 야곱과 그의 가족을 습격하는 것도 가능했을 것입니다. 그러나 하나님은 인간의 통상적인 보복충동도 억제시키셨습니다. 그 두려움은 그들을 보호하시는 하나님이 보내신 두려움이었습니다. 그러므로 그들은 수적으로 열세였지만 하나님의 보호를 받았습니다.

이것이 소위 '성경적 수학'이라는 것입니다. 한 사람이 하나님과 함께 하면 다수가 됩니다. 이 상황에서도 마찬가지입니다. 하나님은 자연스런 본능으로 우리를 대항하고자 하는 사람들을 낙담시킬 수 있습니다.

B. 하나님은 우리를 회복시키는 성소와 제물을 갖고 계신다.

또한 하나님은 우리를 회복시키는 성소와 제물을 가지고 계십니다. 7절에 의하면, 야곱은 단을 세우고 그곳 이름을 '엘 벧엘'이라 불렀습니다.

여기서 우리는 희생제사와 성경에서의 그 중심적 위치라는 주제에 이르게 됩니다. 확실히 이곳은 하나님이 계셨던 장소입니다. 왜냐하면 하나님은 거기서 야곱에게 나타나셨기 때문입니다. 성막이나 성전이 건축

ple, that must be atoned. Therefore, we waited for a perfect human, the God-man Christ, to come and give the final sacrifice.

III. Only God Can Change Our Personalities and Bless Us

A. God Can Change Our Character

But God does something else here in this passage: he changes our character. We can see this in verses 9 through 15 where we have the third reason in our text. For after Jacob returned from Paddan Aram, God appeared to him again and blessed him, verse 9.

And in verse 10 God said, "Your name is Jacob, but you will no longer be called Jacob; your name will be Israel." Here we have the great theology of name in the Old Testament. A person's name is more than just what you call them. Name is all of the character or attributes or qualities of a person.

There are some five thousand names for our Lord in the Old Testament. He is our Rock; he is our Salvation; he is our Hope; he is the Just One; and so forth. When God changed Jacob's name, he also changed his personality. For the change of names stands for the change of character and nature of a person. Jacob means deceiver, one who grabs the heel of his brother. But Israel means one who prevails with God. He was to be as a prince who had power with God. Therefore, Jacob and his descendants are now the ones who will prevail with God.

되기 전에 하나님이 나타나셨던 곳은 어디나 하나님의 단을 세우기 위한 장소였습니다. 여기는 엘 샤다이, 즉 전능하신 하나님이 야곱에게 나타나신 곳이었습니다. 이분은 하나님이시요, 기적을 일으키시는 분, 강하신 분이십니다.

여기서 하나님은 자신과 그의 백성 사이에 한 가지 제사가 있어야 할 것을 요구하셨습니다; 우리는 구약에서 이미 우리가 용서받으려면 대속물이 있어야 한다는 사실을 배웠습니다. 용서는 "내가 너를 용서한다"라고 말함으로써 이루어지는 것이 아닙니다. 인간적 차원에서도 우리가 누군가를 용서한다고 말하려면 그 대가를 치러야 한다고 말합니다. 우리를 용서하시는 하나님도 그의 아들을 보내심으로써 대가를 기꺼이 치르신 분이십니다. 이것이 바로 여기 동물제사에서 묘사된 것입니다.

우리의 죄는 너무나 흉악한 것이어서 우리가 생명을 얻기 위해서는 우리의 권리를 포기해야 하는 것입니다. 그러나 히브리서에서는 황소나 염소의 피가 죄를 속(贖)하지 못한다고 말씀합니다. 속죄되어야 할 것은 바로 인간들, 실존(實存)하는 백성의 죄입니다. 그러므로 우리는 마지막 제사를 드리실 완전한 인간, 즉 신인(神人)이신 그리스도가 오셔서 최종적인 제사를 드릴 것을 기다리는 것입니다.

III. 오직 하나님만이 우리의 인격을 바꾸시고 축복하실 수 있다. (창 35 : 9~15)

A. 하나님은 우리의 성격을 바꾸실 수 있다.

그러나 하나님은 여기 이 구절에서 약간 다른 일을 행하시는데, 그것은 하나님이 우리의 성격을 바꾸신다는 것입니다. 우리가 본문에서 세번째 이유를 발견할 수 있는 곳은 바로 9절부터 15절까지입니다. 9절에 의하면, 야곱이 밧단 아람에서 돌아온 후에 하나님은 야곱에게 나타나셔서

So God can change our character when he comes in a wonderful revival. We can be like princes and princesses who have power with God. No longer are we seeking our own way, grasping each other by the heel. But rather, we prevail with God in prayer.

It is Genesis 32:28 that describes what this change of name means. There in Genesis 32:28 he said, "Then the man said, 'Your name will no longer be Jacob but Israel, because you have struggled with God and with man and have overcome.'" What a wonderful thing when we obey God and walk according to his commands!

B. God Can Bless Us

But when we put away our idols, the blessing of God also rests upon us. Here in verse 11 through 12 we have the blessing of God. This is what I've called, in other books 'the whole promise plan of God'. God announces himself as God Almighty, *El Shaddai*. This is the mighty power of God in all of his manifestation.

Sometimes we are always looking for something new by way of blessings of God, but that's not always so. Some of the most wonderful promises of God are those which are repetitions of what he has said previously.

As a matter of fact, this passage in verses 11 and 12 is very similar to promises made to Abraham. You may want to make a note that Genesis 17:5-8 are practically the same thing as verses 11 and 12.

God promises in verse 11, "Be fruitful and increase in number." This is the command and the blessing of God given

복을 주셨습니다.

그리고 10절에서 하나님은 "네 이름이 야곱이다마는 네 이름을 다시는 야곱이라 부르지 않겠고 이스라엘이 네 이름이 되리라"라고 말씀하셨습니다. 여기서 우리는 구약에 나타난 저 위대한 '이름' 신학을 접하게 됩니다. 한 사람의 이름은 그냥 부르는 것 이상의 의미가 있습니다. 이름은 그 사람의 인격, 특성, 혹은 속성을 나타내는 모든 것입니다.

구약에는 우리 주님을 지칭하는 약 5,000개의 이름이 있습니다. 그는 우리의 반석이시요, 우리의 구원이시요, 우리의 소망이시요, 거룩한 분이시요, 등등입니다. 하나님께서 야곱의 이름을 바꾸어 주셨을 때 하나님은 또한 그의 인격도 바꾸어 주셨습니다. 이름의 변화는 인격의 변화와 천성의 변화를 의미하는 것이기 때문입니다. 야곱이란 이름은 '속이는 자, 형의 발꿈치를 잡는 자'를 의미합니다. 그러나 이스라엘이란 이름은 하나님과 겨루어 이긴 자를 의미합니다. 그는 하나님의 능력을 지닌 왕자와 같은 사람이 될 것이었습니다. 그러므로 야곱과 그의 후손들은 이제 하나님과 겨루어 이길 사람들입니다.

하나님은 위대한 부흥이 있을 때 우리에게 오셔서 우리의 인격을 변화시키실 수 있습니다. 우리는 하나님이 주시는 능력을 소유한 왕자들이나 공주들과 같습니다. **우리는 상대방의 발꿈치를 잡는 것과 같은 우리 자신의 방법을 추구하지 않습니다. 대신에, 우리는 기도하면서 하나님과 겨루어 이깁니다.**

이름이 바뀐 것의 의미를 서술한 것이 창세기 32장 28절입니다. 창세기 32장 28절은 "그 사람이 가로되 네 이름을 다시는 야곱이라 부를 것이 아니요 이스라엘이라 부를 것이니 이는 네가 하나님과 사람으로 더불어 겨루어 이기었음이니라"라고 했습니다. 우리가 하나님께 순종하고 그의 계명을 따라 준행하는 때는 얼마나 놀라운지요!

from Genesis chapters 1 and 2. Some of us have said, "We have kept that command, 'Be fruit, multiply, fill the earth.'"

But we forget the context which says, "God blessed them saying, 'Be fruitful and multiply.'" And the same words are used here also in a blessing context, not in an imperative context. God will bless this man's twelve sons to become two million people by the time of the Exodus. But do not think this is just an Israeli male and it's for Jews only. It is because the goal of this promise also involves the nations that will come to you.

The Old Testament is a missions book preeminently. The Great Commission does not begin with Matthew 28 but with Genesis 12:3. God blessed one man and one nation so that in his seed all the nations of the earth might be blessed. That's the great message of the Old Testament and its missions.

God wanted Israel to bring light to all the nations so that they might believe. That was the key failure of Israel, not some other. And that he repeats it here in this verse. He not only wants the nation to increase but also the community of nations. He also goes on to say in verse 11, "Kings will come from your body." There has been no mention of kings yet in Israel. There's no mention of King David or his descendants yet, either. But this is a hint of Messiah, that is going to come.

And also he says in verse 12, "The land I gave to Abraham and Isaac I also give to you." Here comes one of the center pieces in the plan of God. God wants the ties of one nation to show that he is Lord over all the nations.

B. 하나님은 우리를 축복하실 수 있다.

또한 우리가 우상들을 제거할 때 하나님의 복이 우리에게 임합니다. 여기 11절과 12절에서 우리는 하나님의 복을 봅니다. 이것은 다른 성경에서 우리가 소위 '하나님의 전체적인 약속계획'이라고 부르는 것입니다. 하나님은 자신을 엘 샤다이, 즉 전능한 하나님으로 선언하십니다. 이것이 하나님 자신에 관한 모든 선언에 나타나는 하나님의 강력한 능력입니다.

때때로 우리는 하나님의 복을 가지고 뭔가 새로운 것을 추구하지만, 그것이 늘 그러한 것은 아닙니다. 하나님의 약속들 중에서 가장 놀라운 것 몇 가지는, 전에 하나님께서 한번 말씀하신 것을 되풀이한 것입니다.

사실상 여기 11절과 12절의 말씀은 아브라함에게 하신 약속과 아주 흡사합니다. 창세기 17장 5~7절까지의 내용이 여기 있는 11절과 12절의 내용과 실제로 똑같다고 기록하고 싶을 정도입니다.

하나님은 11절에서 "생육하고 번성하라"라고 약속을 주십니다. 이것은 창세기 1장과 2장에 있는 하나님의 명령이며 복입니다. 어떤 분들은 "우리는 '생육하고 번성하며 땅에 충만하라'는 그 명령을 지켜왔습니다"라고 말합니다.

그러나 우리는 "하나님이 그들에게 복 주시며 말씀하시기를 생육하고 번성하라"라는 구절의 문맥을 잊고 있습니다. 바로 여기 축복의 문맥에서 동일한 단어가 사용되고 있습니다. 명령의 문맥이 아닙니다. 하나님은 이 야곱의 열두 아들이 출애굽 때에 이르면 200만 명이 되도록 복을 주실 것입니다. 그러나 이것은 단지 이스라엘의 남자들에게만 해당된다거나 유대인만을 위한 것이라고 생각하지 마십시오. 왜냐하면 이 약속은 장차 나타날 민족들도 그 대상으로 삼고 있기 때문입니다.

구약은 아주 훌륭한 선교학 책입니다. 대(大)위임령은 마태복음 28장에서 시작되는 것이 아니라 창세기 12장 3절에서부터 시작합니다. 하나

This is what I call the promise plan of God. God gave his word to be or to do something for Israel. But he did that so that he might give a word for all the nations as well. He says that also with a threefold promise or formula that goes with this promise plan. Fifty-five times in the Old Testament and the New Testament you have this formula.

The first part is "I will be your God." The second part is "You shall be my people." And the third part is "I will dwell in the midst of you." Imagine, God would be a personal deity to mortals like ourselves on earth! Then when God would boast of his treasures, he did not speak of the oil or the gems in the earth, but he said "my people" or "my possession." And his promise was he would come and dwell right in the midst of his people.

He did that, first of all, in the pillar of cloud by day and fire by night. The presence of God was so real that it filled the whole area with the light that was his presence. But it continued in John's Gospel 1:14: "The Word became flesh and it dwelt - it tabernacled - in the midst of us." And the last chapter in the Book of Revelation completes that threefold part formula. He says, "Now God has become our God. And we have become the people of God. And God is now dwelling in the midst of us." What a blessing from God! And, there, I think you have the great theme of this passage in chapter 35. God not only changed the character of Jacob but he also blessed him.

I argue, here, that the land promise is as eternal as the spiritual promise. We ought not to forget that the Messiah or the Seed is the great promise here. There was to be a

님은 한 사람과 한 나라에게 복을 주셔서 그의 씨 안에서 지상의 모든 나라가 복을 받게 하셨습니다. 이것이 바로 구약과 구약시대 선교의 위대한 메시지입니다.

하나님은 이스라엘이 모든 민족들에게 빛을 전해 주어 그들이 하나님을 믿게 되기를 원하셨습니다. 그것이 바로 다른 누구가 아닌 이스라엘의 실패였습니다. 하나님은 여기서 그것을 반복하십니다. 하나님은 그 민족이 번성할 뿐만 아니라 민족들의 공동체도 번성하기를 원하십니다. 계속해서 하나님은 11절에서 "왕들이 네 허리에서 나오리라"고 말씀하십니다. 아직 이스라엘에는 왕이 없을 때였습니다. 다윗 왕이나 그의 자손을 언급하는 것도 없었습니다. 그러므로 이것은 장차 오실 메시아를 암시하는 것입니다.

그리고 또한 하나님은 12절에서 "내가 아브라함과 이삭에게 준 땅을 네게 주고"라고 말씀하십니다. 여기서 하나님의 계획 안에 있는 한 가지 중심요소가 나옵니다. **하나님은 한 민족과 관계를 맺으심으로써 모든 민족들의 주님이심을 나타내기를 원하십니다.**

이것은 제가 '하나님의 약속계획'이라고 부르는 것입니다. 하나님은 이스라엘에게 말씀을 주셔서 특별한 것이 되거나 특별한 일을 하게 하셨습니다. 그러나 하나님은 또한 모든 민족들에게 한 가지 말씀을 주시기 위해서 그렇게 하신 것입니다. 하나님은 삼중(三重)의 약속 혹은 형식(formula)을 말씀하셔서, 이 약속계획과 함께 하도록 하셨습니다. 이 형식은 신약과 구약에서 55번 나타납니다.

첫번째 부분은 "내가 너희 하나님이 되리라"는 것이며, 두번째 부분은 "너희는 나의 백성이 되리라"는 것이고, 세번째 부분은 "내가 너희 중에 거하리라"는 것입니다. 하나님이 우리 같은 지상의 죽을 인생들에게 인격적인 신이 되신다는 것을 한 번 상상해 보십시오! 만일 하나님께서 그의 보물을 자랑하신다면, 그것은 땅의 기름이나 보석들이 아니라, '나의 백성', 혹은 '나의 소유'가 될 것입니다. 즉 하나님의 약속은 그가

whole line of kings that would come out of Jacob's body, this text argues. They would all be samples in the present time of what God not yet would do in the future. This is so central that Paul would call it the gospel in Galatians 3:8. Paul said the gospel was preached already to Abraham. You say, "What was the gospel?" And the gospel was 'in your seed shall all the nations in the earth be blessed'. That's what Paul quoted in Galatians 3:8.

Now, sometimes, there is a mistake that's made here at this point. We have taught in the past only a part of the truth. We have said that Abraham was justified by faith. This is correct and that also is what Romans 4 teaches. But the question is who or what was the object of Abraham's faith? Did Abraham just merely believe that there was a deity, a god out there? This question has become a very important question for missions in our day.

What about the people who have never heard about Jesus? "Will they be saved?" you ask. Is the New Testament teaching correct on this point? Acts 4:12 says, "There's no other name given under heaven whereby we must be saved." So the question is "Must the person really believe in Jesus if they are to be saved?" And I argue, "Yes, they must." But you say then, "Who was it that Abraham believed?"

Look with me in Genesis chapter 15 for the answer. Most people look at verse 6; it said, "Abraham believed in the Lord and he credited it to him as righteousness." It looks there that he just simply believed that God was God. You say there's no evidence that he believed in Jesus. And yet we believe he was really justified. So how shall we solve this

오셔서 바로 그 백성 안에 거하시겠다는 것입니다.

그는 우선 낮에는 구름기둥으로 밤에는 불기둥으로 그의 백성 안에 거하셨습니다. 하나님의 임재는 아주 실제적이어서 임재의 빛으로 온 지역을 가득 채웠습니다. 요한복음 1장 14절에서 그것은 계속해서 "말씀이 육신이 되어 우리 가운데 거하시매-장막을 치시매"라고 합니다. 그리고 요한계시록 마지막 장에서 이 삼중의 약속형식이 완성됩니다. 요한은 말하기를, "이제 하나님은 우리의 하나님이 되셨고, 우리는 하나님의 백성이 되었다. 그리고 이제 하나님은 우리 안에 거하신다"라고 했습니다. 얼마나 놀라운 하나님의 복입니까! 저는 바로 여기 35장에 그 놀라운 주제가 나와 있다고 생각합니다. **하나님께서는 야곱의 인격을 바꾸셨을 뿐만 아니라 그에게 복도 내려주셨습니다.**

제가 여기서 논증하고 싶은 것은, 이 땅 약속은 영적인 약속으로서 영원하다는 것입니다. 우리는 여기서 메시아 혹은 그 씨가 바로 그 위대한 약속이라는 사실을 잊어서는 안됩니다. 이 본문이 말하고 있는 것은, 야곱의 몸에서 왕들의 전체 계보가 나온다는 것입니다. 그 왕들은 하나님이 아직은 아니지만 미래에 하실 일에 대한 현재적인 실례들입니다. 이것은 너무나 중요하여서 바울은 갈라디아서 3장 8절에서 이것을 복음이라고 불렀습니다. 바울은 아브라함이 이미 복음을 들었다고 했습니다. 그럼 여러분은 "그 복음이 도대체 무엇입니까?"라고 물을 것입니다. 그 복음은 바로 "너의 씨를 통하여 모든 나라가 복을 받을 것이라"는 말씀입니다. 이것이 바로 바울이 갈라디아서 3장 8절에서 인용한 것입니다.

바로 이점에 때때로 잘못이 있습니다. 여태까지 우리는 진리의 한 부분만을 가르쳤습니다. 우리는 아브라함이 믿음으로 의롭게 되었다고 말했습니다. 이것은 옳은 말이며 로마서 4장이 가르치는 바입니다. 그러나 문제는 아브라함의 믿음의 대상이 누구인가 혹은 무엇인가 하는 것입니다. 아브라함이 단순히 저기, 저 너머에 신이 있었다고 믿었습니까? 이 질문은 현대선교에 있어서 매우 중요합니다.

problem? And I answer, "Look at the context in verses 1 through 5."

It was twenty-five years ago that God gave the call to Abraham in chapter 12. He was to leave Ur, the Chaldes, and to go to the land that God was going to show him. And he did obey God and did exactly what God said. There's no discussion on whether he should or should not do it; he went. There's no discussion on what belief man at this point had.

Chapters 12, 13 and 14 all speak about the land promise not about the seed. But now Abraham is 100 years old, in chapter 15. He had this word of promise but he had no children yet. And the Lord appeared to him and said, "Do not be afraid, Abraham." But Abraham said, "Lord, I still don't have a child yet like you promised. So what I will do is I will adopt Eliezer as my child." Maybe Abraham thought he would help God a little bit. But the Lord said, "No, you shall not adopt Eliezer." He said, "There's going to come a son out of your own body." That's in 15:4. So he said, "Come on outside. I want you to look at something." "Look at the stars in the heaven," he said, "that's how many descendants you will have from your son."

The passage later on tells us of God's meeting with Sarah. Sarah was ninety years old. And God said, "You are going to have a son." Sarah laughed at that as she said, "That's impossible." The Lord said, "Don't laugh, Sarah. You are going to have a child. And it's going to be a son." And sure enough, she did have a child. And his name was called laughter. God was trying to show he had the last laugh on Sarah.

예수님에 대해서 전혀 들어보지 못한 사람들은 어떻습니까? 여러분은 "그들이 구원받았습니까?"라고 질문합니다. 이 점에 대해서 신약에서는 어떤 교정적인 가르침을 주고 있습니까? 사도행전 8장 12절은 "천하 인간에 구원을 얻을 만한 다른 이름을 우리에게 주신 일이 없음이니라"라고 말합니다. 그래서 문제는 "인간이 구원받으려면 정말 예수님을 믿어야 하는가?"라는 것입니다. 저는 "예, 그래야만 합니다"라고 주장합니다. 그러면 여러분은 다시 "그러면 아브라함은 누굴 믿었습니까?"라고 물을 것입니다.

거기에 대한 대답을 보려면 저와 함께 창세기 15장을 살펴봅시다. 대부분의 사람들은 6절을 보는데, 거기에는 "아브라함이 여호와를 믿으매 이를 그의 의로 여기시고"라고 합니다. 여기서 아브라함은 단순히 하나님을 하나님으로 믿은 것처럼 보입니다. 그러므로 아브라함이 예수님을 믿었다는 아무런 증거가 없다고 합니다. 그러나 우리가 믿기로 그는 실제로 의롭게 되었습니다. 그러면 이 문제를 어떻게 해결해야 합니까? 저는 "그럼 1절에서 5절까지의 문맥을 보십시오"라고 대답합니다.

하나님이 12장에서 아브라함을 부르신 것은 25년 전입니다. 그는 갈대아 우르를 떠나 하나님이 지시하시는 땅으로 가야 했습니다. 그는 하나님께 순종했고 하나님이 말씀하신 그대로 행했습니다. 그가 하나님의 말씀을 그대로 순종했는지 안 했는지에 관해서는 아무런 논의가 없습니다. 그는 떠났습니다. 그가 이 시점에서 가졌던 믿음이 어떤 믿음이었는가에 관한 논의도 없습니다.

12장, 13장, 14장은 모두 씨에 관한 약속이 아니라 땅에 관한 약속을 말하고 있습니다. 그러나 지금 15장에서 아브라함은 100세입니다. 그는 이 약속의 말씀을 받았습니다만 아직 아이가 없었습니다. 그런데 하나님이 그에게 나타나셔서 "아브라함아, 두려워 말라"라고 말씀하셨습니다. 아브라함은 말하기를 "주여, 저는 아직도 주께서 약속하신 아이가 없습니다. 그러니 이제 제가 할 일은 엘리에셀을 내 아이로 입양하는 것이 아

Now you ask, "Why do I bring all these up? You have forgotten your question about what it means to believe." No, I haven't; that's really the point of this passage. For in the context, it's talking about the promise of the seed.

What was it that Abraham believed that God said? Abraham believed God would send that promised seed into his family. And who is that promised one, who would ultimately come from that family? It's Jesus. So the object of faith is still the person of our Lord, even though they didn't know his name at that time. Acts 4:12 is still true. There's no other person, no other name under heaven whereby we must be saved.

So our text ends here in 35:13. It says that God went up from him at that place where he had talked with him. That, too, by the way is exactly parallel to Genesis 17:22, "When God had finished speaking with Abraham, God went up from him." Exactly the same.

So here was a visible manifestation of God to show his glory. This is another one of the great *Immanuel* passages of the Bible. As you know, Immanuel means God with us. And that is what the glory of the Lord signals in most of the passages in the Old Testament. The word *glory* comes from the verb *to be heavy* or *to be present*. So the glory of God means that 'he was there, he was present'. And then only as a secondary effect would there be the light or the outshining.

And so God left him at that point, signaling that he had been present with him during this revelation. And in verse 14 Jacob set up a stone pillar because God had talked with him there. He poured out a drink offering and also poured oil on

닐까 싶습니다"라고 합니다. 아마 아브라함은 자기가 하나님을 약간은 도울 수 있으리라 생각했을지도 모릅니다. 그러나 여호와께서는 "아니, 엘리에셀을 입양해서는 안 된다"라고 말씀하시고, 또 말씀하시기를 "네 몸에서 네 후사가 나올 것이다"라고 하셨습니다. 이것이 15장 4절에 있는 말씀입니다. 그리고 하나님은 계속해서, "밖으로 나오라. 내가 네게 보여줄 것이 있느니라"라고 말씀하시고, "하늘의 별을 보라 네 자손이 이와 같이 많으리라"고 말씀하셨습니다.

후에 이 구절은 하나님이 사라와 만나시는 장면에 대해 우리에게 말해 줍니다. 사라는 90세였습니다. 그러나 하나님께서는 "네가 아들을 낳을 것이다"라고 하셨습니다. 사라는 피식 웃으면서 "불가능합니다"라고 대답했습니다. 여호와께서는 "사라야, 웃지 마라. 네가 아이를 가질 것이고, 아들을 낳을 것이다"라고 말씀하셨습니다. 그런데 정말로 사라는 아이를 낳았습니다. 그리고 그 아이의 이름은 '웃음'으로 불리웠습니다. 하나님은 자신이 사라에게 궁극적인 웃음이 되신다는 것을 보여 주시려고 하신 것입니다.

여러분은 이런 질문을 하겠지요? "왜 이런 얘기들을 다 들춰내지요? 혹시 당신은 우리 질문이 믿는다는 것의 의미에 관한 것인 줄을 잊어버린 것은 아닙니까?" 아니요, 저는 잊은 것이 아닙니다. 바로 그것이 이 부분의 요점입니다. 왜냐하면 여기 이 문맥에서 씨의 약속이 이야기되고 있기 때문입니다.

아브라함이 믿었던 것은 무엇입니까? 아브라함은 하나님이 그 약속의 씨를 자기의 가족에게 보내실 것을 믿었습니다. **그럼 누가 그 약속의 씨이고, 그 가족에서 결국 누가 나올 것입니까? 그분은 바로 예수님이십니다.** 그래서 믿음의 대상은, 그 당시에는 예수라는 이름을 몰랐음에도 불구하고, 여전히 우리 주님이 되는 것입니다. 사도행전 4 : 12은 여전히 진리입니다. 그러므로 천하에 우리가 구원을 얻을 만한 다른 사람, 다른 이름이 없습니다.

it. And Jacob named the place, verse 15, where God had talked with him, Bethel.

Conclusion

Now we need to come to a point of closure in this passage. In modern times we are much better introducing our messages than we are closing them. But as ambassadors of Jesus Christ there comes a moment where we have papers from heaven and we must urge God's men and women to do something.

It's not enough just to understand and to say, "Yes, that's true." The most dangerous part of hearing the word of God is where we make our response. If we only say it's true, what better are we than even the demons, for they say it's true as well? If we gave even the devil a test and ask him, "Is this true or not?" he would say, "It's true." James says, "We must be more than just being hearers of the Word; we must be doers of the Word."

So then you say, "What must we do then?" The text says we must ask God to be cleansed of our sin. The text says we must make him first in our lives, and not other persons or claims or goals. We must ask God to bring a new revival into our lives so we can be changed. We must ask God to bless us, not that we ourselves might do it, but that we might share with the nations.

Our great purpose on earth is to see God's kingdom increase and men and women come to know him. Evangelism and missions are not spiritual luxuries but are the center of

그러므로 우리의 본문은 여기 35장 13절에서 끝납니다. 이 구절에 의하면, 하나님은 그와 말씀하시던 곳에서 그를 떠나 올라가셨다고 합니다. 한편 이것은 또한 창세기 17장 22절과 정확히 병행됩니다. "하나님이 아브라함과 말씀을 마치시고 그를 떠나 올라가셨더라." 아주 똑같습니다.

여기에는 하나님 이 자기의 영광을 나타내시기 위한 가시적 현현(顯現)이 있습니다. 이것은 성경에 나온 위대한 '임마누엘' 구절의 또 한 가지 예입니다. 여러분이 아시는 대로, 임마누엘은 '하나님이 우리와 함께 계시다'라는 의미입니다. 그것은 구약의 대부분의 구절에서 주님의 영광이 상징하는 바입니다. '영광'이라는 단어는 '무겁다' 또는 '존재하다'라는 동사에서 유래되었습니다. 그러므로 하나님의 영광이 의미하는 것은 그가 '거기 계셨다', '그가 존재하셨다' 입니다. 그리고 거기에 대한 부차적인 효과로서 빛이나 광채가 나오는 것입니다.

그리고 거기서 하나님은 이 계시 기간 동안 야곱과 함께 계셨음을 나타내시면서 야곱을 떠나셨습니다. 그러므로 14절에서 야곱은 돌기둥을 하나 세웁니다. 하나님께서 거기서 자기와 대화한 장소라는 표시입니다. 그는 그 돌기둥에다 전제물을 붓고 그 위에 기름을 부었습니다. 그리고 15절에 의하면, 야곱은 하나님과 대화했던 그 장소를 '벧엘'이라 불렀습니다.

결론

우리는 이 본문을 마칠 지점에 이르렀습니다. 현대인들은 메시지를 마감하는 것보다는 메시지를 소개하는 것을 훨씬 더 잘합니다. 그러나 예수 그리스도의 대사들로서 우리는, 하늘에서 신임장을 받은 바, 하나님의 사람들에게 어떤 일을 하도록 촉구해야만 합니다.

이해하고 "예, 맞습니다"라고 말하는 것만으로는 충분하지 않습니다.

God's call on our lives. But how can I call other men and women if there's no power of the Holy Spirit in my own life?

But God can change me; God can revive me; God can give new life. So our prayer ought to be: "Lord Jesus, please change me for your name's sake. You changed Jacob, O Lord, do it again; do it again in your Church one more time. May we see God's blessing upon not only your land in Korea but also around the world in this wonderful days! Amen."

하나님의 말씀을 들을 때에 가장 위험한 부분은 우리가 반응을 하는 지점입니다. 우리가 단지 "옳습니다"라고 말만 하면, 사단보다 나은 것이 무엇입니까? 사단도 "그 말이 맞다"라고 얼마든지 말할 수 있습니다. 우리가 사단을 시험하여 "이것이 맞냐, 그르냐?"라고 묻는다면, 사단도 "맞다"라고 대답할 것입니다. **야고보는 "우리는 단지 말씀을 듣는 자가 되는 것을 지나서 말씀의 실천자가 되어야 합니다"라고 말씀합니다.**

그러면 이제 여러분은 "그럼, 우리가 무엇을 해야합니까?"라고 묻겠지요? 본문은 말하기를, 우리는 하나님께 우리 죄를 깨끗이 해 주시도록 요청해야 한다고 합니다. 본문은 우리에게 다른 사람들이나 어떤 주장이나 어떤 목표들이 아니라 하나님이 우리 삶에서 우선되어야 한다고 말합니다. 우리는 우리의 삶에 새로운 부흥이 일어나서 새롭게 될 수 있기를 위해서 하나님께 간구해야 합니다. 우리는 하나님께서 우리에게 복 주실 것을 간구해야 하는데, 우리가 다 차지하기 위해서가 아니라 모든 나라들과 함께 나누기 위해서 간구해야 합니다.

이 땅에서 우리의 위대한 목적은, 하나님의 나라가 확장되며 사람들이 하나님을 알기 위해서 하나님께로 나아오는 것을 보는 것입니다. 복음전파와 선교는, 영적 사치품들이 아니라 우리 삶의 중심이 되는 하나님의 부르심입니다. 그러나 만일 내 자신의 삶에 성령의 능력이 없다면, 어떻게 내가 다른 사람들을 부를 수 있겠습니까?

그러나 하나님은 나를 변화시키실 수 있습니다. 나를 부흥시키실 수 있습니다. 나에게 생명을 주실 수 있습니다. 그래서 우리의 기도는 다음과 같아야 합니다 - "주 예수여, 주님의 이름을 위하여 저를 변화시켜 주옵소서. 오 주여, 주께서 야곱을 변화시키셨나이다. 그 일을 다시 일으켜 주옵소서. 다시 한번 주님의 교회를 변화시켜 주옵소서. 이 놀라운 시대에 하나님의 복이 한국뿐 아니라 세계 여러 나라에도 임하는 것을 보게 하옵소서! 아멘."

【Tape 3】

Lecture III
It's Time to Coness Our Sin
Exodus 32~33

We want to welcome you to our afternoon lecture. We will go until 3 o'clock. We're turning to lecture number three in Exodus 32 through 33. This is the second great revival in the Old Testament.

Once again we want to look at the focal point of the passage. This is found in Exodus 32:30. It says: "The next day Moses said to the people, 'You have committed a great sin. But now I will go up to the Lord; perhaps I can make an atonement for your sin.'"

You recall, the situation here is the one of the golden calf. This story is the one where Moses was up on the mountain with God for forty days. And while he was there, the people began to wonder what had happened to Moses.

Exodus 32:1 gives us the background to that. It says, "When the people saw that Moses was so long in coming down from the mountain, they gathered around Aaron and said, 'Come, make us gods who will go before us. As for this fellow Moses who brought us up out of Egypt, we don't

【테이프 #3】

제 3 강

지금은 우리의 죄를 고백할 때

출애굽기 32~33장

오후 강의에 오신 여러분을 환영합니다. 우리는 3시까지 강의할 것입니다. 출애굽기 32장과 33장에 관한 세번째 강의를 할 차례입니다. 이것은 구약에 나타난 두번째 큰 부흥운동입니다.

다시 한번 이 부분의 핵심구절을 봅시다. 출애굽기 32장 30절에 있습니다. 이렇게 말씀합니다. "이튿날 모세가 백성에게 이르되 '너희가 큰 죄를 범하였도다 내가 이제 여호와께로 올라가노니 혹 너희의 죄를 속할까 하노라' 하고."

여러분은 여기서의 상황은 금송아지 사건임을 기억할 것입니다. 이 이야기에는 모세가 산에서 하나님과 함께 40일 동안 있었다는 내용이 있습니다. 모세가 거기 있는 동안, 사람들은 모세에게 무슨 일이 일어났는지를 궁금해하기 시작했습니다.

출애굽기 32장 1절은 우리에게 그 배경을 제공해 주고 있습니다. "백성이 모세가 산에서 내려옴이 더딤을 보고 모여 아론에게 이르되 가로되 '일어나라 우리를 인도할 신을 우리를 위하여 만들라 이 모세 곧 우리를 애굽 땅에서 인도하여 낸 사람은 어찌되었는지 알지 못함이니라.'"

그들은 자기들을 인도할 신(神)들을 원했습니다. 그것은 이 구절의

know what has happened to him.'"

They wanted some gods to go before them. That is the irony of this passage. God had promised that he would be the God who would dwell in their midst and go with them. How could the people have forgotten, in such a short period of time, the Word of God? forty days is only a little over a month to be away from the teacher, Moses. But the people said, "We need to have a god and our teacher's gone."

Now, one of the strangest stories in the Bible now takes place. Aaron, you will remember, is Moses' older brother. He said, "Take off your gold earrings that your wives and sons and daughters are wearing and bring them to me," in verse 2. And so all the people listened and they obeyed and took off the earrings and brought them to Aaron, in verse 3. And what Aaron did was to take them and make them into an idol cast in the shape of a calf.

Remember, Israel had just been in Egypt and had seen the calf or the bull-god they worship. They had been influenced by their culture in Egypt. Then they said, "These are our gods that have brought us up out of Egypt. "And Aaron, wanting to help the people, then built an altar in front of the calf"(verse 5). And the next day he said, "Tomorrow, we are going to have the festival. "And so the next day the people rose up early and sacrificed burnt offerings and presented peace offerings to the bull calf.

Here we have peace offerings which were supposed to indicate a fellowship between God and man. But they were being offered to this calf instead of God. And verse 6 says, "Afterward, they sat down to eat and drink and got up to

아이러니입니다. 하나님께서는 그들 가운데서 거하시며 그들과 동행하는 하나님이 되실 것을 약속하셨습니다. 그런데 어떻게 사람들이 그렇게 짧은 기간 동안에 하나님의 말씀을 잊을 수 있단 말입니까? 40일은 그들의 지도자인 모세와 떨어진 지 한 달이 조금 넘는 기간일 뿐입니다. 그런데도 이 사람들은 "우리의 지도자는 떠났으므로 우리에겐 신이 있어야 합니다"라고 말했던 것입니다.

자, 여기서 성경에서 가장 이상스런 이야기 중의 하나가 나타납니다. 우리 모두가 기억하듯이 아론은 모세의 형이지요. 그가 2절에서 말하기를, "너희 아내들과 아들들과 딸들이 귀에 걸고 있는 금고리를 빼어 내게로 가져오라"고 했습니다. 그래서 3절에 의하면, 모든 백성이 아론의 말을 듣고 순종하여 귀고리를 빼어 아론에게 가져왔습니다. 아론은 그것을 취하여 송아지 형상의 우상 주조물을 만들었습니다.

기억하시지요? 이스라엘 백성들은 애굽에 살 때, 애굽인들이 송아지 혹은 소를 숭배하는 것을 보았습니다. 그들은 문화적으로 애굽의 영향을 받았던 것입니다. 그래서 그들은 "이것이 우리를 애굽에서 인도하여 낸 신들이다"라고 말했습니다. 그리고 5절에서 아론은, 사람들을 돕는답시고, 그 송아지 앞에 제단을 세웠습니다. 그 다음날 아론은 "오늘은 축제를 벌이자"라고 했습니다. 그래서 그 다음날 백성들은 일찍 일어나 송아지 상에게 번제와 화목제를 드렸습니다.

여기서 우리는 하나님과 인간 사이의 교제를 지시하는 화목제라는 말을 발견합니다. 그러나 그들은 그 때 그 화목제물을 하나님 대신에 이 송아지에게 드렸던 것입니다. 그리고 6절에서는 "그들이 앉아서 먹고 마시며 일어나서 뛰놀더라"라고 했습니다.

여기 본문에는, 단순하게 표현되었지만 매우 세심하게 가려 쓴 단어들을 사용함으로써 아주 많은 것들을 보여주고 있습니다. 25절은 그 이야기를 우리에게 좀더 자세히 말해줍니다. 거기에 보면, 모세는 그 사람들의 '방자(放恣)한' 모습, 혹은 '모든 제약을 벗어버렸다'라고 해석할 수

indulge in revelry."

Now more's going on here than what appears in just the simple, but very cautious words of the text. Verse 25 tells us the story a little bit more in detail. It says, there, that Moses saw that the people were "running wild" or you could translate it: "had cast off all restraint." To put it very bluntly, the people had not only gone into idolatry but also to religious prostitution.

There is a text in the Book of Proverbs that relates to this passage. It is Proverbs 29:18. It says there, "Where there is no vision, the people perish." This is not talking about the necessity of having a five-year plan or something like that. That text means where there is no input of the teaching of revelation of the Word of God, what happens is the people, then, cast off all restraint and go wild.

There's a warning in the text for all who preach and teach the Word of God in 1993. If you neglect the Word of God and substitute it with the opinions of man, then the congregation will break loose. As ministers of the Word of God we are not to preach psychology or to preach ourselves but to preach the Word of God.

If I had to put the verse on the back of each pulpit so that the speaker could see it, it would be this verse. The verb used here, cast off all restraint, in Proverbs 29:18, is the same verb used back in Exodus. So where there is no teaching of the Word of God, you will find the people breaking loose.

Homiletical Keyword :

있는 모습을 보았습니다. 쉽게 말하면, 백성들은 우상숭배에 빠졌을 뿐만 아니라 종교적 간음을 행한 것입니다.

이 구절과 관계되는 본문이 잠언에 있습니다. 잠언 29장 18절입니다. 거기에 보면, "묵시가 없으면 백성이 방자히 행하거니와"라고 말씀합니다. 이것은 5개년 계획이나 그것과 같은 어떤 것을 가져야 할 필요성에 관해서 이야기하는 것이 아닙니다. 이 본문은, 하나님의 말씀에 관한 계시를 교훈하지 않는 곳에서는 백성들이 모든 제약을 벗어 버리고 방자하게 행한다는 것을 의미하는 것입니다.

이 본문에는, 1993년 현재, 하나님의 말씀을 설교하고 가르치는 모든 사람들을 위한 한 가지 경고가 들어 있습니다. **하나님의 말씀을 무시하고 그것을 인간의 의견으로 대체할 때, 회중들은 방자해진다는 것입니다.** 하나님의 말씀의 사역자로서, 우리는 심리학을 설교하거나 우리 자신을 설교해서는 안 되며, 오직 하나님의 말씀을 설교해야 합니다.

만일 제가 각 강단 뒷벽에 설교자가 볼 수 있도록 성경구절을 붙여두어야 한다면 아마 그 구절은 바로 이 구절이 될 것입니다. 여기 잠언 29 : 18에 쓰인 동사인 '방자하다'는 바로 앞에서 본 출애굽기의 본문에 사용된 동사와 같은 동사입니다. 하나님의 말씀을 가르치지 않는 곳에서는 사람들이 방자해지는 것을 볼 것입니다.

설교의 열쇠단어

이제 우리는, 앞 강의에서 했던 것처럼, 이 구절에 관한 설교의 열쇠단어를 필요로 합니다. 다시 한번 말씀 드리지만, 그 단어는 명사여야 하며 복수여야 합니다. 그리고 우리는 이 구절에서 원칙들을 세우기 원하기 때문에 그것을 추상화시키려고 합니다.

위험들

우리는 그것을 "우리의 죄를 고백하지 않는 우려 혹은 위험"이라고

Now we also need a homiletical keyword for this passage as we did before. Once again, it must be a noun and be a plural word. And we want to put it in the abstract because we also want to make principles from this passage.

Risks

So we've called it the risks or the dangers with not confessing our sin. So "It's Time to Confess Our Sin' is what we are calling the title of this second message.

The people had requested Aaron to make gods for them. They showed disregard for their leadership in Moses. They showed disregard for God, too. The interesting thing is that Aaron did not try to persuade them otherwise. But he went along and tried to do what the crowd was asking him to do. Now Moses is up on the mountain of God, communing with God and receiving the Ten Commandments. And the Lord informs Moses what is going on down below the clouds in the valley.

This begins in 32 : 7. The Lord said to Moses, "Go down, because your people whom you brought up out of Egypt, have become corrupt." He says in verse 8, "They have been quick to turn away from what I commanded them and have made for themselves an idol cast in the shape of a calf. They have bowed down to it and sacrificed to it and have said, 'These are your gods, O Israel, who brought you up out of Egypt.'"

I. We Risk Facing the Anger and Wrath of God (Exodus 32 : 7~14)

부르겠습니다. 그래서 우리는 "지금은 우리의 죄를 고백할 때"라는 것을 두번째 강의의 제목으로 삼으려고 합니다.

사람들은 아론에게 그들을 위해서 신을 만들라고 요구했습니다. 그들은 모세의 지도력을 무시했습니다. 그들은 또한 하나님을 무시했습니다. 재미있는 것은, 아론이 그들을 달리 설득하려 하지 않았다는 것입니다. 오히려 그는 무리들이 요구하는 대로, 그들이 원하는 것을 행했습니다. 그 때 모세는 하나님의 산에서 하나님과 교제를 나누며 십계명을 받고 있는 중이었습니다. 그리고 여호와께서는 모세에게 구름 밑의 계곡에서 어떤 일이 벌어지고 있는지를 알려 주셨습니다.

이것이 32장 7절에서 시작됩니다. 여호와께서 모세에게 말씀하시기를 "너는 내려가라. 네가 애굽 땅에서 인도하여 낸 네 백성이 부패하였도다."라고 하셨습니다. 주님은 8절에서 말씀하시기를 "그들이 내가 그들에게 명한 길을 속히 떠나 자기를 위하여 송아지를 부어만들고 그것을 숭배하며, 그것에게 희생을 드리며 말하기를 '이스라엘아 이는 너희를 애굽 땅에서 인도하여 낸 너희 신이라 하였도다'"라고 하셨습니다.

I. 우리는 하나님의 분노와 진노에 직면할 위험이 있다(출 32 : 7~14)

이것은 우리가 우리의 죄를 고백하지 않을 때 직면하게 되는 첫번째 위험 혹은 우려를 말해 줍니다. 우리는 하나님의 분노와 진노에 직면할 위험이 있습니다. 그것이 7절에서 14절까지의 내용입니다.

어떤 사람들은 하나님이 화내지 않는다고 생각합니다. 그들은 다음과 같이 말합니다. "우리는 하나님의 사랑을 강조해야 합니다. 하나님은 사랑이 많으시고, 긍휼이 풍성하신 좋으신 하나님이십니다." 그러나 우리는 하나님의 분노 혹은 진노라는 말로써 우리가 무엇을 의미하는지를 신중하게 규정해야 합니다. 하나님은, 우리가 그러해야 하는 것과 마찬가

This introduces the first risk or danger that we have when we do not confess our sins. We risk facing the anger and wrath of God. That's verses 7 through 14.

Now some do not think that God gets angry. They say, "We should stress the love of God. And God is loving and compassionate and good." But we must define carefully what we mean by the anger or the wrath of God. God is angry with evil and sin just like we should be. We can always tell that something bad has happened to us when we can be in the presence of evil and not get angry.

A. God Knows and Sees All our Deeds and Words

God's anger never looks for revenge, and it's not out of jealousy. But he loves the good and the just so much that he cannot stand sin when he sees it. People thought that neither Moses nor God saw or cared for their wild style of life. This is true of many on planet earth today; they think that God doesn't see or care, either.

But the truth of the matter of this passage is that God does know and he does care. God not only sees what happens but he knows also what is being said on planet earth. He saw them as they were throwing off all their clothes and dancing naked around the golden calf. But he also heard what they said, as well. He said, "These are your gods that brought you up from Egypt as I point it to the calf."

Verse 8 gives us the definition of what sin is, here. Sin is lawlessness. He said, "Look how quickly they've turned away from what I commanded. "This is why we need to pay attention to the whole counsel of God. Again, I say, if we

지로, 악과 죄에 대하여 분노하십니다. 우리는 악을 바로 눈앞에 마주할 때, 우리에게 좋지 않은 일들이 생겼다고 늘상 말하면서도 실제로는 아무런 분노도 품지 않을 수가 있습니다.

A. 하나님은 우리의 모든 행동과 말을 아시고 보신다

하나님의 분노는 복수를 위한 것이 아니며 질투에서 나오는 것도 아닙니다. 그러나 그는 선을 사랑하시기 때문에, 선을 사랑하시는 만큼 죄를 볼 때에 그것을 참지 못하시는 것입니다. 그 사람들은 모세도 하나님도 자신들의 방자한 삶의 형태를 보지 못했고, 거기에 아무 관심도 없을 것이라고 생각했습니다. 이것은 오늘날 이 지구의 많은 곳에서도 동일하게 일어나는 현상입니다. 그들은, 하나님은 보지도 않으며 관심도 없다고 생각합니다.

그러나 **이 구절이 보여 주는 진리는, 하나님께서는 잘 알고 계시며 관심을 갖고 계시다는 것입니다.** 하나님은 지상에서 무슨 일이 일어나는 지를 보실 뿐만 아니라 무슨 이야기가 오고가는지도 아십니다. 하나님께서는 그들이 옷을 다 벗어 던지고 금송아지 주위에서 춤추고 있는 것을 보셨습니다. 그뿐 아니라 하나님은 그들이 하는 이야기도 들으셨습니다. 하나님께서는 "저기 저 송아지가 너희를 애굽에서 구해낸 신이라는 말이구나"라고 하셨습니다.

8절은 그 때의 죄가 무엇인지에 대한 정의를 우리에게 제공해 줍니다. 죄는 불법입니다. 그는 말씀하시기를 "그들이 내가 명한 길에서 속히 떠난 것을 보라"고 말씀하십니다. 이 때문에 우리는 하나님의 모든 말씀에 주의를 기울일 필요가 있습니다. 다시 말씀드리지만, 만일 우리가 하나님의 말씀의 한 부분을 소홀히 하고 그것을 가르치지 않으면, 우리는 그 부분에 공백을 남겨 두는 것입니다.

B. 하나님은 백성을 위해 중보자들을 일으키실 수 있다

neglect a portion of God's Word and do not teach it, we leave there a vacuum.

B. God Can Raise Up Mediators for the People

And so God here asks Moses to go down. For the interesting thing is that God who hates our sin is also the God who loves us and provides for us. God can and does raise up mediators between God and man.

So the Lord now in verse 10 says, "Leave me alone that my anger may burn against them and that I may destroy them. Then I will make a great nation out of you." Moses protests and says, "No, Lord, don't do that." Moses has three reasons why he makes this plea before God. In verse 12 he said, "That would allow the Egyptians to rejoice." He said, "After you brought us out of the land with all these miracles, then they are going to say that God wasn't able to keep them." And then he said in verse 13, "My second reason is because you won't remember your covenant to Abraham, Isaac and Jacob." And the last part of verse 13, he gives a third reason. He says, "Why would you destroy so quickly what you had employed so wonderfully?"

This word "to remember" the covenant also is a very heavy theological word. When God remembers, he does more than call something to mind. He not only calls to mind but he does something and acts on the basis of what he calls to mind.

For example, when Hannah wanted a baby, she went to the Lord and asked the Lord for a baby. And 1 Samuel chapter 1 says, "The Lord remembered Hannah." It is not,

여기서 하나님은 모세에게 내려가라고 명하셨습니다. 재미있는 것은, 하나님은 우리의 죄를 미워하시면서 또한 우리를 사랑하시고 우리를 위해 준비하시는 분이시라는 사실입니다. 하나님은 하나님과 인간 사이에 중보자들을 일으키실 수 있고, 또 실제로 일으키십니다.

그래서 주님은 10절에서 말씀하시기를 "나대로 하게 하라 내가 그들에게 진노하여 그들을 진멸하고 너로 큰 나라가 되게 하리라"고 하셨습니다. 그러나 모세는 그것에 반대하여 "여호와여, 안 됩니다. 그것은 안 됩니다"라고 하였습니다.

모세는 하나님 앞에 이러한 간청을 할 세 가지 이유를 가지고 있었습니다. 12절에서 "그것은 애굽 사람들을 기쁘게 하는 것입니다"라고 했습니다. 그는 이렇게 말했습니다. "그들은 주님이 이러한 기적들로 우리를 애굽 땅에서 구해내셨지만 우리를 계속 인도할 능력이 없었다고 말할 것입니다." 또 13절에서는 "저의 두번째 이유는, 주께서 아브라함과 이삭과 야곱에게 하신 언약을 기억하기를 원하시기 때문입니다"라고 했습니다. 그리고 13절 마지막 부분에서는 세번째 이유를 이렇게 제시합니다. "주께서 그렇게 놀랍게 이루신 것을 어째서 그리 속히 멸하시려 하시나이까?"

언약을 '기억한다'는 말은 매우 중요한 신학용어입니다. 하나님이 기억하신다는 것은 어떤 것을 회상하는 것 이상의 의미가 있습니다. **하나님이 기억하실 때는 다만 회상하실 뿐만 아니라, 어떤 일을 시행 즉 회상한 것을 기초로 어떤 일을 행하십니다.**

예를 들어, 한나는 아기를 원했을 때 여호와께 나아가 아기를 간구했습니다. 사무엘상 1장에 보면 "주님이 한나를 기억하셨다"는 말이 있습니다. 그것은 주님이 갑자기 "오, 한나, 내가 널 잊었었구나!"라고 말하는 것을 의미하지 않습니다. 그는 그녀를 위해 무엇인가를 하셨으며, 그 순간 임신의 과정이 시작된 것입니다.

그와 비슷하게, 우리가 성찬에 참여하여 그것을 기념할 때에 "나를 기

as if, all of a sudden, the Lord said, "Oh, Hannah, I forgot you!" He did something for her, and she, at that moment, started on the process of having a child.

Thus, when we come to the Lord's table and celebrate the Eucharist, it says, "Do this in remembrance of me." We must do more than just think of a hill roughly in the shape of a skull with three crosses on it. We are to call to mind what Jesus did on a cross for us. And we must also act appropriately in remembering what he did for us. So when Moses prays here, "Lord, remember your servants Abraham, Isaac, and Jacob and your covenant," he is saying a whole lot.

So it is not Moses who is the generous one here in verse 10 but God who is generous. The words seem to forbid but they really do not forbid Moses to pray. It's not a negative command: do not pray for this people any more. But they, rather, indicate that God had prepared his servants, specifically, for just such a position of mediator.

There was a test for Moses here, too, as well. The Lord tested him in an area where we, men and women, are most vulnerable. He said, "I will make a great nation out of you, Moses." This sounds like a great opportunity for Moses that he should be a great nation. But Moses passed this test very wonderfully.

He had been prepared for a number of years for this very moment. It was almost a miracle that he was saved in his early days. Pharaoh wanted to kill all the baby boys, but he was preserved in a little ark, in bulrushes. And God preserved him by his sister Miriam standing nearby. The Phar-

넘하여 이것을 행하라"는 말씀이 봉독됩니다. 그 때 우리는 반드시 해골 비슷한 모양의 언덕에 세 개의 십자가가 있는 것을 상상하는 것 이상을 해야 합니다. 우리는 반드시 예수님이 우리를 위해 십자가 상에서 행하신 것을 회상해야 합니다. 또한 우리는 반드시 예수님이 우리를 위해 행하신 일을 기억하면서 그에 합당한 행위를 해야 합니다. 그러므로 모세가 여기서 "주여, 당신의 종 아브라함과 이삭과 야곱, 그리고 당신의 언약을 기억하소서"라고 말할 때, 그는 이 전체를 말하고 있는 것입니다.

그러므로 여기 10절에서 관대한 이는 모세가 아니라 바로 하나님이십니다. 10절의 말씀은 모세로 하여금 기도하지 못하게 하는 것 같지만, 사실은 그렇지가 않습니다. 이 백성을 위해 더 이상 기도하지 말라는 말씀은(긍정적인 명령), 부정적인 명령이 아닙니다. 오히려 이 말씀은 하나님께서 이미 바로 이런 중보자의 자리를 위해 그의 종들을 특별히 준비하셨음을 암시합니다.

여기에는 또한 모세에게 대한 시험도 있었습니다. 주님은 우리 사람들에게 있어서 가장 취약한 영역에서 모세를 시험하셨습니다. 주님이 "모세야, 나는 너로 큰 민족을 이루게 하겠다"라고 말씀하셨습니다. 그가 큰 나라가 된다는 것은 모세에게 대단한 기회인 것처럼 들립니다. 그러나 모세는 이 시험을 매우 훌륭하게 통과했습니다.

그는 수십 년간 바로 이 순간을 위해 준비되었던 것입니다. 모세가 유년시절에 구원받은 것은 거의 기적적이었습니다. 바로가 모든 남자 아이를 죽이려고 했지만 모세는 조그만 갈대상자 안에서 보호받았습니다. 그리고 하나님은 모세의 누이 미리암을 근처에 있게 하심으로써 모세를 보호하셨습니다. 바로는 미래의 지도자들을 다 제거하려 했다가 오히려 스스로가 제거하려 했던 바로 그 사람에게 장학금을 주고 기회를 제공하게 된 것입니다. 그리고 모세는 바로 그 왕의 장학금 덕택에 가장 좋은 교육을 받을 수 있었습니다. 그는 그에게 필요한 그 당시의 모든 언어와 외교 절차들을 다 배웠습니다. 그가 40년간 애굽에 사는 동안, 이 모든 훈련을

aoh who was trying to get rid of all the future leaders now gives a scholarship and provides for the very person that he was trying to get rid of. And Moses gets the finest education that he could have gotten from the king's very scholarship. He learned all the languages of his day and all the diplomatic procedures that were necessary. For 40 years he lived in Egypt and went through all this training.

But he also had a problem, too. He could never stand to see wrong. It always made him angry. He jumped in and killed an Egyptian one day when he was doing something wrong. The next day he saw two Jewish people fighting together, and he stood up once again and was going to set it straight. But the fellow said to him, "Are you going to kill me like you killed the Egyptian yesterday?" Now, Moses did not know that anyone knew that because he had buried the man.

The Bible scholars are divided as to whether Moses acted properly or not. But I don't think there's any question about the fact that he was wrong. First, Moses looked this way and he looked that way and he buried the Egyptian in the sand. That does not sound like a man with a good conscience. And then the next day he is going to go out again, but they said, "You are not going to kill me?" Moses said, "This is a good time to leave town," which was good thinking, because Pharaoh would have killed him.

And he went all the way down to the land of Midian. And he was watching some girls who were trying to feed their father's flock. All of a sudden some other shepherds came and drove them away. But Moses said, "That's not right. "And he went in there; he's going to set it straight. The girl went

통과한 것입니다.

그러나 그에게는 또한 문제가 있었습니다. 그는 잘못을 그냥 두고 보지를 못했습니다. 그것은 언제나 그를 분노하게 만들었기에, 한 번은 한 애굽인이 잘못된 일을 하고 있는 중에 그 일에 끼여들어 그를 죽이고 말았습니다. 그 다음날 그는 두 유대인이 서로 싸우고 있는 것을 보았을 때, 다시 한 번 일어나 그것을 바로잡고자 했습니다. 그러나 그 유대인은 모세에게 "네가 어제 애굽인을 죽인 것처럼 나를 죽이려 하느냐?"라고 대들었습니다. 사실 모세는 그 애굽인을 땅에 묻었으므로 아무도 이 사실을 모를 것이라고 생각했었습니다.

모세가 올바로 행했느냐 행하지 못했느냐에 관한 성경학자들의 의견은 나뉘어져 있습니다. 그러나 저는 그가 잘못했다는 사실에 관해서는 이견이 있을 수 없다고 생각합니다. 첫째, 모세는 이리저리 둘러보고 그 애굽인을 모래에 묻었습니다. 그것은 좋은 양심을 가진 사람의 행동이 아니라고 보입니다. 그리고 그 다음날 그는 다시 밖으로 나갔지만, 그들은 "너는 나도 죽이려 하느냐?"라고 물었습니다. 그래서 모세는 "이제 이 곳을 떠날 때가 왔다"라고 잘 생각했습니다. 그렇지 않았으면 바로가 그를 죽였을 것입니다.

그리고 그는 도망쳐 미디안 땅까지 내려갔습니다. 거기서 그는 아버지의 가축을 먹이려고 애쓰는 몇몇 여자들을 보게 되었습니다. 갑자기 어떤 목자들이 나타나 그 여자들을 쫓아내었습니다. 그러나 모세는 "이건 옳지 않아"라고 말했습니다. 그리고 그는 그 일에 개입하여 그 상황을 바로잡으려고 했습니다. 그 여자는 집에 가서 아버지에게 "오늘 우리를 도와준 한 애굽인이 있었다"고 전했습니다. 그 아버지는 "그가 어디 있느냐? 그를 집으로 초대하라"고 했습니다. 그래서 우리는 여기에서 결국 정착하여 미디안 여자와 결혼하는 모세를 보게 됩니다.

그리하여 그는 또 다른 학교를 40년 동안 다닙니다. 그는 양과 염소들을 지키며 하루 종일 그들에게 귀를 기울입니다. 하나님은 그가 80세 되

home and told her father, "There was an Egyptian that helped us today." The father said, "Where is he? Invite him home." And so, here, you have Moses finally settling down and marrying a woman from Midian.

And he goes to school for forty more years. Now he watches sheep and goats and listens to them all day long. And yet God teaches him and he's eighty years old and still does not have a job. I wonder what his parents thought: "Why is it that he is not able to get a job? Here he has eighty years of education from the University of Thebes and Midian Agricultural School, and still does not have a job."

But God had prepared him for this moment. Now he gets the chance to lead the people of God for forty years. The Bible says, "Moses was a meek man." But meekness did not mean weakness; he was not weak; he was strong in the Lord. And yet, on the other hand, he learned that by these experiences in life.

God had prepared him to be the mediator for just such a situation as this. We need to exalt and lift up God, not Moses, as being the gracious one here. The real goal and object of his prayer was to glorify God, not himself.

II. We Risk Facing the Loss of Atonement (32:30~35)

There's a second risk or danger that we face in this passage. We risk facing the loss of atonement, too. This is in verses 30 through 35.

A. The Mercy of God on the Laity

기까지 여전히 그를 가르치시지만 그에겐 아직도 일자리가 없습니다. 저는 그의 부모가 어떤 생각을 했을까 참 궁금합니다. 아마 이랬을 것입니다. "어째서 그는 아직도 일자리를 못 얻는 것이지? 그는 티에브 대학과 미디안 농업학교에서 80년간 교육을 받았지 않았는가? 그런데도 여전히 일자리를 얻지 못했단 말이야."

그러나 하나님은 이 순간을 위해 그를 준비시키셨습니다. 이제 모세는 하나님의 백성을 40년간 인도할 기회를 얻습니다. 성경은 "모세는 온유한 사람이었다"라고 말씀합니다. 그러나 이 온유함은 연약함을 의미하지 않습니다. 그는 연약하지 않았습니다. 오히려 그는 주 안에서 강했습니다. 그러나 다른 한편으로 볼 때, 그는 그것을 이런 삶의 경험으로부터 배운 것입니다.

하나님은 모세가 바로 이와 같은 상황을 위해 중보자가 되도록 준비시키셨습니다. 그러므로 우리는 여기서, 모세가 아니라, 하나님을 은혜로 우신 분으로 높이고 찬양해야 할 필요가 있습니다. **모세의 기도의 진정한 목적은 자신이 아니라 하나님을 영광스럽게 하는 것이었습니다.**

II. 우리는 속죄의 상실에 직면할 위험이 있다 (32 : 30-35)

이 구절에는 우리가 직면하는 두번째 위험이 있습니다. 우리는 또한 속죄의 상실에 직면할 위험이 있습니다. 이것은 30절부터 35절까지에서 나타납니다.

A. 백성에 대한 하나님의 긍휼

우리는 우선 이 구절에서 하나님의 긍휼을 보아야 합니다. 모세는 산에서 내려와 무엇이 일어나고 있는가를 보았습니다. 그는 매우 화가 나서 그의 손에 들었던 하나님의 율법 돌판을 깨뜨려 버렸습니다.

21절에서 모세는 "아론이여, 이 백성이 네게 어떻게 하였기에 네가 그

We must see the mercy of God, first of all, in this passage. Moses came down from the mountain and saw what was going on. He was so upset that he took the law of God that was in his hands and he broke the tablets.

And, in verse 21, he said, "Aaron, what did these people do to you that you led them into such a great sin?" Aaron answered, "Do not be angry, my lord, you know how prone these people are to evil." And then Aaron gives one of the biggest excuses I've ever read anywhere. He said, "Whoever has any gold jewelry, take it off. And they gave me the gold." And he told Moses, he said, "I threw this gold into the fire and out walked this calf." Moses never recorded what he said there. I think it's one of the most wonderful pauses in the Bible where there is silence. That story was so fantastic, it didn't even need a response.

So it was the next day in verse 30 that we pick up the narrative. Here we see the mercy of God at work. Moses tells the people, he said, "You have committed a great sin." He said, "Now I will go up to the Lord; perhaps I can make atonement for your sin."

Here we come across another one of those great theological terms in the Bible - *atonement*. The word *atonement* has been variously translated over the years. We used to think that the word picture for this word came from the story of Noah and the Ark in Genesis 6 through 8. There's a word that is spelled very similar to this word. That said, "Noah smeared pitch on the inside and outside of the Ark."

So then we said, "Well, that must be the picture for the meaning of this word." And we taught that the sins of the

들로 중죄에 빠지게 하였느뇨?"라고 질문했습니다. 아론은 "내 주여 노하지 마소서, 이 백성의 악함을 당신이 아나이다"라고 대답했습니다. 그리고 아론은 제가 아무데서도 읽은 적이 없는 엄청난 변명을 늘어놓았습니다. 그는 "금장식이 있는 자는 빼어라. 그랬더니 그들이 나에게 금을 주었나이다"라고 대답하고, 또 모세에게 대답하기를, "내가 그 금을 불에 던졌더니 이 송아지가 나왔나이다"라고 했습니다. 모세는 그 때 그가 무엇이라 응답하였는지를 기록하지 않았습니다. 저는 이것이 침묵을 기록한 성경 기록에서 가장 놀라운 침묵들 중에 하나일 것이라고 생각합니다. 그 이야기는 너무 황당해서 아무 응답도 필요하지 않았던 것입니다.

우리가 이 이야기의 흐름을 잡는 곳은 30절에 나타나는 이튿날입니다. 여기서 우리는 하나님의 긍휼이 역사하는 것을 봅니다. 모세는 백성에게 "너희가 큰 죄를 범하였도다"라고 말했습니다. 그리고 "내가 이제 여호와께로 올라가노니 혹 너희의 죄를 속할까 하노라"라고 말했습니다.

여기서 우리는 성경에 나타나는 또 하나의 거대한 신학적 용어인 '속죄'를 만나게 됩니다. 이 '속죄'라는 단어는 오랫동안 다양하게 번역되어 왔습니다. 우리는 이 단어가 창세기 6장에서 8장까지 나오는 노아와 방주 이야기로부터 연상(聯想)된 것이라고 생각해 왔습니다. 이 단어와 아주 유사한 철자를 가진 단어가 있는데, 그것은 "노아가 방주의 안과 밖을 역청으로 칠하였더라"라는 문장 속에 있습니다.

그래서 우리는 "그것에서 이 단어의 의미를 연상할 수 있다"라고 말해 왔습니다. 그리고 우리는 예수님이 오시기 전 구약의 인물들의 죄는 동물의 피로 덮여졌다고 가르쳤습니다. 그러나 그 단어는, 서로 비슷한 철자를 가진다 하더라도, 여기의 단어와는 다른 단어입니다. **속죄란 중보자에 의해 몸값을 치르거나 구원한다는 의미입니다.**

B. 중보자를 제공하시는 하나님의 긍휼

여기서 모세는 말하기를 "주여, 이 백성을 멸하지 마소서. 대신에 저

Old Testament person were covered by the blood of animals until Christ came. But that word is a different word than the word that is here even though they are spelled alike. The word atonement means to ransom or to deliver by a substitute.

B. The Mercy of God in Providing a Mediator

Moses, here, says, "Lord, don't destroy the nation; take me instead; I will be the substitute." Verse 32 says this, "Blot me out of the book you have written." This is "the book of life" that we often hear about in Scripture. In Psalm 69:29 it talks of this book. There it says "the book of the living" Paul talked about it in Philippians 4:3. There he called it "the book of life." Isaiah 4:3 also talks about it. There it talks about "being written with the living."

So Moses says to the Lord, "Take me out of the book of life." He thought perhaps he could be a substitute, here, in this situation and thereby bring atonement for the people. But the truth of the matter was that he was not a perfect sacrifice, like Christ was. The most that Moses could be would be an instrument of reconciliation. He could not be that substitute himself. Paul thought he could be this, too, in the Book of Romans. He said, "O God would blot me out so that my people Israel might come to know him." But he, too, could not be a proper substitute for the people.

And so this text, while it helps us understand atonement, does not give us the means of atonement. Verse 33 states the theological principle. The Lord replied to Moses, "Whoever has sinned against me I will blot out of my book." And here

를 취하소서. 제가 그 대속물이 되겠나이다"라고 했습니다. 32절에서 "주의 기록하신 책에서 내 이름을 지워버려 주옵소서"라고 말합니다. 이 책은 우리가 성경에서 종종 듣는 '생명책'입니다. 시편 69장 29절(한글 개역 성경에서는 28절 - "저희를 생명책에서 도말하사 의인과 함께 기록되게 마소서" - 역자 삽입)이 이 생명책에 관해 말합니다. 그것은 '살아있는 자들의 책'을 말합니다. 바울은 빌립보서 4:3에서 이 책을 말했습니다. 바울은 그 구절에서 그것을 '생명책'이라고 불렀습니다. 이사야 4:3 또한 그것에 관해 말합니다. 그 구절은 '살아있는 자들에 관해 씌어진 것'에 관해 말합니다.

그래서 모세는 주님께 말하기를 "생명책에서 나를 지워버려 주옵소서"라고 했습니다. 그는 아마 여기 이 상황에서 자신이 하나의 대속물이 되어 사람들에게 속죄를 가져올 수 있다고 생각했을 것입니다. 그러나 사실상 그는 그리스도와 같은 완전한 희생제물이 아니었습니다. 모세는 기껏해야 화해의 도구가 될 수 있었습니다. 그는 스스로 대속물이 될 수 없었습니다. 바울 역시 로마서에서 그것이 될 수 있다고 생각했던 것 같습니다. 그는 말하기를 "오, 하나님 저를 지워버려 주셔서 나의 백성 이스라엘이 당신을 알게 하소서"라고 했습니다. 그러나 그 역시 백성들을 위한 적절한 대속물이 될 수는 없었습니다.

그러므로 이 본문은, 우리가 속죄를 이해하도록 도와주긴 하지만, 속죄의 수단을 제시하지는 않습니다. 33절은 그 신학적 원칙을 말씀합니다. 여호와께서는 모세에게 "누구든지 내게 범죄하면 그는 내가 내 책에서 지워버리리라"라고 말씀하셨습니다. 저는 여기서 우리가 거대한 죄의 문제를 가지고 있다고 생각합니다. 만일 하나님이 자비롭지 않으시고 우리에게 대속물을 주시지 않으신다면, 우리가 어떻게 우리의 죄에서 자유할 수 있겠습니까? 그러나 하나님은 자비롭게도 중보자를 주셨습니다. 34절은 우리에게 그 방법을 제공해 줍니다. 하나님께서는 "이제 가서 내가 네게 말한 곳으로 백성을 인도하라 내 사자가 네 앞서 가리라 그러나

I think we have the great problem of sin. If God is not merciful and provides us a substitute, how will we ever be free of our sin? But God mercifully provides a mediator. Verse 34 gives us the method. God says, "Now go, lead the people to the place I spoke of, and my angel will go before you. However, when the time comes for me to punish, I will punish them for their sin."

The phrase "when the time comes for me to punish" is a very interesting expression. Literally, in the Hebrews it says "in the day when I visit you."

Here is the beginning of the theology of the Day of the Lord that will come in the Prophets. The Day of the Lord is a day, not twenty-four hours but a period of time. In that time God will bring both deliverance of those who know him and judgment on those who've failed to come to him. In the meantime, there are samples of that day that will come in the future. In the prophecy of Joel, there were the locust plagues which was the Day of the Lord, but it was the sample of the future big Day of the Lord. The same thing, too, with the coming of the Assyrians and the Babylonians, which was the Day of the Lord for Isaiah and Ezekiel, but they pointed to the future one.

This is not a double meaning but it is a single sense with multiple fulfillments. This is what we were speaking of this morning as inaugurated eschatology. It is "now but not yet," both aspects are there. Just like 1 John says, "Now are we the sons of God and yet it doeth not yet appear what we shall be." So often in history there are times when God acts now as an indication of what he will do in the future day.

내가 보응할 날에는 그들의 죄를 보응하리라"라고 말씀하셨습니다.

여기서 '내가 보응할 날에는'이라는 구절은 매우 흥미로운 표현입니다. 히브리어에서 그것은 문자 그대로 '내가 너를 방문하는 그날에'라고 말합니다.

장차 예언서에서 나타날 '여호와의 날 신학'의 시작이 바로 여기에 있습니다. 주의 날은 24시간을 의미하는 하루의 개념이 아니라 일정한 기간을 의미합니다. 그 날에 하나님은 그를 아는 사람들에게는 구원을 베푸시고 그에게 나아오기에 실패한 사람들에게는 심판을 베푸십니다. 이제 장차 다가올 그 날의 실례(實例)들이 나타납니다. 요엘의 예언에는 여호와의 날에 있을 메뚜기 재앙이 있는데, 이것은 미래에 있을 여호와의 큰 날의 한 예가 됩니다. 이와 똑같이, 앗시리아인들과 바벨론인들의 침략은 이사야와 에스겔에게 있어 주의 날과 연결되었는데, 그들은 주의 날을 미래에 있을 것으로 지적했습니다.

이것은 이중적인 의미가 아니라 한 가지 의미가 복수적인 성취를 갖는 것입니다. 이것은 오늘 아침 우리가 말했던 시작된 종말론입니다. 즉 '지금 그러나 아직'이라는 것인데, 이 두 가지 양상이 거기에 있습니다. 요한일서에서 말하는 것과 같이, "지금은 우리가 하나님의 아들이나 아직 우리가 될 것은 나타나지 않았다"고 한 것과 마찬가지입니다. **역사상에는, 주님이 지금 행하시는 그 일이, 주님이 미래의 한 날에 하실 일에 대한 암시인 때가 너무나 빈번합니다.**

우리는 그것에 대한 여러 가지 예증을 갖고 있는데, 오늘날과 같은 때가 전에는 없었습니다. 미국의 케네디 대통령이 암살당했을 때, 저는 강단에 선 지 몇 년 되지 않았었습니다. 제 수업을 듣는 한 학생이 많은 학생들 앞에서 "선생님의 하나님은 왜 이렇게 하십니까?"라고 질문을 던졌습니다. 저는 그 질문에 매우 당황해서, 시간을 좀 벌려고, "질문을 다시 한 번 해 주겠어요?"라고 했습니다. 그는 더욱 강력하게 "선생님의 하나님은 왜 이렇게 하십니까?"라고 질문했습니다. 그래서 저는 그에게

We have illustrations of that in our days as never before. I was just beginning to teach for a few years when President Kennedy was assassinated in the United States. One of my students asked in a large class, "Why did your God do that?" I was so surprised by the question. I needed time; so I said, "Would you repeat the question?" He said even stronger, "Why did your God do that?" So I decided to ask him, "My God? I thought he was yours too, Bill?" And I still didn't have an answer for him and the class began to help me. And some were Republicans and some were Democrats, and they were trying to help me. I said, "Uh, uh, wait a minute, wait a minute, wait a minute." And the class quieted down and now I still didn't know what I was going to say. Have you ever answered a question and you had no idea what you were saying? That was me that day. I said, "Listen, I'm not a prophet and I'm not a son of prophet. My father was a farmer and I am a son of a farmer, not a son of a prophet." Suddenly, I remembered; Amos 4 came into my mind where God said, "I sent you this destruction and yet you didn't turn to me. I sent you more trouble and still you didn't turn to me. I sent more trouble, more intense trouble and still you didn't turn back to me." And he repeats that one, two, three, four, five times. And then he said, "Therefore O Israel, prepare to meet your God." The Northern ten tribes fell in 722 B. C. So I said, "Bill, I will tell you how you can know what this is all about." I said, "Watch to see if God speaks through other situations." And I am sure that if I could have reconvened that class seven years later in 1970, it would have been clear.

"내 하나님이라고? 빌, 나는 그 하나님이 너의 하나님도 되신다고 생각했었다"라고 반문하기로 결심했습니다. 그러나 저는 여전히 그에게 대답을 주지 못했기 때문에, 다른 학생들이 저를 돕기 시작했습니다. 어떤 학생들은 공화당 지지파였고 어떤 학생들은 민주당 지지파였는데, 그들이 저를 도우려고 애썼습니다. 저는 말하기를 "어, 어, 잠깐만, 잠깐만, 잠깐만"이라고 했습니다. 학생들은 소리를 낮추었으나 저는 여전히 제가 무엇을 말해야 할지 몰랐습니다. 여러분은 어떻게 대답해야 할지 모르는 질문에 대답해 본 적이 있습니까? 그 날 바로 제가 그랬습니다.

저는, "자, 들어보세요. 나는 예언자도 아니고 예언자의 아들도 아닙니다. 우리 아버지는 농부이셨으므로 나는 농부의 아들이지 예언자의 아들이 아닙니다." 그러나 저는 "갑자기 나에게 아모스 4장이 생각납니다"라고 했습니다. 거기에는 하나님의 이런 말씀이 기록되어 있습니다. "내가 너희에게 이 멸망을 보냈지만 너희는 내게로 돌이키지 않았다. 내가 너희에게 더 많은 어려움을 주었어도 너희는 여전히 내게로 돌이키지 않았다. 내가 너희에게 더 많은 고난과 더 심한 환난을 보냈어도 너희는 여전히 내게로 돌이키지 않았다." 그리고 하나님께서는 그 말씀을 한 번, 두 번, 세 번, 네 번, 다섯 번을 반복하셨습니다. 그 때 아모스는 "그러므로 너희 이스라엘은 너희의 하나님을 만날 준비를 하라"고 했습니다. 북쪽의 열 지파는 기원전 722년에 멸망했습니다. 그래서 저는 이렇게 말했습니다. "빌, 난 너에게 이 모든 것이 무엇에 관한 것인가를 알 수 있는 방법을 가르쳐 주겠다. 하나님이 다른 상황들을 통해서 말씀하시는지를 살펴보아라." 만일 제가 7년 후 1970년에 그 학생들을 다시 모을 수 있었다면 그것은 명확했을 것입니다.

하나님께서 전에는 와츠와 버클리와 뉴욕을 통하여 미국 문화에 대해서 말씀하신 적이 없었습니다만, 이 모든 사건들이 차례대로 발생했습니다. 그러므로 이것은 분명합니다. 만일 어떤 종류의 응답이 없었더라면, 제 생각에는, 하나님의 완전한 심판이 미국 전역에 임했을 것입니다. 그

God was speaking to the American culture, as never before, through Watts and Berkeley and New York, and all of these events that came one after another. So it was clear that, had there not come any kind of response, I think, the full judgment of God would have come on the States. But God raised up a number of campus ministries and parachurch ministries. We had Navigators and Inter-varsity and Campus Crusade and Prison Fellowship and many many others.

And what happened was startling; I can give you an example from our enrollment in 1975. Trinity Seminary had in 1975, 300 new students entered the program. We asked them, "Where did you come to know the Lord and accept Jesus Christ as your personal Lord and Savior?" 85 percent of the students said, "Someone on a campus ministry, on Campus Crusade or Navigators, led me to the Lord." The church only had four people that came to know the Lord in that class of 300. Only other one that was equal to that was mother - who had led six of them to the Lord. Yes, God was speaking in those days and we needed to listen to him. So the relatively quiet in part because of the blessing of God from those ministries.

However, 1992 and 1993 is a different story. Those of you who may have been in the States during this period of time; you know that there were something, very similar to 1963. God is calling not only my nation but the nations of the world, one more time, to come back to him, and to deal with their sin.

That's the great call in this passage, as far as, I can see. I

러나 하나님은 수많은 캠퍼스 사역과 패러처치 사역을 일으키셨습니다. 우리는 네비게이토, IVP, CCC, 교도소 선교회 등 많은 사역단체들을 갖게 된 것입니다.

그리고 놀라운 일들이 생겼습니다. 저는 1975년의 등록현황에서 한 실례를 말씀드릴 수 있습니다. 트리니티 신학교는 1975년에 300명의 신입생을 받았습니다. 우리는 그들에게 "여러분은 어디서 주님을 알게 되었으며, 예수 그리스도를 여러분의 개인의 주님이요 구세주로 영접하게 되었습니까?"라고 물었습니다. 학생들의 85퍼센트가 "학원 사역을 하는 어떤 사람들, CCC나 네비게이토 같은 선교단체의 사람들이 나를 주님께로 인도해 주었습니다"라고 대답했습니다. 교회에서 주님을 알게 된 사람은 300명 중에 4명밖에 없었습니다. 이것과 상응할 수 있는 다른 것은 어머니였는데, 300명 중 6명을 주님께로 인도했습니다. 그렇습니다. **하나님은 그 당시에 말씀하고 계셨고 우리는 그의 음성을 들을 필요가 있었습니다.** 그래서 제가 생각하기에, 1970년대와 1980년대에 있었던 상대적인 침묵은, 부분적으로 그러한 사역들을 통해서 하나님이 역사하셨기 때문입니다.

그러나 1992년과 1993년의 상황은 다릅니다. 이 기간 동안 미국에 계셨던 분들이 있다면, 아마 1963년과 매우 비슷한 어떤 것이 현재의 상황 속에 존재함을 알게 될 것입니다. 하나님은 저의 나라를 부르실 뿐만 아니라 세계 모든 나라들이 다시 한번 주님께로 돌아와 그들의 죄를 회개하도록 부르고 계십니다.

그것이, 제가 알고 있는 한, 이 본문이 말하고 있는 위대한 부르심입니다. 제가 생각하기에, 때때로 우리는 우리의 죄의 흉악성이나 거대함을 잘 알지 못하는 것 같습니다. 그러나 또 다른 한편으로는, 때때로 우리는 우리의 죄를 기꺼이 용서하려고 하시는 하나님의 은혜를 잘 이해하지 못하는 것 같습니다.

여기에 대해서 제가 알고 있는 가장 적합한 그림은 레위기 18장에 나

don't think, sometimes, we understand the enormity-the bigness of our sin. But, on the other hand, sometimes we don't understand the grace of God that is willing to forgive us our sin, either.

The best picture of this that I know of is the day of atonement that appears in Leviticus 16. Do you remember on that day they were to bring two goats to Moses and Aaron? And yet it was called one sin offering even though there were two goats. And Moses was told to choose by lot which goat would be the first goat and which one would be the second goat. Aaron was to take off all of his expensive clothes and put on a simple linen garment.

This is very similar to Philippians chapter 2, with our Lord Jesus and what he did. He was clothed in all of the glory of the Godhead, and yet he emptied himself of all of that prerogative and made himself of no reputation.

But now, Aaron himself was a sinner unlike Christ and therefore, he had to go first into the holy of holies and make an atonement for his own sin. After that he came out and confessed all the sin of all of Israel over the top of the head of the first goat. Then that goat was killed, and the blood of that goat was taken, this one time a year, into the holy of holies in the Tabernacle. The sins of the people were to be dealt with by the substitute of one life for the life of the people. But then he came out and confessed the sins of all the people, of all who had afflicted their souls, over the second goat. Then one man led that goat away to make sure it got lost and never came back into the camp. So we begin to see sins forgiven on the basis of a substitute and sins forgot-

오는 속죄일입니다. 여러분은 그 날에 두 마리의 염소를 모세와 아론에게 데려오는 것을 기억하십니까? 거기에는 두 마리의 염소가 있었음에도 불구하고 단일 속죄제라고 불리웠습니다. 그리고 모세는 제비를 뽑아서 어떤 염소가 첫째가 되고 어떤 염소가 다음이 되는지를 결정했습니다. 아론은 그의 비싼 옷을 벗고 간소한 아마포 옷을 입었습니다.

이것은 우리 주님 예수님과 그의 하신 일을 다룬 빌립보서 2장의 내용과 매우 유사합니다. 그는 신성의 모든 영광을 옷입으셨으나 모든 권세에서 자신을 비우시고 아무 명예도 취하지 않으셨습니다.

그러나 여기 아론은 그리스도와는 달리 죄인이었으므로 먼저 지성소로 들어가 자기 자신의 죄를 속해야 했습니다. 그후에 나와서 첫째 염소의 머리 위에 안수하고 모든 이스라엘의 죄를 다 고백한 후에 그 염소는 죽임을 당하고 그 염소의 피는 일 년에 한 번 성막의 지성소로 보내졌습니다. 백성들의 죄가 사람들의 생명을 대신한 한 생명의 대속물로서 해결되어야 했습니다. 그 후에 그는 밖으로 나가 모든 백성의 죄와 모든 영혼의 괴롭힘을 받은 자들의 죄를 고백하고 두번째 염소의 머리 위에 안수합니다. 그리고는 한 사람이 그 염소를 끌고 나가 그 염소가 확실히 길을 잃어버리도록, 그래서 다시는 진영으로 돌아올 수 없도록 해야 했습니다. 그래서 우리는 중보자에 의해 죄가 용서받는 것을 알게 됩니다. 중보자에 의해 죄는 하나님의 목전에서 잊혀지고 제거되었습니다.

저는 학생들 중 한 명이 이것에 관해 아주 교묘한 질문을 했던 것을 기억합니다. 그는 말하기를 "저는 하나님이 모든 것을 다 아신다고 알고 있었습니다. 그런데 어떻게 하나님이 저의 죄를 잊으실 수가 있겠습니까?"라고 했습니다. 그때 저는 "그 질문을 다시 한 번 반복해 주시겠어요?"라고 말했습니다. 저에게는 시간이 좀 필요했습니다. 그는 그 질문을 한 번 더 반복했습니다. 그러나 저는 그 질문에 대답하기가 어려웠습니다. 저는 성경으로 돌아가서 "어떻게 하면 이 질문에 대답할 수 있을까?"를 고민했습니다. 결국 제가 성경이 말씀하는 것을 발견한 것은

ten and removed away from the sight of God.

I remember one of my students asked me a trick question on that. He said, "I thought God knew everything. How can he forget my sins?" I said, "Would you repeat the question?" I needed some more time. So he repeated it one more time. And I had a trouble answering the question. I went back to the Bible and I said, "How come I can't answer this question?" And it was a month later before I finally saw what the Bible said. It says that he remembered our sin against us no more. God deliberately chooses, when he forgives our sins, to remove the memory of them from himself.

Psalm 103 says the same thing. It says, "As far as the east is from the west, so far has he removed our transgressions from us." And that's the forgiveness that God gives.

Oh, what a wonderful message to proclaim every Lord's day to God's people! It's not just for the unsaved but also for the believing community, too. Some people thank God that they are forgiven, but they do not thank him that he has forgotten the memory of their sins.

III. We Risk Facing the Loss of the Presence of God (33:1~17)

This leads us to our risk or danger in 33:1-17. We risk facing the loss of the presence of God. Remember back in 32:1; they wanted someone who would go before them. So they asked Aaron, "Please make us some gods who will go before us." Whenever the heathen went into a battle, they always carried their gods with them in a cart in front of

한 달 후였습니다. 성경은 하나님이 더 이상 '우리를 거스리는' 우리의 죄를 기억하지 않으신다고 말씀합니다. **하나님이 우리의 죄를 용서해 주실 때, 하나님은 그 죄의 기억들을 제거할 것을 의도적으로 선택하시는 것입니다.**

시편 103편은 같은 사실을 말해줍니다. 시편 103편은 "동이 서에서 먼 것 같이 그가 우리의 죄를 우리에게서 제거하셨도다"라고 말합니다. 그것이 바로 하나님이 우리에게 하시는 용서입니다.

이것은 우리가 주일마다 하나님의 백성에게 외쳐야 하는 얼마나 놀라운 말씀인지요! 그것은 구원받지 못한 사람들에게 뿐만 아니라 믿음의 공동체를 위한 말씀이기도 합니다. **어떤 사람들은 그들이 용서받은 것에 대해서는 하나님께 감사하지만, 하나님이 그들의 죄를 잊으셨다는 사실에 대해서는 감사하지 않습니다.**

III. 우리는 하나님의 임재를 상실할 위험이 있다(33 : 1~17)

이것은 33장 1~17절에 나와 있는 위험으로 우리를 인도합니다. 우리는 하나님의 임재를 상실할 위험이 있습니다. 32장 1절의 말씀을 기억해 보면, 그들은 그들을 앞서 인도할 누군가를 원했습니다. 그래서 그들은 아론에게 부탁하여 "우리를 인도할 신을 만들라"고 한 것입니다. 이방인들은 전쟁할 때마다 항상 그들의 신을 그들 앞 수레에 모시고 다닙니다.

A. 죄는 우리를 하나님의 임재로부터 분리시킨다

그러나 죄는 하나님의 사랑 안에 있는 그의 임재로부터 우리를 분리시키는 나쁜 영향력을 가지고 있습니다. 그것이 바로 33장 3절이 말하는 내용입니다. 하나님은 다음과 같이 말씀하셨습니다. "너희로 젖과 꿀이 흐르는 땅에 이르게 하려니와 나는 너희와 함께 올라가지 아니하리니 너희는 목이 곧은 백성인즉 내가 중로에서 너희를 진멸할까 염려함이니

them.

A. Sin Separates Us from the Presence of God

But sin has the effect of separating us from the presence and the love of God. That's what 33:3 says. God said, "Go up to the land flowing with milk and honey. But I will not go with you, because you are a stiff-necked people and I might destroy you on the way."

A community cannot expect God's presence when sin is present. The Church cannot expect the power and presence of God when sin is present, either.

B. The Presence of God Withdraws from the Unrighteous

God promised that he would give an angel, in verse 2, that would go before them. This was not the angel of the Lord that was spoken of previously. That angel appeared in Exodus 23:20. God said there, "See, I am sending an angel ahead of you to guard you along the way and to prepare you the place I have prepared." Then in verse 21 he said, "But pay attention to him and listen to what he says. Do not rebel against him; he will not forgive your rebellion, since my name is in him."

This is what is known in the Old Testament as the angel of the Lord or an appearance of Christ, the 'Christophany.' When the name of God is in this angel of the Lord, it is equal to all the authority and power and person of the Lord himself.

But now God says, "I am going to withdraw my presence, and I'll only send an ordinary angel with you." It would be

라."

죄가 있을 때 공동체는 하나님의 임재를 기대할 수 없습니다. 교회는 죄가 있을 경우 하나님의 능력과 임재를 기대할 수 없습니다.

B. 하나님은 불의한 자들에게 임재하시지 않는다

하나님은 2절에서 약속하시기를, 그들 앞에 사자를 앞서 보내실 것이라고 하셨습니다. 이 사자는 앞에서 말한 하나님의 사자가 아닙니다. 그 사자는 출애굽기 23장 20절에 나와 있습니다. 거기서 하나님은 말씀하시기를 "내가 사자를 내 앞서 보내어 길에서 너를 보호하여 너로 내가 예비한 곳에 이르게 하리니"라고 하셨습니다. 그리고 21절에서 말씀하시기를 "그러나 너희는 삼가 그 목소리를 청종하고 그를 노엽게 하지 말라 그가 너희 허물을 사하지 아니할 것은 내 이름이 그에게 있음이니라"라고 했습니다.

이것이 바로 하나님의 사자의 현현 또는 그리스도의 현현(크리스토파니)라고 구약성경에서 알려진 것입니다. 하나님의 이름이 하나님의 사자에게 있는 이상 그 사자는 하나님 자신의 모든 권위와 능력과 인격을 갖고 있습니다.

그러나 지금은 하나님이 "나는 나의 임재를 거두고 오직 일반 천사만을 너희에게 보내려고 한다"라고 말씀하시는 것입니다. **공동체 안에 죄가 있을 때는 하나님의 임재가 재난이 되는 것입니다.**

그러나 6절에 보면, 백성들은 주님 앞에서 그들 자신을 겸허하게 낮추었습니다. 6절은 말하기를 "그들이 호렙 산에서부터 그 단장품을 제하니라"라고 했습니다. 그것은 애굽인들로부터 귀중품들을 강청하여 얻은 이스라엘 백성들에게 사용된 똑같은 동사입니다. 그러므로 저는 이 구절에서 우리는 부흥운동이 백성들 사이에 일어나고 있음을 보기 시작한다고 생각합니다.

하나님은 중보자를 주셨을 뿐만 아니라 화해의 수단까지도 주셨습니

dangerous to have the presence of God with the sin that was in the community.

But the people humbled themselves before the Lord in verse 6. It said, "They stripped off their ornaments at Mount Horeb." That is the same verb that is used for the Israelis who despoiled or took the ornaments from the Egyptians. And so here in this passage, I think, we begin to see the revival taking place among the people.

God had provided a mediator and he had also provided the means for reconciliation. And, so, Moses, then, goes outside the camp and pitches a tent in verse 7. This is a proof that Israel is still separated from God because Moses goes outside the camp to meet God. This is not the tabernacle, for the tabernacle had not yet been built. But it was a special tent that Moses used in order to meet God.

Moses experienced once again the presence and the power of God. Verse 9 says, "As Moses went into the tent, the pillar of cloud would come down and stay at the entrance, while the Lord spoke with Moses." "And whenever the people saw the pillar of cloud standing at the entrance to the tent, they all stood and worshiped, each at the entrance of his tent," verse 10 says. And verse 11, "The Lord would speak to Moses face to face, as a man speaks with his friend."

It is at this point that God teaches Moses something very important. What takes place now is distinctive in this passage. For in verse 12, Moses said to the Lord, "You have been telling me, 'Lead these people,' but you have not let me know whom you will send with me. You have said, 'I know you by name and you have found favor with me.' If I've

다. 그래서 7절에 보면, 모세는 진영 밖으로 나가서 회막을 쳤습니다. 모세가 하나님을 만나기 위해서 진영 밖으로 나갔다는 것은 이스라엘이 여전히 하나님으로부터 분리되어 있음을 보여주는 증거입니다. 이것은 성막이 아닙니다. 성막은 아직 건축되지 않았을 때입니다. 그러나 그것은 하나님을 만나기 위해 모세가 사용한 특별 텐트였습니다.

모세는 다시 한번 하나님의 능력과 하나님의 임재를 경험했습니다. 9절에 의하면, "모세가 회막에 들어갈 때에 구름기둥이 내려 회막문에 서며 여호와께서 모세와 말씀하시니"라고 했습니다. 그리고 10절에 의하면, "모든 백성이 회막문에 구름기둥이 섰음을 보고 다 일어나 각기 장막문에 서서 경배하며"라고 했습니다. 그리고 11절은 "사람이 그 친구와 이야기함같이 여호와께서 모세와 대면하여 말씀하시며"라고 했습니다.

바로 그 때 하나님은 모세에게 매우 중요한 어떤 것을 가르치십니다. 여기서 일어나고 있는 일은 이 본문의 특징이 됩니다. 12절에서 모세는 여호와께 다음과 같이 말했습니다. "보시옵소서 주께서 나더러 이 백성을 인도하여 올라가라 하시면서 나와 함께 보낼 자를 내게 지시하지 아니하시나이다. 주께서 전에 말씀하시기를 '나는 이름으로도 너를 알고 너도 내 앞에 은총을 입었다' 하셨사온즉 내가 참으로 주의 목전에 은총을 입었사오면, 원컨대 주의 길을 내게 보이사 내게 주를 알리시고, 나로 주의 목전에 은총을 입게 하시며, 이 족속을 주의 백성으로 여기소서."

그렇다면, 제 생각에 14절은 질문으로 해석되어야 합니다. 여호와께서는 "나의 임재가 너와 함께 하여 너를 안식하게 해야 되겠느냐?"라고 응답하셨던 것입니다. 그에 대하여 모세의 대답은, "주여, 주께서 친히 가지 아니하신다면 도대체 우리가 어떻게 여기서 올라갈 수 있사오리이까?"라는 것이었습니다. 동시에 16절에 나온 질문은 오늘날의 교회에게도 제기될 수 있습니다. "나와 주의 백성이 주의 목전에 은총을 입은 줄을 사람이 무엇으로 알리이까?" 하나님의 임재는 오늘날의 모든 능력 있

found favor in your eyes, teach me your ways so that I may know you and continue to find favor with you."

Verse 14, I think, should be translated as a question then. "Shall my presence," the Lord replied, "go with you and shall I give you rest?" Moses' answer was "Lord, if you don't go with us, how can we go up from this place at all?" And the same thing in verse 16 could be asked of the current Church today, "How will anyone know that you, Lord, are pleased with us and with your people?" The presence of God is extremely necessary for any powerful work in our day.

IV. We Risk Facing the Loss of All that is Involved in the Goodness and Name of God

It is at this point that we find the fourth risk or danger in this text, beginning in verse 18. So from 33:18 to 34:7 we find the fourth danger.

Moses said, "Lord, what I need is to see you. Let me see your face." The Lord said, "No one can see me and live. I will just let you see my glory. But it's even difficult for you to look on my glory." He said, "I will tell you what. I will pass in front of you and let you see the after-effects of my glory that's gone by." He said, "You go over there in the cave and hide in the cave and I will put my hand there in order to protect you from my glory. Then I will remove my hand and you can see what happened after my glory went by." That's how I would translate verse 23.

The English translates it: "You will see my back but my face you must not see." But God is spirit and is not in the

는 사역에 절대적으로 필요합니다.

IV. 우리는 하나님의 선과 하나님의 이름에 포함된 모든 것을 상실할 위험이 있다

여기 18절부터 시작되는 이 본문에서 우리는 네번째 위험을 발견하게 됩니다. 그러므로 네번째 위험은 33장 18절부터 34장 7절까지에 나옵니다.

모세가 여호와께 아룁니다. "주여, 주를 뵈옵기를 원하옵나이다. 나로 주의 얼굴을 보게 하소서." 그러자 여호와께서는 다음과 같이 말씀하셨습니다. "아무도 나를 보고는 살 수 없느니라. 너로 하여금 다만 나의 영광은 보게 하겠노라. 그러나 나의 영광을 보는 일도 네게는 대단히 어려울 것이니라." 그리고 말씀하시기를 "이르노니, 내가 네 앞을 지나며 지나간 나의 영광의 잔영(殘影)을 네가 보게 할 것이니라"라고 하셨습니다. 여호와께서는 계속해서 다음과 같이 말씀하셨습니다. "너는 저 굴로 들어가 굴 속에 네 몸을 숨길 것이니라. 그리하면 네가 나의 영광을 보지 못하도록 내 손으로 그 곳을 가릴 것이라. 그 후에 나의 손을 거두어 네가 나의 영광이 지나간 후에 어떤 일이 일어났는지를 볼 수 있으리라." 저 같으면 23절을 이렇게 해석하겠습니다.

영어성경은 이렇게 번역하였습니다. "네가 내 등을 볼 것이요 얼굴을 보지 못하리라." 그러나 하나님은 영이시기 때문에 그는 인생의 모양을 갖고 계시지 않습니다. 그러므로 하나님은 손이나 등이 없습니다. 그렇다면 이 말은 무엇을 의미하는 것입니까? 이 말은 뒤라는 의미뿐 아니라 잔영 또는 뒤에 남은 것을 의미합니다. 우주시대에 사는 우리는 이것을 확실히 해석할 수 있습니다. "너는 나의 영광을 볼 수 없으나, 내가 나의 영광을 지나가게 하면 너는 그에 따르는 잔광(잔류연료의 불규칙 연소)을 볼 수 있을 것이다."

mortal form. So God does not have a hand and he does not have a back. So what does the word mean? It is a word that means not only the back but also the after-effects or that which is behind. We, in this space age, should certainly be able to translate this: "You can't see my glory but I will cause my glory to go by and you can see the after-burn - what comes after my glory."

A. The Goodness of God

God said, "I will cause all my goodness," in verse 19 "to pass by in front of you." The word here 'goodness' is extremely important. It refers to all of God's perfections and all of his qualities and attributes. And here God said, "Do you know what you need, Moses?; you know what the people need is this?" For people who have been involved in the golden calf and sin, they need a whole new view of God. This is God's great solution to all of our problems of feeling inadequate.

I don't know if you have as a Christian worker or pastor have felt very discouraged recently. But there's nothing like having all the goodness of God pass before our face to restore perspective once again. That's more important than theology and education or methods or anything else we could dream of.

B. The Name of God

He mentions again in 34:6~7 the passing of his name in front of him. He said he proclaimed his name in verse 5. And he passed his name in front of Moses in verse 6.

A. 하나님의 선

19절에서 하나님은 말씀하시기를 "내가 나의 모든 선을 네 앞으로 지나게 하고"라고 했습니다. 여기서 '선'이라는 단어는 아주 중요합니다. 그것은 모든 하나님의 완전성과 그의 모든 속성과 특성을 가리킵니다. 여기서 하나님은 "모세야, 네게 필요한 것이 무엇인지 아느냐? 이 백성에게 필요한 바로 이것이라는 것을 아느냐?"라고 말씀하십니다. 금송아지에 관련되어 죄를 범한 사람들은 하나님께 대하여 완전히 새로운 관점을 필요로 하기 때문입니다. 이것은 미흡하게 느껴지는 우리의 모든 문제에 대한 하나님의 위대한 해결책입니다.

어쩌면 여러분은 기독교 사역자로서 혹은 목회자로서 최근에 아주 낙담되어 있을지도 모르겠습니다. 그럴 때 **다시 우리의 신앙관을 회복하기 위해서 필요한 것은 우리의 앞에 하나님의 모든 선이 지나가시게 하는 바로 그 일입니다.** 그것은 우리가 상상할 수 있는 신학, 교육, 혹은 방법들이나 다른 어떤 것보다도 중요한 일입니다.

B. 하나님의 이름

여호와께서는 34장 6,7절에서 모세의 앞에 여호와의 이름을 지나가게 하시면서 다시 말씀하셨습니다. 그는 이미 자기 이름을 5절에서 선포하셨다고 말씀하셨습니다. 그리고 6절에서 그는 자기 이름을 모세 앞에 지나가게 하셨습니다.

다시 말씀드리지만, 여기서 말하는 이름은 살아 계신 하나님의 성격과 속성과 인격을 상징하는 것입니다. 여호와의 이름은 거기 계시는 하나님이라는 뜻입니다. 여호와의 이름은 '그가 거기 계실 것이다'라는 것입니다.

그리고 여기서 그는 최소한 다섯 가지의 속성과 특성을 알려 주십니다. 우선, 6절에서는 그의 자비 또는 동정심을 그려줍니다. 이 명사는 자

Again the name stands for the character and the quality and the person of the living God. The name of the Lord is God who is there. The name for Yahweh is "he will be there."

And he gives at least five of his qualities and attributes here. First of all, it depicts his mercy, in verse 6, and his compassion. This noun is connected with the word for womb - what a mother has for a child and she gives a delivery to that child.

He also describes his graciousness as being another quality. Remember this is for people that have just broken his law and are now exchanging a view of him for the golden calf.

And "God is very slow to anger," says this passage, too. The Hebrew is that he has long nostrils, long nose. It is a figurative expression for God being very very slow to move in anger.

"He also is full of grace," says this text, too. The English text says, "He's abounding in love," but that is not as strong as it should be. This is one of the most beautiful words in all of the Old Testament and Hebrew language.

In 1950, when the Revised Standard Version came out, they had filled in all the translation except the 250 times this word occurred. I don't know about Korean, but in English there's no single English word that really tells us what this is all about. The Hebrew word is *hesed*. It means God is faithful and loyal and full of grace. Perhaps the best way to translate it would be just simply as "grace."

That's how it was brought across by John in John 1:17. There you have that very beautiful statement which is in

궁이라는 단어 – 아이를 임신하고 출산하기 위하여 어머니에게 있는 것과 관계되어 있습니다.

그는 또 다른 특성으로서 그의 은혜로우심을 묘사합니다. 이것은 지금 그의 율법을 어기고 여호와에 대한 이해를 송아지로 바꾸고 있는 백성들을 위한 것임을 기억하십시오.

또한 이 구절은 "하나님은 노하기를 더디하신다"라고 말씀합니다. 히브리어로는 그가 긴 코를 가지셨다는 의미입니다. 이것은 하나님이 노하기를 매우 더디 하신다는 은유적 표현입니다.

이 본문은 또한 "그는 은혜 역시 충만하다"라고 말씀합니다. 영어성경에서는 "그에게는 사랑이 넘친다"라는 표현을 쓰고 있지만 그 표현은 충분하지 못한 것 같습니다. 사실 이 표현은 모든 구약성경과 히브리어에서 가장 아름다운 말입니다.

1950년에 표준개역성경(RSV)이 나왔는데, 다 잘 번역되었지만 이 단어가 등장하는 250군데의 의미는 제대로 번역하지 못했습니다. 저는 한국어를 모릅니다만, 영어에서는 이 단어의 의미를 정확히 나타내는 단어가 없습니다. 히브리어로는 '헤세드'라고 합니다. **이 말이 의미하는 것은 하나님은 충성되시고 신실하시며 은혜로 충만하시다는 것입니다.** 아마도 이 단어를 번역하는 가장 좋은 방법은 단순히 '은혜'로 번역하는 것일 것입니다.

이것이 바로 요한복음 1장 17절에서 요한이 번역한 방법입니다. 우리는 요한복음 1장 17절에서 아주 아름다운 문장을 보게 됩니다. 그는 이렇게 말씀합니다. "율법은 모세로 말미암아 주신 것이요 은혜와 진리는 예수 그리스도로 말미암아 온 것이라." 여기 나온 '은혜와 진리'라는 표현은 출애굽기 34장 6절과 7절에 나오는 표현과 똑같은 표현입니다.

그러나 이 구절은 율법을 예수님과 대치되는 것으로 대조시키는 것이 아닙니다. 17절의 상반절과 하반절 사이에는 크게 대조되는 내용이 없습니다. 그가 말하고자 하는 것은, 모세는 단지 율법을 전해 준 사람이고

John's Gospel 1 : 17. He says, "The law through Moses was given, but grace and truth came through Jesus Christ." That phrase 'grace and truth' is exactly the same phrase as from Exodus 34 : 6~7. By the way, the contrast here is not with the law as over against Jesus. There is no great contrast between the first part and the second part of verse 17. His point is that Moses was just merely the one who gave the law but grace and truth happened in Jesus Christ. What a wonderful forgiving Lord, who, when he sends revival, sends grace and truth together for his people!

Conclusion

So we see the four risks that are seen as four dangers in this call to confess our sins. Once again we must come to the conclusion and come to a closure.

1. Why should we attempt to live in the guilt and despair of our sin?

Why should we attempt to live in the guilt and despair of our sins? This text says, "This is crazy. We shouldn't do that at all." It's easy to blame Israel but God asks, "What about us?"

2. We can meet one of the conditions for revival if we confess our personal and corporate sin.

We can meet one of the great conditions for revival, if we confess not only our personal sin but also our corporate sin.

The great example for this is the prophet Daniel in Daniel

은혜와 진리는 예수 그리스도 안에서 생겼다는 것입니다. 백성들에게 부흥을 보내실 때, 은혜와 진리를 함께 보내시는 여호와는 얼마나 놀랍게 용서하시는 분이신지요!

결론

이렇게 우리는 우리의 죄를 고백하라는 이 부르심에 나타난 네 가지 위험들을 봅니다. 다시 한번 결론을 짓고 끝내겠습니다.

1. 어째서 우리가 죄책감과 절망 속에서 살아야 합니까?

어째서 우리가 죄책감과 죄로 인한 절망 속에서 살아야 합니까? 이 본문은 우리에게 "그것은 잘못입니다. 우리는 결코 그래서는 안 됩니다"라고 말씀합니다. 이스라엘 백성들을 비난하기는 쉽지만, 하나님께서는 "너희는 어떠하냐?"고 물으십니다.

2. 우리가 우리의 개인적이고 집단적인 죄를 회개하면 부흥의 조건들 중 하나는 충족시킬 수 있다.

우리가 우리의 개인적인 죄뿐만 아니라 집단적인 죄를 회개하면 부흥을 위한 커다란 조건들 중에 하나를 충족시킬 수 있습니다.

이것에 대한 좋은 예는 다니엘서 9장에 나오는 다니엘 선지자입니다. 여러분이 기억하시는 대로, 다니엘은 하루에 세 번씩 기도한 사람이었습니다. 매일 그는 창문을 예루살렘을 향하여 열어 놓고 하나님의 사역을 위해 아침과 정오와 밤에 기도했습니다. 다니엘서 9장에서 그는 39번이나 "주여, 우리를 사하소서, 우리의 죄입니다, 우리 믿음의 혼란입니다"라고 기도합니다.

우리는 우리 자신의 개인적인 죄의 용서를 위해 기도해야 할 뿐만 아니라, 또한 "주여, 우리를 한 나라의 백성으로서 마땅히 받아야 할 징벌

9. Daniel was a man who prayed three times daily, you remember. Every day he would open his window toward Jerusalem and pray in the morning, noon and night for the work of God. thirty-nine times in Daniel 9, in his prayer, he prays, "Lord, forgive us; it is our sin; it is our confusion of faiths."

We must not only pray for forgiveness of our own personal sin, but "Lord, please don't deal with us as a nation what we deserve." We ought to flee to the name of God which is our great refuge and strength. His name is greater than all the other names and all the other powers that we could appeal to.

The reformers, when they went to preach on revival, always preached first on the law of God. This was their call and the prophet's call to return back to God. God looks for men and women in this generation who will weep over their own sin and the sins of their country and stand in the gap. We need to say all over again, "It's time to confess our sin to the Lord." And this needs to be done with all sincerity by the living Church of God.

3. Look at what the name of God could mean for each of us.

This is a large passage and one deep in theology but also extremely important for our day. The themes of atonement and the name of God and the glory of God are some of the greatest themes in all Scripture.

What a joy to declare the name of God with these five wonderful attributes for not only their day but ours, too, as well! We must not preach and teach the Word of God and

로써 다루지 마옵소서"라고 기도해야 합니다. 우리는 우리의 위대한 피난처요 힘이 되시는 하나님의 이름 앞으로 나아가야 합니다. 하나님의 이름은 우리가 간구할 수 있는 어떤 다른 이름과 어떤 다른 능력보다 더 크시기 때문입니다.

종교개혁자들이 부흥에 관한 설교를 할 때면 언제나 가장 먼저 하나님의 율법에 관해서 설교했습니다. 그들의 초청이나 선지자들의 초청은 다 하나님께로 돌아오라는 초청이었습니다. **하나님은 이 세대 가운데서 자기의 죄와 국가의 죄를 통회하면서 그 벌어진 틈 사이에 서 있을 사람들을 찾으십니다.** 이 말을 다시 한번 말해야 하겠습니다. "지금은 우리의 죄를 주님 앞에 고백할 때이다." 그리고 이 고백은 하나님의 살아있는 교회에서 가장 진지하게 다루어질 필요가 있습니다.

3. 하나님의 이름이 우리 각자에게 무엇을 의미할 것인지 살펴보라.

이것은 길고 심오한 신학적인 구절일 뿐만 아니라 오늘날에 있어서도 아주 중요한 구절입니다. 속죄나 하나님의 이름, 하나님의 영광과 같은 주제들은 성경에서 가장 큰 주제에 속합니다.

이런 다섯 가지 놀라운 속성을 가지신 하나님의 이름을 그들의 시대에나 우리의 시대에 선포한다는 것은 얼마나 기쁜 일인지요! 우리는 하나님의 말씀과 하나님의 백성에 대한 진노를 설교하고 가르치는 것이 아니라, 죄에 대한 분노만을 설교하고 가르쳐야 합니다. 하나님이 자비하시며 은혜로우시며 노하기를 더디하시는 하나님이시라는 사실이 참 감사합니다. 하나님은 은혜와 진리에 대하여 전문가이시고, 그것이 넘치는 분이십니다. 그의 놀라운 이름을 찬양합시다! 아멘.

【테이프 #4】

자, 이제 첫번째 날 마지막 수업을 시작합시다. 지난 시간에 어렵고 까

anger against God's people but only anger against sin. And thank God for the fact that he is compassionate and gracious and slow to anger. And God majors in, and he is superabundant in grace and in truth. Praise his wonderful name, Amen!

[Tape 4]

We welcome you back, again, for the final session of our first day. I want to give special thanks for my translator who worked through a very hard and difficult passage the last hour (I'm not sure he translated everything I said). But we're turning to the optional lecture all the way in the back, just before the end.

It is the lecture on Psalm 85, "Will You Not Revive Us Again, O Lord?" I thought it would be helpful for us to get one other passage from the Scriptures today. And since one of our theme verses for this conference comes from Psalm 85, I thought it would be helpful.

The focal point of the passage, of course, is verse 6. He notes there, "Will you not revive us again so that your people may rejoice in you?" Notice, he doesn't say, "so that we might be happy," but that "we might rejoice in the Lord." That is quite different and goes against our secular society. We talk about our happiness rather than happiness or joy in the Lord. But when God revives his people again, they become joyful in the Lord.

Again, let's ask the first question in the Westminster Catechism. "What is the chief purpose of a person - a man or a

다로운 문장을 통역하느라 애쓰신 저의 통역자에게도 특별히 감사의 말씀을 드리고 싶습니다(제가 말한 그대로를 다 통역했다고는 못할 것입니다만). 이번 시간에는 강의안의 맨 뒤에 있는 선택 강의를 하려고 합니다.

이것은 시편 85편, "오 여호와여, 우리를 다시 부흥케 하지 않으시겠나이까?"에 관한 강의입니다. 성경에 있는 또 하나의 본문을 선택하면 아마 오늘 강의에 도움이 될 것이라고 생각되는데, 그 이유는 이번 주 강의의 주제성구 중의 하나가 시편 85편에서 나왔기 때문입니다.

물론, 핵심성구는 6절입니다. 그는 거기서 언급하기를, "우리를 다시 살리사 주의 백성으로 주를 기뻐하게 아니하시겠나이까?"라고 했습니다. 그가 "우리가 행복하지 않겠습니까"라고 말하지 않고 "주를 기뻐하게 아니하시겠나이까"라고 말한 것에 주목할 필요가 있습니다. 이것은 우리가 사는 세속사회를 거슬러가는 것이며 완전히 다른 것입니다. 우리는 주님 안에서의 행복이나 즐거움보다는 오히려 우리의 행복에 관해서 이야기합니다. 그러나 하나님께서 그의 백성을 부흥시키시면 그들은 주 안에서 기뻐하게 됩니다.

또, 웨스트민스터 요리문답의 제1항을 물어봅시다. "남자든 여자든, 사람의 제일 되는 목적은 무엇인가?" 그 대답은, 하나님을 영화롭게 하며, 영원토록 그를 즐거워하는 것입니다. 이 구절이 그 대답과 얼마나 비슷한지를 보십시오. "오 여호와여, 우리를 다시 살리사 우리로 주를 기뻐하게 아니하시겠나이까?"

지금 이 시편은, 표제에 기록된 대로, 고라 자손의 시편들 중의 하나입니다. 고라는 저 앞의 민수기에 언급되어 있는 사람입니다. 고라 자손의 조상은 모세와 아론을 대항하여 반역을 일으킨 사람이었습니다. 그러나 보십시오, 하나님이 얼마나 은혜로우시며 자비로우신지. 반역자의 자손들일지라도 그들은 지금 성경을 쓰고 있습니다.

어떤 사람들은 이 시편이 포로기의 시라고, 이스라엘 사람들이 바벨론

woman?" It is to glorify God and to enjoy Him forever. See how this verse is very similar to that. "Will you not revive us again, O Lord, so that we may rejoice in you?"

Now this psalm, it says in the title, is one of the psalms by the sons of Korah. Korah was the one who is mentioned back in the Book of Numbers. The father of the sons of Korah led a rebellion against Moses and Aaron. But look how merciful and gracious God is that even the sons of this rebel are now writing Scripture.

Some tried to put this psalm and date it to the Exile when they returned from Babylon. There are some hints that it may indeed be that late. But nothing will affect the interpretation of this psalm, so it is not necessary that we date it precisely. In some church liturgies, this psalm is to be read on Christmas day. It is because it is such a joyful and happy psalm. This is particularly true of the final verses. So we have here this wonderful psalm with the question, "Will you not revive us again?"

We have noticed here that the key word, the homiletical key word is "request". This is a psalm that is both a prayer and a hymn to be sung. And notice, the psalm title says, "For the director of music." The psalm titles are probably as old as the psalms themselves. And I would tend to think, only in the Book of Psalms, that the titles should be part of the original text. I cannot prove that, but I know that they are very, very old since we can't translate most of the terms.

Even the word *Selah*, which is at the end of verse 2, we do not know how to translate it. Some think that it means something like a Amen. Others think that it means repeat the psalm,

으로부터 돌아왔을 때의 시라고 설명하려고 애씁니다. 실제로 후대일 수도 있는 몇 가지 암시들이 있습니다. 그러나 어느 것도 이 시편의 해석에 영향을 주는 것은 아니기 때문에 굳이 그 연대를 정확하게 측정할 필요가 없습니다. 어떤 교회 예식에 따르면, 이 시편이 성탄절에 읽히도록 되어 있습니다. 그것은 이 시편이 너무나 기쁨과 행복이 넘치는 그런 시이기 때문입니다. 이것은 특히 마지막 구절들을 보면 잘 알 수 있습니다. 그래서 우리는 이 멋진 시편을 보면서 "우리를 다시 부흥케 아니하시겠나이까?"라는 질문을 갖는 것입니다.

우리는 여기서의 핵심단어, 즉 설교의 핵심단어는 '요청'이라는 것을 이미 살펴보았습니다. 이 시편은 기도인 동시에 하나의 찬송입니다. 그리고 시편 표제에 나온 "영장으로 한 노래(영어표현은 '지휘자를 위한 시'-역자)"라는 말을 주목하십시오. 시편의 표제들이 사실 시편 자체만큼이나 오래된 것이 틀림없습니다. 그리고 저는 적어도 시편만큼은, 그 표제들은 원본의 일부가 되어야 한다고 생각하고 싶습니다. 그것을 증명할 수는 없지만, 우리가 그 용어들의 대부분을 번역할 수 없다는 것은 그것들이 너무나 오래된 것들임을 보여준다고 생각합니다.

심지어 우리는 2절의 끝에 있는, '셀라'라고 하는 단어조차도 어떻게 해석해야 할지를 알지 못합니다. 어떤 사람들은 그것이 '아멘'과 같은 어떤 것을 의미한다고 생각합니다. 또 다른 사람들은 '그 시편을 반복하라, 한번 더 읽으라'라는 의미라고 생각하기도 합니다. 그러나 그것이 참으로 무엇을 의미하는지는 아마 아무도 모를 것입니다. 아마 우리가 천국에 가게 되면 이런 질문들 중에 몇 가지를 물어볼 수 있을 것입니다. 아마 천국에도 이와 같은 세미나가 있지 않겠나 싶습니다. 그것을 증거 하는 성경 구절은 하나도 없지만 말입니다. 그러나 우리는 음악 수업에서 배우는 것보다는 더 배워야 하겠는데, 이제 이번 세미나의 첫날을 마무리하면서 여기 있는 이 시편을 보기로 하겠습니다.

이 시에는 네 개의 문단이 있습니다. 1~3절은 과거에 하나님이 무엇

say it again. But the truth of the matter is I don't think anyone knows. I think when we get to heaven, we can ask some of these questions. I think there'll be seminars in heaven like this. I don't have any verses to prove that. But I think we're going to have more than music lessons. But here is a beautiful psalm for us as we conclude our first day of this seminar.

There are four major poetic paragraphs here. The verses 1-3 deal with what God did in the past. Verses 4-7 deal with what God will do in the present now. Verses 8-9 talk about the results of what God will do. And verses 10-13 go on to ask of more practical applications of that.

So let's look at this beautiful psalm and begin to study what God has done in the past. He begins by showing what revival has done in the past. Each of the three verses have two verbs that are in the past tense. They describe how God answered when the people cried to Him in former days.

Some have thought that this was the time when Hezekiah was in deep trouble, when he was besieged by the Assyrian general and he cried out to God. But again, it is not necessary that we decide what time this happened. I think it's more important that we hear the abiding and the eternal Word of God.

And so beginning in verse one, we practically have a statement of what revival is. There was a time when God had been favorable to the land. I think that's a definition for revival - when God sends a downpour of His Holy Spirit and shows favor to a people. This morning I referred to Acts 3:19. He called that their times of refreshing from the Lord.

And it's also in the second part of verse one - a further defi-

을 행하셨는지를 다루고 있습니다. 4~7절은 지금 현재 하나님께서 무엇을 행하실 것인지를 다루고 있습니다. 8~9절은 하나님께서 행하실 것에 대한 결과들에 대해서 말하고 있습니다. 그리고 10~13절은 계속해서 그것에 대한 더욱 실제적인 적용들을 요청하고 있습니다.

따라서 우리는 이 아름다운 시편을 보면서, 과거에 하나님께서 무엇을 행하셨는지를 연구해 봅시다. 그는 과거에 어떤 부흥이 일어났는지를 보여줌으로써 시작합니다. 세 절에는 각각 과거 시제로 된 두 개의 동사들이 들어 있습니다. 그 구절들은 전날에 백성들이 하나님을 향하여 부르짖을 때, 그 분이 어떻게 응답하셨는지를 묘사합니다.

어떤 사람들은, 이 때는 바로 히스기야 왕이 앗수르 장군에게 포위되어 깊은 근심 중에서 하나님께 부르짖은 때라고 생각했습니다. 그러나, 다시 한번 우리는 굳이 이 일이 언제 일어났는지를 결정할 필요가 없습니다. 저는 우리가 변치 않고 영원한 하나님의 말씀을 듣는 것이 더욱 중요하다고 생각합니다.

이제 1절을 시작하면서, 우리는 부흥에 대한 실제적인 정의를 봅니다. 하나님께서 그 땅에 은총을 베푸셨던 때가 있었습니다. 하나님께서 그 분의 성령을 쏟아 부어주시고, 한 백성에게 은총을 보여주시는 때, 저는 그것이 바로 부흥에 대한 정의라고 생각합니다. 저는 오늘 아침에 사도행전 3:19에 있는 말씀을 언급했었습니다. 그는 그것을 주께로부터 오는 유쾌하게 되는 때라고 불렀습니다.

또한 1절 하반절에 보면 부흥에 대한 더 깊은 정의가 있는데, **그것은 바로 하나님께서 야곱의 운명을 회복시키시는 것입니다.** 하나님이 부흥을 보내시면, 그의 백성은 전에 가지고 있던 능력 있는 상태로 돌아오게 됩니다. 또는, 만약 하나님이 전에 한 번도 그들에게 그러한 권세를 주신 적이 없다면, 그들은 그 때 처음으로 세계적인 영향력을 갖게 됩니다.

제가 이해하는 범위 내에서는, 하나님은 여기 한국에 계신 여러분들로 하여금 그것을 계속 겪도록 하셨습니다. 만약 여러분들이 해외로 나가보

nition of revival. It's a time when God restored the fortunes of Jacob. When God sends revival, He places a people back to their former state of influence. Or if He had never given them influence before, they are given that influence world-wide for the first time.

You here in Korea, as best I understand, have experienced that repeatedly from God's hand in the past. If you've not traveled abroad, you have no idea the influence that the church under God in Korea has had world-wide. In the evangelical seminaries in the United States, the Korean or Korean-American population is the largest single block outside of U. S. students. You and your country are personally being a blessing to my country and my people at this present time. If it were not for your people who are now in our seminaries, our present enrollment would be very low. I don't know of one evangelical seminary where this is not true in the States. What a wonderful blessing and privilege under God to be exercising this influence for His name!

I would urge you to read verse one and put your country and yourself in that verse. "Indeed, you showed favor to Korea, O Lord, and you restored the fortunes of your people. "But the point is we must not rest on what happened yesterday and say, "That's all." The great growth of the Korean Church in the Sixties and the seventies is a blessing from God. But here we are in the nineties and it's another opportunity to serve God. And what God did in the past, in the sixties and seventies, ought to be the basis for building now in the nineties.

Four weeks ago, I was in Johannesburg, South Africa and

지 않으셨다면, 여러분들은 하나님 안에 있는 한국 교회가 얼마나 세계적인 영향력을 가지고 있는지를 모르실 것입니다. 미국에 있는 복음주의 신학교에서, 미국 학생들을 제외하고는, 한국 학생들이나 한국계 미국 학생들의 숫자가 가장 많습니다. 현재 여러분들이나 여러분들의 나라는 개인적으로는 저희 나라나 저희 나라 사람들에게 큰 복이 되고 있습니다. 만일 지금 우리 신학교에 한국 학생들이 없다면, 우리 학교의 등록 숫자는 아주 낮아졌을 것입니다. 제가 아는 미국의 복음주의 신학교는 다 같은 사정입니다. 하나님 안에서 그 분의 이름을 위하여 이러한 영향력을 행사한다는 것은 얼마나 놀라운 복이며 특권입니까!

저는 여러분들이 1절 말씀에 여러분들의 나라와 여러분 자신들을 넣어서 읽어보기를 권합니다. "참으로, 오 여호와여, 주께서 한국에 은혜를 베푸사, 당신의 백성의 기업을 회복시키셨나이다." 그러나 요점은, 과거에 안주하면서 "이만하면 됐지"라고 하지 말아야 한다는 것입니다. 60년대와 70년대의 한국 교회의 놀라운 성장은 하나님께로부터 온 복입니다. 그러나 지금 우리는 90년대를 살고 있고, 여기서 하나님을 섬길 또 다른 기회가 있는 것입니다. 그리고 과거, 60년대와 70년대에 하나님께서 행하셨던 것은 지금 90년대를 세울 기초가 되어야 합니다.

지난 4주일 전에, 남아프리카 공화국의 요하네스버그에 있으면서, 그 곳에서 동일한 도전을 던졌습니다. 지난 시월에는, 홍콩에 있는 교회 네 군데에서 설교하면서, 마찬가지로 그 곳에도 역시 동일한 말씀으로 강권했었습니다. 그리고 저희 나라와 저희 신학교와 제 자신의 마음과 삶 속에, 1절 말씀을 붙잡고, 그것이 내일의 약속의 기초가 되게 하려고 저는 기도했습니다.

미국에서는 목회자가 되는 것은 존경받는 위치에서 한 단계 낮은 지위를 취하는 것입니다. 그러나 한국에서는 그렇지 않은 줄로 알고 있습니다. 그 이유 중에 하나는 하나님께서 여러분들 가운데서 이루셨던 일을 귀하게 보는 것 때문입니다. 그러므로 저의 기도는, 하나님께서 하셨던

gave the same challenge there. In October, I preached in four churches in Hong Kong and I urged the same word there, too, as well. And I have prayed that in my own country and in my own seminary and in my own heart and life, I would take verse one and make it the basis for tomorrow's promise.

To be a pastor in the States is to take a lower round of position of honor. This is not so, as I understand, in Korea. In part, that's because of the high value of what God has done in your midst. And my prayer is that you would never, never forget what God has done, and that that would always be the basis for expecting God to do even more than we could ask or think.

There are at least three important acts of God in the past. There is the confession in verse one. He does not say that they confessed their sin, but it is implied here. And in verse two, there is the forgiveness that God gave for sin. And in verse three, there is the removal of God's wrath from sin. He said, "You forgave the iniquity of your people," in verse two. And this forgiveness released the blockage that was there from the blessing of God. And he said, "You set aside all of your wrath," in verse three.

This is a reference or an allusion back to the chapter we just studied. Moses prayed in Exodus 32:12, just along these same lines. He said, "Turn back the fierceness of your wrath, O God." And that's what verse three says, "You turned from your fierce anger." And so we have three great actions of God in the past.

This is given to us for our instruction and they would be a

것을 여러분들이 결코 잊지 말게 해 달라는 것이며, 그것에 근거하여 우리가 구하거나 생각하는 것보다 더 많이 하나님께서 행하실 것이라고 바라게 되는 것입니다.

여기에는 적어도 과거에 하나님께서 행하신 세 가지 중요한 것이 있습니다. 1절에는 고백이 있습니다. 물론 여기에는 그들이 자기들의 죄를 고백했다고 써 있지는 않습니다만 그것이 여기에 암시되어 있습니다. 그리고 2절에는, 하나님께서 죄악에 대하여 베푸셨던 사죄하심이 있습니다. 그리고 3절에는, 하나님의 진노가 죄로부터 거두어짐이 있습니다. 2절에서 기자는 "주께서 주의 백성의 죄악을 사하셨나이다"라고 말했습니다. 그리고 이러한 사죄하심으로 인하여 하나님의 축복을 가로막고 있었던 장애물을 제거했으므로, 3절에서 기자는 "주의 모든 분노를 거두시며"라고 말했던 것입니다.

이것은 우리가 조금 전에 살펴보았던 장에 대하여 언급(혹은 암시)하는 것입니다. 모세는 출애굽기 32:12에서 이와 동일한 유형으로 기도했습니다. "오 하나님이여, 주의 맹렬한 노를 그치시고 뜻을 돌이키소서"라고 기도했습니다. 그것은 바로 3절에서 말씀하고 있는 것입니다. "주의 맹렬한 진노를 돌이키셨나이다." 이렇게 하나님께서 과거에 행하셨던 세 가지 위대한 활동을 살펴보았습니다.

이것은 우리에게 교훈을 주며 내일을 위한 권계로 주어진 것입니다. 여기 나온 이 기도는 하나님께서 과거에 행하셨던 것을 지금도 행하실 것을 기대하는 것입니다. 이 기도를 가장 간단한 방법으로 표현한다면, "주여, 다시 일으켜 주옵소서!"가 될 것입니다. 바로 이 기도가 우리의 기도가 되어야 합니다. 주여, 과거에 베푸신 자비하심에 감사를 드립니다. 주여, 과거에 우리들의 죄를 용서하여 주심을 감사합니다. 그리고 또한 우리가 마땅히 받아야 할 그 맹렬한 진노와 분노로부터 돌이키심을 감사합니다. 그리고 과거에 우리에게 은혜 베푸심을 감사합니다. 그리고 우리가 생각할 수 있는 것은 무엇이든지, 영적인 것이든지 물질적인 것

lesson for tomorrow. The prayer here is that God would do what he has done in the past. The simplest way to put this prayer is "Do it again, O Lord!" That ought to be our prayer, too, as well. Lord, thank you for your past mercies. Lord, thank you for forgiving us of our sin in the past. And thank you, too, for turning away from the fierce anger and wrath that we deserve. And thank you for showing us favor in the past. And thank you for restoring our fortunes, both spiritually, materially and every other way we could think of. And so the natural conclusion is "Do it again, please, Lord."

That's why the Psalm does not need a historical exposition. The terms of distress are all too general and applied too widely. And without any of the individual references, it can be used over and over again.

There are times when the Bible uses particular references in referring to historical events. These are not meant to take us away from applying the text but help us understand the real people that they are talking about.

This can be illustrated in the Book of Philippians. Paul tells two ladies that are fighting in the Church of Philippi to stop it. He said, "I beseech Euodia and Syntyche to be of the same mind." Now we do not say, "Oh, I don't need to listen to that verse, that's not for me." We say, "No, there is a principle behind that instruction. And it is Ephesians 4 : 24: Be ye kind, tender-hearted, forgiving one another." So the particular reference to Euodia and Syntyche was not meant to do away with teaching to us but to help us to apply it.

But then there are other times when the Bible does not even have a historical reference like this Psalm. And it's put

이든지 우리의 기업을 회복시켜 주심을 감사합니다. **그러므로 자연스러운 결론은, "주여, 다시 한번 일으켜 주옵소서!"입니다.**

그것이 바로 이 시편이 역사적인 설명을 필요로 하지 않는 이유입니다. 환난에 대한 말은 모두가 너무나 일반적이며, 넓게 적용될 수 있기 때문에, 특정한 개인을 언급하지 않고도 얼마든지 반복해서 사용될 수가 있는 것입니다.

어떤 때는 성경에서 역사적인 사건이 언급될 때 특정한 언급이 사용됩니다만, 그런 경우들은 우리로 하여금 그 본문을 적용하지 못하게 하려는 것이 아니라, 거기서 말해지는 실제적인 인물들을 우리가 이해하도록 도우려는 의도가 있습니다.

빌립보서에서 예를 들 수 있습니다. 바울은 빌립보 교회에서 서로 싸우고 있는 두 여성에게 싸움을 멈추게 하려고 말합니다. "내가 유오디아를 권하고 순두게를 권하노니 주 안에서 같은 마음을 품으라." 그러나 그렇다고 해서 우리가 "오, 나는 그 말씀을 들을 필요가 없어. 그것은 나에게 관한 말씀이 아니니까"라고 말하지는 않습니다. 오히려 우리는 "아니, 그러한 가르침 뒤에는 한 가지 원리가 있는데 그것은 에베소서 4장 32절 '너희는 서로 인자하게 하며, 불쌍히 여기며, 서로 용서하라'는 말씀이야"라고 합니다. 그래서 유오디아와 순두게에 대한 개인적인 언급은 우리를 가르치는 것과 관련이 없는 것이 아니라, 오히려 우리가 그것을 적용하도록 도와주게 되는 것입니다.

그러나 한편 이런 시편과 같이, 성경이 어떤 때에는 심지어 역사에 관한 것을 언급조차도 하지 않는 때가 있습니다. 그렇지만 이 시편은 이미 중요한 형식 속에 놓여 있기 때문에, 우리는 그것으로부터 원칙들을 끌어낼 수 있습니다. 이제 4~7절에 있는 두번째 요청으로 넘어가 봅시다.

4절에서, 그는 "우리 구원의 하나님이여, 우리를 돌이키시고 우리에게 향하신 주의 분노를 그치소서"라고 기도합니다. 여기에서 말씀하는 요점은, **영적인 타락은 기쁨을 앗아간다는 것입니다.** 하나님께서 우리의 죄악

in the principal form already; we can draw principles from it. So that brings us to our second request in verses 4-7. He prays in verse 4, "Turn us or restore us again, O God, our Savior." The point here is that the spiritual falling away brings the loss of joy. When God is angry with us for our sin, there cannot be joy on His part or our part. And so He makes clear here another advantage of a revival. When God brings a revival, He will restore joy and grace to us in our day. That can be seen in verses 6 and 7. He says, "Will you not revive us again so that your people may rejoice in you?" And then he says, "Show us your unfailing love, O Lord, and grant us your salvation."

There is that same beautiful word that we mentioned before, in verse seven. It is that word for grace or for love or for unfailing kindness of God. And he makes it very clear that this is one of the benefits of a revival. The point also is that singing is not possible where fellowship has been lost.

Quite frequently during the school year, I speak at a different church almost every weekend. As I visit different congregations and different denominations, I can tell the spiritual temperature by the way the people sing. We tell so much about ourselves-the way we sing and the way we pray. But revival can bring back both again with full reality.

But notice the reviving work is not something we do; it's the work of God. Someone asked me, "How do you start a revival?" And the answer, of course, is "No one can start a revival except God." There are certain conditions that we can meet. But there's no way in which, humanly, we can sponsor or originate a revival.

때문에 우리에게 분노하실 때는 그 분에게나 우리에게나 기쁨이 있을 수가 없습니다. 그래서 하나님께서는 여기서 부흥에 있어서의 또 하나의 이점을 분명히 말씀하시는 것입니다. 하나님께서 부흥을 주실 때, 하나님께서는 우리 시대에 우리에게 기쁨과 은혜를 회복시키실 것입니다. 그것은 6절과 7절에서 볼 수 있습니다. 그는 말하기를, "우리를 다시 살리사 주의 백성으로 주를 기뻐하게 아니하시겠나이까?" 그리고 나서, "여호와여, 주의 인자하심을 우리에게 보이시며, 주의 구원을 우리에게 주소서"라고 말합니다.

우리가 앞에서 언급했던 것과 동일한 아름다운 말들이 7절에서 다시 나타나고 있습니다. 그것은 바로 하나님의 은혜와 사랑, 인자하심이라는 단어입니다. 그는 여기서 아주 분명하게, 이것이 바로 부흥의 유익들 중의 하나라고 말합니다. 그러므로 또 하나의 요점은 즉, **교제가 상실되면 찬양이 불가능하다는 것입니다.**

교수를 하게 되면 거의 매 주일마다 다른 교회에서 설교하게 됩니다. 때로 다른 교파나 다른 교회를 방문하게 되면, 거기 성도들의 찬양하는 태도를 통해서 그 교회의 영적인 분위기를 금방 알 수 있습니다. 우리는 기도하는 것, 찬양하는 것을 통해서 우리 자신이 어떠한지를 알 수 있는 것입니다. 그러나 부흥이 오면, 이 두 가지 모두가 완전한 실제성을 띠게 됩니다.

그렇지만 부흥시키는 역사는 우리가 하는 어떤 것이 아니라, 하나님께서 하시는 역사임을 주의하십시오. 어떤 사람은 저에게 이렇게 질문합니다. "당신은 부흥을 어떻게 시작하십니까?" 그러면 저의 대답은 이렇습니다. "하나님 외에는 아무도 부흥을 시작할 수 없습니다." 물론 우리가 충족시켜야 할 어떤 조건들은 있습니다. 그러나 인간으로서, 우리는 부흥이 생기게 하거나, 부흥을 조성할 수 있지 못합니다.

부흥은, 이 본문에서 말하고 있듯이, 하나님의 은혜의 선물입니다. 그것이 바로 제가 7절을 다음과 같이 번역하고 싶은 이유입니다. "오 여호

Revival is a gift of God's grace, says this text. That's why I would translate verse 7, "Show us your grace, O, Lord." It's interesting that the same grace of God and love of God that chastened us will also revive us. And he prays that God would grant deliverance or salvation as well. This is a deliverance and a salvation from the just consequences of our sin.

What are some of the consequences of sin in the life of the Church? There is a loss of power. There is a loss of joy. There is a loss of the work and ministry of the Holy Spirit. There comes also affliction. There comes also a scattering or a dispersion of the people of God.

But let's see if we can zero in a little bit more specifically. What were some of the sins that were mentioned in the letters in the New Testament? There is the sin, first of all, of nonattendance at the house of God. How important worship is to the people of God! I've just finished a commentary on the Book of Leviticus. I have been surprised to find how central the holiness of God is in that book. The command "Be holy as I, the Lord your God, am holy" is the central section of the book. And the coming together at the tabernacle or the temple of God was not an optional feature for a holy people.

So Hebrews 10:25 sums this up for us. He said, "Let us not give up meeting together, as the habit of some is." So worship is a central part in the believing community.

There is also the sin of unreliability in Christian service. Paul gives us this word in I Corinthians 4:2. He says, "It's required that those who have been given a job must prove faithful." How important it is to carry out task in the body of Christ!

와여, 은혜를 우리에게 보이소서." 우리를 때렸던 그 하나님의 은혜와 사랑이 또한 동일하게 우리를 부흥케 한다는 것은 참 재미있습니다. 그는 또한 하나님께서 구원과 회복을 주실 것을 기도합니다. 이것은 우리 죄의 응당한 결과들로부터의 구원과 건짐입니다.

교회 생활에서 어떤 죄의 결과들이 있습니까? 능력의 상실이 옵니다. 기쁨이 상실됩니다. 성령의 역사와 사역이 없어집니다. 고난이 임합니다. 또한 하나님의 백성들이 흩어지거나 쫓겨나는 일들이 일어나게 됩니다.

그러나 좀더 자세하게 살펴봅시다. 신약 성경의 서신서에서 언급되고 있는 죄에는 어떤 것들이 있습니까? 무엇보다도, **하나님의 집에 불참하는 것이 죄입니다.** 하나님의 백성들에게 있어서 예배란 얼마나 중요한 것인지요! 저는 레위기 주석을 얼마 전에 끝냈는데 레위기에서 하나님의 거룩성이 얼마나 중심이 되는가를 발견하고 상당히 놀랐습니다. "나 여호와 너희 하나님이 거룩한 것처럼 너희도 거룩하라"는 명령은 그 책의 중심 부분을 차지하고 있습니다. 그리고 거룩한 백성들이 성막이나 하나님의 성전으로 함께 나아오는 것은 결코 선택사항이 아니었습니다.

그래서 히브리서 10 : 25는 우리들에게 이것을 요약해 줍니다. "모이기를 폐하는 어떤 사람들의 습관과 같이하지 말고, 오직 권하여 그 날이 가까움을 볼수록 더욱 그리하자." 그래서 예배는 신앙 공동체의 중심을 차지하고 있습니다.

또한 그리스도인으로 봉사하는 데 있어서 불신임의 죄가 있습니다. 바울은 고린도전서 4 : 2에서 이 단어를 사용하고 있습니다. "맡은 자에게 구할 것은 충성이니라"라고 그는 말하고 있습니다. 그리스도의 몸 안에서 봉사할 때 이것은 얼마나 중요한지요!

한 국가의 경제적인 분야에서 실업이 있을 때에 우리는 걱정합니다. 이것은 분명히 옳고 중요합니다. 일할 수 있는 사람에게 할 일이 없다는 것은 우리에게 부끄러운 일입니다. 어떤 나라의 실업률은 7, 10, 12,

We worry when there is unemployment in the economic sector of a nation. This is right and important. It is a shame to have a person that is able to work with no work to do. And so sometimes we have 7, 10, 12, 14percent unemployed in a nation. But what about unemployment in the house of God? Sometimes we have just 40, 80, 90percent of God's people who are doing nothing in the kingdom of God.

There is a whole philosophy of ministry that is given in Ephesians 4. It's worth looking at this passage briefly in chapter four verse seven. He says here, "Grace is given to everyone as Christ has apportioned it." The word for grace here is a "gift" or "a special ability" that's been given to everyone in the body of Christ.

But then, he goes on with a very difficult part of Ephesians - chapter 4, verses 8 through 10. I wondered what this passage meant for many years. It was one of my students that helped me to understand it.

He said, "Look at verse 8, it is a quotation from Psalm 68:18." It speaks of when he ascended on high, he led captives in his train and gave gifts to men.

I said to my student, "Yes, I know that, thank you very much. I see that's a quotation from Psalm 68 : 18."

But he said, "Psalm 68 is a quotation of Numbers chapters 8 and 18."

And I said, "I never saw that before, how do you know that?" He said, "Because these two chapters in Numbers are the calling of the Levites."

I said, "Yes, but what does that prove?"

He said, "The same verbs are used there - that God took

14%라는 말을 듣습니다. 그러나 하나님의 집에서의 실업률은 어떻습니까? 어떤 때는 40, 80, 90%에 달하는 하나님의 백성들이 하나님의 나라에서 아무 일도 하지 않습니다.

에베소서 4장에는 전체적인 목회 원리가 있습니다. 간략하게 4장 7절에 있는 말씀을 볼 필요가 있습니다. 거기서는 "우리 각 사람에게 그리스도의 선물의 분량대로 은혜를 주셨나니"라고 말씀합니다. 여기서 '은혜'라는 단어는 그리스도의 몸 안에 있는 모든 사람에게 주신 '은사' 또는 '특별한 능력'을 말합니다.

그런데 그는 에베소서에서 아주 어려운 부분인, 4장 8절에서 10절까지를 다루고 있습니다. 저는 이 구절이 무엇을 의미하는지 오랫동안 궁금해 했습니다. 제가 그것을 이해할 수 있도록 도움을 준 사람은 저의 학생 중의 한 명이었습니다.

그는 말하기를, "8절 말씀을 보십시오. 그것은 시편 68장 18절로부터 인용된 것입니다. '그가 위로 올라가실 때에 사로잡힌 자를 사로잡고 사람들에게 선물을 주셨다'고 말하고 있습니다."

저는 그 학생에게 말했습니다. "예 그렇습니다. 저도 그것을 압니다. 대단히 감사합니다. 그것이 시편 68장 18절로부터 인용된 것임을 압니다."

그러나 그는 말하기를, "시편 68장 18절은 민수기 8장과 18장에서 인용된 것입니다."

그래서 저는 말하기를, "그것은 제가 전에는 결코 보지 못했던 것인데요. 당신은 그것을 어떻게 아셨습니까?"

"왜냐하면 그것은 민수기에 있는 이 두 장이 레위인들의 소명에 관한 것이기 때문입니다"라고 그는 말했습니다.

"예, 그러나 그것을 어떻게 증명할 수 있습니까?"

"여기에는 같은 동사가 사용됩니다. 즉, 하나님께서 레위인을 취하시는 것과 그들에게 은사들을 주시는 것입니다"라고 그는 말했습니다.

the Levites and gave them as gifts."

I said, "Yes, but why does the psalmist use it?"

He said, "Because Psalm 68 is about God coming down and sending the Christophany, an appearance of Christ, on Mount Sinai." And he said, "Paul draws an analogy."

So Paul's logic is that everyone in the Church who is a believer has been given at least one gift from God. But some of us can't help ourselves; we've been taken captives. Like God took the tribe of Levites, so God takes some for what we call full-time ministry.

Therefore, in Psalm 68, as Christ came down on Mount Sinai, so here, too, as well in Ephesians. But Christ was able to go back to the Father because He took the Levites-took them and made them captives. And God gave the Levites for the work of the ministry of the tabernacle or the temple.

So what is it that he who came down, also ascended and went back up? That's what Paul talks about in chapter 4, verses 9 and 10. He said, "What is it that 'he who ascended' mean except that he descended into the lower, earthly regions? He who descended is the very one who ascended higher than all the heavens, in order to fill the whole universe." And in verse 11, he goes on to say, "It was he who gave some to be apostles, some to be prophets, some to be evangelists and some to be pastor teachers."

So God took captives like me, I'm a happy captive, a captive, but a happy captive. I was raised on a farm and I'd be happy farming right now, except God took me and made me a captive. And I've been taken in order to prepare other men and women to do the work of the ministry.

그래서 저는 말하기를, "예, 그러나 왜 시편 기자가 그것을 인용하고 있습니까?"

그러자 그는, "왜냐하면, 시편 68편은 하나님의 강림, 시내 산에서의 그리스도의 임재, 즉 그리스도 현현(크리스토파니)에 관한 것이기 때문입니다." 그리고 "바울은 유추를 이끌어내고 있습니다."라고 말했습니다.

그러므로 바울의 논리는, 교회에서 하나님을 믿는 모든 사람은 하나님께로부터 적어도 한 가지 은사는 받았다는 것입니다. 우리들 중 어떤 사람들은 자발적일 수가 없는데 그 이유는 우리가 포로가 되었기 때문입니다. 하나님께서는 레위족속을 취하셨던 것과 마찬가지로, 우리가 전임 사역자라고 부르는 어떤 사람들을 취하십니다.

그러므로, 시편 68편에서 그리스도께서 시내 산에 임하셨던 것과 마찬가지로, 에베소서에서는 그가 다시 이곳에 임하신다고 말씀하는 것입니다. 그러나 그리스도는 레위인들을 포로로 잡으셨기 때문에 ― 사로잡아 포로로 만드셨음 ― 다시 아버지께로 돌아갈 수 있었습니다. 그래서 하나님께서는 레위인들에게 성막이나 성전에서 봉사하는 일을 주셨던 것입니다.

그러면, 내리셨던 그가 또한 오르셨고 되돌아 올라가셨다는 말씀은 무엇입니까? 그것에 대해서는 바울이 4장 9,10절에서 말하고 있습니다. 그는 말하기를, "올라가셨다 하였은즉 땅 아랫 곳으로 내리셨던 것이 아니면 무엇이냐? 내리셨던 그가 곧 모든 하늘 위에 오르신 자니 이는 만물을 충만케 하려 하심이니라." 그리고 11절에서 계속해서 바울은, "그가 혹은 사도로, 혹은 선지자로, 혹은 복음 전하는 자로, 혹은 목사와 교사로 주셨으니"라고 말합니다.

그래서 하나님께서는 저와 같은 포로를 취하셨습니다. 저는 행복한 포로입니다. 포로, 그러나 행복한 포로입니다. 저는 농장에서 자랐습니다. 하나님께서 저를 취하여 포로로 삼지 않으셨더라면, 저는 지금 행복한

That's what he says in verses 12 and 13. For God gave these apostles and prophets and evangelists and pastor teachers for the equipping of the saints. So those of you who are here today, who are pastors and teachers and professors, have been made captives, I hope very happy captives, for God.

But don't forget, everyone has been given at least one gift from God. And those who have been made captives are to equip the whole body, everyone, so that we may all be ministers. And this is so that the body of Christ might be built up. And we are to keep this up until all of us come to the unity of the faith. Until we all come to the knowledge of the Son of God. Until we all become mature and grown-up. Until we attain to the whole measure of the fullness of Christ. What a theology of ministry!

God wants everyone to be employed in the house of God. There is to be no unemployment in the Church. I speak of spiritual employment. Everyone should have a job. And what the captives, the full-time Christians workers are to do is to equip people to do the job. And once we have the job, we are to be faithful to the Lord.

There is also the sin of unholiness in the life. Paul talked to the Church at Thessalonica and reminded them of the same thing. He talked about the coming of the Lord and He was coming back again. He said that in I Thessalonians 1, 2, and 3. But then in chapter 4, he begins his practical section, like Paul generally does. And we wonder what it is that Paul is going to tell us now that he has told us all about these great future things that are to come. And what Paul talks

농사꾼이 되었을 것입니다. 그리고 제가 포로가 된 것은 다른 남자나 여자들이 사역을 할 수 있도록 준비시키기 위함입니다.

그것이 바로 바울이 12~13절에서 말하고 있는 것입니다. 왜냐하면 하나님께서 이러한 사도와 선지자와 복음 전하는 자와 목사와 교사를 주신 것은 성도를 온전케 하기 위함입니다. 그래서 여기에 오늘 나오신 목사님들과 교사님들과 교수님들은 포로가 된 것이며, 저는 여러분이 하나님을 위한 아주 행복한 포로가 되기를 바랍니다.

그러나 잊지 말아야 할 사실은, 모든 사람은 하나님께로부터 은사를 최소한 한 가지씩은 받았다는 것입니다. 그리고 포로가 된 사람들은 그리스도의 몸인 모든 사람을 훈련시킴으로써, 우리 모두가 사역자가 되게 해야 합니다. 이것은 그리스도의 몸이 세워지기 위함입니다. 이 일은 우리 모두가 신앙의 하나됨에 이르기까지 계속해야 합니다. 우리 모두가 하나님의 아들을 아는 지식에 이르기까지 계속해야 합니다. 우리 모두가 성장하여 성숙하게 될 때까지 계속해야 합니다. 그리스도의 장성한 분량이 충만한 데 이르기까지 계속해야 합니다. 얼마나 좋은 목회 신학입니까!

하나님께서는 모든 사람이 하나님의 집에 고용되기를 원하십니다. 교회에서는 실업이 있을 수가 없습니다. 저는 영적인 실업에 대해서 말하는 것입니다. 모든 사람은 직업을 가져야 합니다. 그리고 포로가 된 사람들, 그리스도의 전임 사역자들은 사람들이 그 일을 하도록 훈련시켜야 합니다. 그리고 일단 우리가 그 일을 맡았으면, 주님께 충성해야 합니다.

또한 생활 속에서의 거룩하지 못함이라는 죄가 있습니다. 바울은 데살로니가 교회에 대하여 말씀하면서 그 죄를 기억하게 했습니다. 그는 주님의 강림과 재림에 대하여 말했습니다. 데살로니가 전서 1, 2, 3장에서 그것을 말하고, 자신이 늘 하는 대로, 4장에서는 실제적인 부분을 다루기 시작합니다. 그래서 우리는, 장차 일어날 이러한 모든 위대한 일들에 관하여 바울이 우리에게 이미 말했던 것을 그가 지금 우리에게 말하고자 한

about is purity of the sexual life as being number one because Christ is coming back again. He said, "God didn't call us to be impure but to live a holy life." And so he says, "stay away from fornication because God is a judge and He will inspect all things."

I have had some people tell me that the Bible only says, "You shall not commit adultery." But he says, "for this 20th century, what is a person who is unmarried to do?"

He says, "The Bible doesn't say anything about that." But that's wrong. I Thessalonians 4 : 1-8 does say. And so God says, "We have a call upon our lives."

And anyway, he says, "It's not just two consenting adults who are making their own personal decision." If one or both are believers, then there also is the presence of the Holy Spirit. And therefore, there are three and one does not consent.

There are many other sins that are mentioned in the Bible. There is the sin of the transgression of the law of God. I think, in our day and age, we have forgotten how important the law of God is. I just remind you of one fact that is taught in the new covenant. God says, "I'm going to take my Law, my Torah and write it on your hearts."

There's a lot we don't agree on with regard to the Law-Gospel question. It is one of the pieces left over from the Reformation which they did not settle. But what an important ingredient in the teaching and preaching of the Church in today's age. There are some things in the Law of God that are heavier, weightier - that's what Jesus taught in Matthew 23 : 23.

He said justice and mercy and walking humbly with your

다면 그것은 과연 무엇일까 궁금해 합니다.

그런데 바울이 말하는 것은, 그리스도께서 다시 오시기 때문에, 성 생활의 순결이 첫째라는 것입니다. 그는 "하나님께서 우리를 부르심은 부정케 하심이 아니요 거룩케 하심이니"라고 말했습니다. 또한, "음란을 버리라. 이는 하나님은 심판자이시고, 모든 것을 감찰하실 것이기 때문이라"고 말씀합니다.

어떤 사람들은 저에게 찾아와서, "성경은 단지 '간음하지 말라'고만 말씀하지 않습니까. 그러나 성경에서 우리 20세기를 살아가는 결혼하지 않은 사람들이 무엇을 해야 하는지에 대해서도 말씀하고 있는지요?"라고 묻습니다.

그들은 "성경은 거기에 대해서는 아무 말씀도 하지 않는다"라고 말합니다. 그러나 그것은 틀립니다. 데살로니가전서 4장 1~8절에서 분명히 말씀하고 있고 그러므로 그 말씀은 하나님의 말씀입니다. "우리는 우리 생활에 있어서의 소명을 가지고 있습니다."

어쨌든, 그는 이렇게 말씀하는 것입니다. "성인 두 사람이 인격적인 결정을 했다고 해서 옳은 것은 아니다. 만약 그 중 한 사람이나 두 사람 모두가 신자라면, 그 곳에는 또한 성령의 임재하심이 있다. 그러므로, 세 인격이 있는 것이며, 그 중에 한 분은 결코 그런 결정에 동의하지 않는다."

성경에 언급된 다른 많은 죄들도 있습니다. **하나님의 율법을 어기는 죄가 있습니다.** 제 생각엔, 우리 시대는 하나님의 율법이 얼마나 중요한지를 잊어버린 것 같습니다. 저는 지금 새 언약에서 가르쳐졌던 한 가지 사실을 여러분들에게 상기시켜 드리고 싶습니다. 하나님께서는, "나는 내 토라, 내 율법을 너희의 마음에 새기겠다"고 말씀하십니다.

율법과 복음 문제에 있어서 우리가 서로 일치하지 않는 점이 참 많이 있습니다. 그것은 종교개혁 때부터 해결되지 않고 내려오는 것들 중의 하나입니다. 그러나 그것은 오늘날에도, 교회에서 가르치고 설교하는 데

God were more important. So while the law is one, there still are distinctions that can be made. And in the States, particularly, we have almost no teaching on this line. Only those in the Reformed tradition of the Church have carried that particular part of the teaching of the Word of God.

And so our text says, "O Lord, will you not, please, do it again and do it in our day? Revive us!" And God had to call the churches in the Book of Revelation to the same thing. Revelation 2:5 is one example. He said to the Church of Ephesus the same thing. He said, "I will remove your church or your candlestick out of this place, except you repent."

Revelation 2:16 is another case where he addressed the Church. It was the Church of Pergamum that He talked to there. He said, "Repent or I will come quickly and will fight you with the sword of my mouth."

He addressed the Church of Laodicea in Revelation 3:19. He said, "Be zealous and repent." And so, we have at least three cases there that I've given to you where the church is called to turn and to repent and come back to God.

And so we have the second request that can be seen here in verses 4-7. The request is "Bring us your joy, bring us your rejoicing, O Lord." And only when we come back and are revived, can we be restored in the joy of the Lord. And only then can we be delivered from the just consequences of our sin.

But there's a third request that comes in verses 8-9. This one says that God will give us His peace and His presence. The Psalmist, having made his request in verses 4-7, now pauses and waits for God's answer. He says in verse 8, "I

있어서 얼마나 중요한 요소인지요! 예수께서 마태복음 23장 23절에서 가르치신 것처럼, 하나님의 율법 안에는 보다 무겁고 중한 것들이 있습니다.

예수께서는 의와 인과 하나님과 함께 겸손하게 동행하는 것이 더 중요하다고 말씀하셨습니다. 그래서 율법은 하나이지만, 거기에는 여전히 구별될 수 있는 것들이 있는 것입니다. 그러나 미국에서는 특별히, 이러한 방향에 대해서는 거의 가르치지 않습니다. 단지 개혁주의 전통에 있는 교회에서만 하나님의 말씀에 있어서의 이러한 특별한 부분에 대하여 가르치고 있을 뿐입니다.

그래서 오늘 우리가 살펴보고 있는 본문은 말하기를, "오 여호와여, 다시 그것을 행하시지 않으시겠나이까, 우리의 때에 그것을 행하시지 않으시겠나이까? 우리를 부흥시키소서!"라고 하는 것입니다. 하나님은 요한계시록에 있는 교회들에 대해서도 동일한 것을 말씀하셔야 했습니다. 요한계시록 2장 5절이 한 가지 예가 됩니다. 예수님은 에베소 교회에 대하여 동일한 것을 말씀하셨습니다. "만일 회개치 아니하면 내가 내 촛대를 그 자리에서 옮기리라."

요한계시록 2장 16절에 언급된 교회는 또 하나의 예입니다. 예수께서 말씀하시는 교회는 바로 버가모 교회였습니다. 주님은 "회개하라 그리하지 아니하면 내가 네게 속히 임하여 내 입의 검으로 너희들과 싸우리라"고 말씀하셨습니다.

또한 요한계시록 3장 19절에서는 예수께서 라오디게아 교회에 편지하셨습니다. 주님은 "열심을 내라, 회개하라"고 말씀하셨습니다. 그래서 제가 여러분들에게 말씀드렸듯이, 돌이켜 회개하고 하나님께 돌아오라는 부름을 받은 교회가 최소한 세 군데가 있음을 우리는 보았습니다.

그리고 여기 4~7절에는 두번째 요청이 있습니다. 그 요청은 바로

will listen to what God the Lord will say."

This is very similar to the prophet Habakkuk in chapter 2, verse 1. The prophet Habakkuk said, "I'm going to stand on my watchtower and wait to see what God will do because the just will live by faith."

Peace is that beautiful word in the Bible that means many things. God promises to the revived people peace. Peace refers not only physical removal of enemies but also to spiritual benefits. The Hebrew word here, as you may know, is *Shalom*. It is the way to say "Hello" or "Good-bye" or "God bless you" almost in Hebrew. It refers to all of God's benefits, physical and material and spiritual.

And when God promises the peace here, this is nothing but a repetition of Leviticus 26:3-13. There God said, "If you love me and follow my path, then all of these things I will give to you." There would be protection from one's enemies. There would be the fertility of the soil. There would be the growth in the spiritual maturity. This is God's way of talking about how complete his blessing is when the revival comes.

There are three different words that are used here for God's people. Verse 8 calls them, "He promises peace to his people, his saints." Verse 9 calls "those who fear him." So here you have an anticipation of the New Testament teaching of believers as being the saints of God.

Have you ever thought of yourself as being a saint? You should try putting "Saint" in front of your name and see how it sounds. We refer to Saint Paul. We refer to the saints at the Church of Corinth. But those saints were having a lot

"여호와여, 주의 기쁨을 우리에게 주옵소서. 주의 즐거움을 우리에게 주옵소서"라는 것입니다. 우리가 돌이킬 때, 오직 부흥이 일어날 때에만 우리는 주님의 기쁨을 회복할 수 있습니다. 그래야만 우리의 죄에 대한 응분의 결과들로부터 구원을 얻을 수 있습니다.

그러나 8~9절에는 세번째 요청이 나옵니다. 이 사람은, 하나님께서 우리에게 그 분의 평화와 임재를 주실 것이라고 말하고 있습니다. 시편 기자는 4~7절까지의 요청을 한 후에, 이제 하나님의 응답을 기다리면서 잠시 멈추고 있습니다. 그는 8절에서, "내가 하나님 여호와의 하실 말씀을 들으리니"라고 말합니다.

이것은 하박국서 2장 1절에 있는 말씀과 아주 유사합니다. 하박국 선지자는, "의인은 믿음으로 말미암아 살 것이니, 나는 내 망루에 서서 하나님이 행하실 일을 보리라"라고 하였습니다.

평화라는 아름다운 말은 성경에서 여러 가지를 의미합니다. 하나님께서는 부흥을 얻은 백성들에게 평화를 약속하십니다. **평화는 단지 물리적인 대적의 제거뿐만 아니라, 영적인 은혜도 언급하는 것입니다.** 여러분도 아시겠지만, 이것은 히브리어로 '샬롬'이라고 합니다. 이 말은 히브리어로는 '안녕하세요', '안녕히 가십시오', '하나님께서 축복하시기를' 이라고 말하는 것과 거의 같습니다. 이 말은 모든 육체적, 물질적, 영적인 하나님의 은혜를 말합니다.

여기서 하나님이 약속하신 평화는 단지 레위기 26장 3~13절을 반복한 것입니다. 거기서 하나님은 "만일 너희가 나를 사랑하며, 나의 길을 따르면, 이 모든 것을 내가 너희에게 줄 것이라"고 말씀하셨습니다. 적들로부터 보호해 주실 것이고, 땅의 소산을 풍성케 해 주실 것입니다. 영적으로 크게 성숙하게 해 주실 것입니다. 이것은 부흥 시 하나님의 복이 얼마나 완전한지를 말씀하는 하나님의 방식입니다.

여기에는 하나님의 백성들에 대해서 사용된 세 가지 단어가 있습니다. 8절에서는 "하나님께서 그의 백성들, 그의 성도들에게 평화를 약속하신

of problems in the Church of Corinth. And yet, their position in Christ was saints. How gracious God is to us!

And here in this passage, I think we are being shown that beautiful grace of God. He promises both His peace and His presence. He goes on to speak of His presence here in this text. It's in verse 9 where we find the presence of God. I hope you're able to guess where it comes from in light of what we've told you earlier.

It is this reference to His glory dwelling in the land. We told you previously that the glory of God is probably connected with the verb which means "to be heavy" or "God being there." But the glory of God is one of the great themes of the Bible. Isaiah saw this in his great vision in chapter 6. He said, "Holy, holy, holy is the Lord God of hosts." And then surprisingly he added, "The whole earth is filled with his glory."

There's a very interesting parallel text in Acts 7:55, in Stephen's speech. Stephen is defending himself before they stoned him there at that Jewish Council. When Stephen got to a certain point in his speech, they could stand it no longer. Acts 7:54 said, "When they heard this, they were furious and gnashed their teeth at him." Then it says in verse 55, "But Stephen, full of the Holy Spirit, looked up to heaven and saw the glory of God." It says he saw the glory of God, but I ask, "What did he see?" Someone said, "He saw a great light, that's what it was that he saw. Much like the pillar of cloud and the pillar of fire that was the glory of God in the tabernacle."

But there's an interesting grammatical point here in verse

다"고 말씀합니다. 9절에서는 '그를 경외하는 사람들'이라고 부릅니다. 그러므로 우리는 여기서 하나님의 성도로서의 신자들에 대한 신약 성경의 가르침에 대한 선례를 봅니다.

여러분은 자신을 성인으로 생각해 본 적이 있습니까? 여러분 자신의 이름 앞에 성(聖)자를 붙였을 때 그것이 어떻게 들리는지를 살펴보아야 합니다. 우리는 성 바울을 말하지요. 고린도교회의 성도들이라고 말합니다. 그러나 고린도교회에 있던 성도들은 사실 아주 많은 문제들을 가진 성도들이었습니다. 그럼에도 불구하고 그리스도 안에서 그들의 위치는 성도들이었습니다. 우리 하나님은 얼마나 은혜로운 하나님이신지요!

그리고 여기 이 구절도, 제가 생각하기에는, 하나님의 그 아름다운 은혜를 나타내 줍니다. 하나님은 당신의 평화와 임재를 약속하십니다. 시편 기자는, 이 본문의 바로 이 부분에서, 하나님의 임재에 대하여 계속 말씀합니다. 하나님의 임재를 발견하는 곳은 9절입니다. 제가 조금 전에 여러분들에게 말씀드렸던 그러한 관점에서, 이 말이 어디서 왔는지를 여러분이 추측할 수 있기를 바랍니다.

여기서는 그 땅에 하나님의 영광이 거함을 언급합니다. 전에 우리가 말씀드릴 때, 하나님의 영광이란, '무겁다' 또는 '하나님께서 그 곳에 계신다'는 것을 의미하는 동사와 관련이 있을 것이라고 말씀드렸습니다. **이 '하나님의 영광'이란 주제는 성경에서 중요한 주제 중의 하나입니다.** 이사야 6장에는 그가 본 위대한 비전 속에서 이 영광을 보았습니다. 그는 "거룩하다, 거룩하다, 거룩하다, 만군의 여호와여"라고 말씀합니다. 그리고 나서 그는 놀라움에 차서 "온 땅에 그 영광이 충만하도다"라고 덧붙입니다.

사도행전 7장 55절에 있는 스데반의 설교에는 아주 흥미로운 비슷한 구절이 있습니다. 유대인 회당에서 유대인들이 그에게 돌을 던지기 전에 스데반이 그 자신을 변호하는 중입니다. 스데반이 그의 설교 중에서 어떠한 부분을 말했을 때, 그들은 더 이상 참을 수가 없었습니다. 사도행전

55. It says, "He saw the glory of God, and Jesus standing at the right hand of God." Now the interesting part is that little phrase "and Jesus standing at the right hand of God." That whole phrase could be in apposition to the glory of God. If that is so, then this would be the translation: "He saw the glory of God, even Jesus standing at the right hand of God."

So the glory of God is a Christophany, an appearance of Christ already in the Old Testament. That's why we argue for the presence of God as being central to the theme of the glory of God. What a wonderful benefit from revival! To have God dwelling in the midst of the people and in the Church of God is an amazing fact. Jesus still continues to walk between the candlesticks in the Church just as he did in the Book of Revelation.

But there's a fourth and final request that comes in this beautiful psalm. It is found in verses 10-13. This is the fourth and final paragraph in this psalm. It requests that God would grant harmony among the believing community. Revival brings also people of different denominations and different backgrounds and different theologies together in Christ.

He says here, "Love and faithfulness meet together; righteousness and peace kiss each other." Here he is taking qualities and characteristics and turning them as if they were real persons. But the interesting thing is that you have the reverse of what we sometimes see on earth. When God shows his grace and revives a people, truth and kindness co-exist together. Sometimes we are so anxious for the truth that we forget to be kind to one another. On the other hand, some are

7장 54절은, "저희가 이 말을 듣고 마음에 찔려 저를 향하여 이를 갈거늘"이라고 말씀합니다. 그리고 이어서 55절은 이렇게 말씀합니다. "스데반이 성령이 충만하여 하늘을 우러러 주목하여 하나님의 영광과 및 예수께서 하나님 우편에 서신 것을 보고." 그가 하나님의 영광을 보았다는 것입니다. 그러나 저는 "그가 무엇을 보았는가?"라고 묻습니다. 어떤 사람들은, "그는 큰 빛을 보았습니다. 바로 그것입니다. 마치 성막 위에 있었던 하나님의 영광과 같은 구름기둥과 불기둥과 같은 것이지요."라고 말합니다.

그러나 여기 55절에는 아주 흥미로운 문법적인 사항이 있습니다. "하나님의 영광과 및 예수께서 하나님 우편에 서신 것을 보고"라고 성경은 말합니다. 여기서 흥미로운 부분은 바로 "그리고 예수께서 하나님 우편에 서신 것을"이라는 조그마한 구절입니다. 그 전체 구절은 하나님의 영광이라는 것과 동격입니다. 그렇다면, 그것은 이렇게 번역될 수 있습니다. "그는 하나님의 영광, 즉 예수께서 하나님의 우편에 서신 것을 보았다."

그러므로 하나님의 영광은 구약에서 이미 그리스도의 모습으로 나타나셨던 크리스토파니(그리스도 현현)입니다. 그렇기 때문에 우리가 하나님의 임재는 하나님의 영광이라는 주제에 있어서 중심이 된다고 주장하는 것입니다. 부흥을 통해서 이렇게 놀라운 은혜가 옵니다! 하나님이 백성들 가운데 거하시는 것과 하나님의 교회 가운데 거하시는 것은 정말 놀라운 사실입니다. 예수께서는 여전히, 요한계시록에서 하신 것처럼, 교회 안에서 촛대들 사이를 걸어다니고 계십니다.

그러나 이 아름다운 시편에는 네번째이자 마지막인 요청이 나옵니다. 그것은 10~13절에 있습니다. 이 부분은 이 시편의 네번째이자 마지막인 연입니다. 그 요청은 하나님께서 신앙의 공동체 안에 조화를 허락하시기를 요청하는 것입니다. 부흥은 또한 서로 다른 교파들과 서로 다른 배경들, 서로 다른 신학들이 그리스도 안에서 하나가 되게 해 줍니다.

so kind to one another, they never get around to talking about what the truth of the gospel is.

We are afraid to witness because we think we are being kind to our neighbor. But our love for the truth should not prevent us from displaying love and mercy and kindness. And our desire to be kind should not prevent us also from striving to know all the truth of God. Both must go together. And so he puts the two together here as meeting and embracing one another. Again, we could translate verse 10 as "Grace and truth meet together."

And then we have, "righteousness and peace kissing one another." He has "faithfulness springing up from the earth and righteousness looking down from heaven." A righteousness is the blessing of God descending from heaven. No good thing will God withhold from those that walk uprightly. That's the righteousness raining down from heaven.

And yet on the other hand, there comes faithfulness that springs up from the earth, too, as well. God expects truth to come from His people and from the nations of the world. There is no truth except that which comes from God. Everything that's true is made by God. There's not a truth in science or any of the secular disciplines that is not true, except it came from God. And so we must give thanks to God for everything that is true. There are no facts out there that the Church should be frightened of and say, "I wonder if it's going to kill my faith?"

None of the sciences about the origin of the earth or the origin of man or woman should be in contradiction to the Bible because the same Lord gave both. The doctrine of cre-

여기서는 이렇게 말합니다. "긍휼과 진리가 같이 만나고 의와 화평이 서로 입맞추었으며." 기자는 여기서 마치 그것들이 살아있는 인격체인 것처럼 특성과 성격을 묘사하고 있습니다. 그러나 흥미로운 것은 때때로 땅 위에서 우리는 그것과 정반대되는 것을 본다는 사실입니다. **하나님께서 은혜를 주셔서 백성들을 부흥케 하실 때, 진리와 긍휼이 같이 존재합니다.** 그러나 때때로 우리는 진리에 대하여 너무 갈망하기 때문에 서로에게 긍휼을 베풀어야 하는 것을 잊어 버립니다. 반면에, 어떤 사람들은 서로에게 너무 긍휼을 베풀기 때문에, 복음의 진리가 무엇인지에 대해서 말할 여유를 놓쳐 버립니다.

우리는 우리 이웃에게 긍휼을 베풀어야 한다고 생각하기 때문에, 증거하기를 꺼려합니다. 그러나 우리가 진실을 사랑한다는 것은 사랑과 자비와 긍휼을 나타내는 것을 방해하지 말아야 합니다. 또한 우리의 긍휼을 베풀려는 마음으로 인하여 하나님의 모든 진리를 알리고 애쓰는 노력이 방해받아서는 안 됩니다. 이 두 가지는 함께 가야 합니다. 그러므로 기자는 서로가 만나서 포옹하는 것으로 이 두 가지를 나란히 두고 있습니다. 다시 말하자면, 우리는 10절 말씀을 "은혜와 진리가 함께 만난다"라고 번역할 수 있을 것입니다.

그리고 나서 우리는 "의와 평화가 서로 입맞춘다"는 말씀을 봅니다. "진리는 땅에서 솟아나고 의는 하늘에서 하감하였도다." 의는 하나님께서 하늘에서 내려주시는 복입니다. 하나님은 정직하게 행하는 자들에게 모든 좋은 것을 허락하십니다. 그것이 바로 의가 하늘로부터 비처럼 내리는 것입니다.

또 한편으로는, 땅에서부터 솟아나는 진리가 있습니다. 하나님께서는 진리가 그의 백성들로부터 그리고 세계의 열방으로부터 나오기를 기대하고 계십니다. **하나님으로부터 말미암지 않는 진리가 있을 수 없습니다.** 모든 진실된 것은 하나님에 의해서 생깁니다. 과학뿐만 아니라 어떠한 세속적인 학문 분야에 있어서도, 하나님께로부터 온 것이 아니면 진리가

ation stands against the theme of any kind of natural selection or origin of the species that comes without the guiding hand of God.

Some Christians have said recently, "The Bible only tells us that God created the world, but it doesn't tell us how." Genesis 1:1 says, "In the beginning God created the heavens and the earth." But there's more in the rest of chapter 1 and chapter 2 that goes on to describe something else beside that.

So naturalistic evolution stands dead set against what God teaches in His Word. But mind you, there are no facts in biology or in geology or in any of the sciences that will go contrary to truth because all truth comes from God.

You say, "Yes, but what does it teach, then, if it tells us how God created?" It's what the text emphasizes ten times over. The text says, "And God said, and God said, and God said, and God said."

As Psalm 33:6,9 repeat the same thing. It says "by the Word of the Lord were the heavens formed." "God spoke the word and it happened."

Ask, in Matthew chapter 8, how the nobleman's son was healed. The man said to Jesus, "Only speak the word, and my son, or my servant shall be healed." You say, "I believe that, I expect that, that's how Jesus worked miracles." But then, why don't we accept it when it says "and God said, and God said" in Genesis?

Truth must spring up from the university and from the earth, as well as, righteousness coming down from heaven. The great contest, in our day, is being fought in the universities

있을 수 없습니다. 그래서 우리는 모든 참된 것을 주신 하나님께 감사를 드려야만 합니다. 교회가 겁을 집어먹고는, "결국 이것 때문에 내 신앙이 죽는 게 아닐까?"하고 말할 만한 사실은 하나도 없습니다.

지구의 기원이나 남자나 여자의 기원에 관한 어떠한 과학이라 할지라도, 동일한 하나님께서 그 둘 다를 주셨기 때문에, 결코 성경에 배치되지 않습니다. 창조 교리는, 하나님의 지도하시는 손길에서 나오지 않는 어떠한 종류의 자연선택이나 종의 기원에 관한 주제라 할지라도 반대합니다.

최근에 어떤 그리스도인들은 말하기를, 성경은 단지 우리들에게 하나님께서 세상을 창조하셨다고만 말할 뿐이지, 어떻게 창조하셨는지는 말하고 있지 않다고 합니다. 창세기 1장 1절은 "태초에 하나님이 천지를 창조하시니라"라고 말하고 있습니다. 그러나 1장과 2장의 나머지 부분에서는 그것 이외에 더 많은 것들을 계속해서 묘사하고 있습니다.

그래서 자연진화론은 하나님께서 그의 말씀에서 가르치시는 것에 완전히 어긋나는 것입니다. 그러므로 우리가 명심해야 할 것은, **모든 진리는 하나님께로부터 나온 것이기 때문에 생물학이나 지질학이나 어떠한 학문이라 하더라도 진리에 반대되는 것은 있을 수가 없다는 사실입니다.**

그러면 사람들이 이렇게 질문할 것입니다. "좋습니다, 그렇다면 하나님이 세상을 어떻게 창조하셨는지에 대해서 성경은 무엇이라고 말씀합니까?" 사실 본문이 열 번씩이나 강조하고 있는 것이 바로 그것입니다. 본문은 계속해서 "또 하나님이 가라사대, 또 하나님이 말씀하시기를, 또 하나님이 가라사대, 또 하나님이 가라사대"라고 말씀합니다.

시편 33장 6, 9절에서도 같은 것을 말씀합니다. "여호와의 말씀으로 하늘이 지음이 되었으며", "저가 말씀하시매 이루었으며."

마태복음 8장에서 귀인의 아들이 어떻게 고침을 받았는지를 살펴보십시오. 그 사람은 예수님께 와서 "다만 말씀으로만 하옵소서. 그러면 내 아들(혹은 내 하인)이 낫겠삽나이다"라고 했습니다. 아마 여러분은 "나

of the world.

But, mind you, already in our day and generation we are very privileged because of what has happened in the last three years. Many of the people of our generation were trained in their doctorates in the universities of the West. The scholars of the Soviet Union, the former Soviet Union and the Eastern Europe, went to the universities of the Western Europe and the United States. Marx and Engels, for example, went back to Russia and carried a Western philosophy back to their country.

But ladies and gentlemen, that philosophy is dead. It died in our day; we saw it three years ago. Maybe what we will need to do is, now, go to the universities of the East, as they tell us, "Listen, we've been there and tried secular philosophy and evolution and the other systems that go with it, and they didn't work."

Some of my students are now teaching at the University of Moscow, the University of Kiev, the University of Saint Petersburg, where, once, they had Department of a Atheism. Three weeks ago, one of my students wrote and said that a professor just came to know the Lord in the University of Moscow. This professor of philosophy said, "We Russians are a book without anything written in them - with blank pages waiting for someone to write on the pages."

I tell you, truth and faithfulness must come up and spring forth from the earth. Truth must get combined with mercy and with graciousness. But it's not only in the personal life that this must be affected; it must also be in the corporate and community life as well.

도 그것이 예수님이 기적을 일으키는 방법이라고 믿고, 그러실 것으로 기대도 합니다"라고 할 것입니다. 그렇다면 창세기에서 "하나님이 가라사대", "하나님이 또 가라사대"라고 하는 말씀을 받아들여야 하지 않을까요?

의가 하늘에서 내려오는 것처럼, 진리는 대학에서 그리고 땅에서 솟아나야 합니다. 오늘날 우리 시대에 있어서, 엄청난 싸움이 세계의 대학들에서 벌어지고 있습니다.

그러나 여러분들이 기억해야 할 것은, 지난 삼 년간 일어난 일들 때문에, 이 시대에 우리는 이미 상당한 혜택을 받았다는 사실입니다. 우리 시대의 많은 사람들은 서구의 대학에서 박사과정을 밟았습니다. 소련 즉 구 소련과 동구의 학자들이 서구와 미국에 있는 대학으로 갔습니다.

그러나 여러분, 그 철학은 죽었습니다. 그것은 우리 시대에 죽었고 우리는 그것을 바로 3년 전에 보았습니다. 이제 우리에게 남은 것은 아마도 동구에 있는 대학에 가서 그들이 이런 말을 하는 것을 듣는 것일 것입니다. "자, 들어보세요. 우리는 여기서 세속적인 철학과 진화론 그리고 다른 체계들을 운영해 보았어요. 그런데 그게 잘되지 않았어요."

제가 가르쳤던 어떤 학생들은 무신론을 가르치는 학과가 있었던 모스크바 대학이나, 키에프 대학이나, 성 페테스부르그 대학에서 지금 가르치고 있습니다. 삼 주 전에 한 학생이 편지를 보냈는데, 모스크바 대학에서 한 교수가 지금 주를 알기 위해서 왔다고 썼습니다. 그 철학 교수는 "우리 러시아인들은 누군가 채워주기를 바라는 빈 공책과 같다"고 말했습니다.

다시 말씀드리지만, 진리와 성실은 반드시 땅에서 솟아나야 합니다. 진리는 반드시 자비와 은총과 함께 연결되어야 합니다. **그러나 이 일은 개인의 삶에만 영향을 미치는 것으로 그치는 것이 아니라, 공동체적인 삶에서도 역시 일어나야 하는 것입니다.**

Look what has happened in past revivals around the world. Talk about truth springing up from the ground, look what God has done in the past. Look what happened in the United Kingdom, in Britain. Child labor ended and slavery was abolished. Work hours were shortened and missionary societies were formed. Abortion was stopped and law and order was restored. Sunday School Movement was begun and homes for un-wed mothers were also instituted.

We could go on and on and on talking about social and personal reform that came into the life of the community. I can't begin to tell you how much is involved in verse 11 where faithfulness and truth spring up from the earth.

But there's more to say in verse 12. There is a note even about ecology and the productivity of the fields. He said, "The Lord will indeed give what is good and our land will yield its harvest." That, too, is a quotation of Leviticus 26:4.

Usually the most prosperous periods in the life of a nation have followed times of a great revival. That's not a reason for trying to have a revival. But it is a by-product that comes from a revival.

Proverbs 14:34 is very much to the point. He says, "Righteousness exalts a nation, but sin is a reproach to any people." "And where there is no revelation," the text says, "the people break loose."

Again, I appeal to those of you who teach and who preach here in the nation of Korea. You are your nation's keepers. As goes the preaching of the Word of God, so goes a nation; that has been proven over and over again. So do not think that your task is limited just to those who are in front of

과거에 세계 도처에서 일어났던 부흥 운동들을 봅시다. 진리가 땅에서 솟아나는 것에 대해서, 하나님께서 과거에 행하신 것을 봅시다. 영국에서 일어난 일을 보십시오. 어린이 노동이 종식되었고 노예제도가 폐지되었습니다. 노동 시간은 단축되었고, 선교 단체들이 형성되었습니다. 낙태가 중지되었고 법과 질서가 회복되었습니다. 주일 학교 운동이 시작되었고, 미혼모들을 위한 시설들이 또한 설립되었습니다.

계속해서 공동체의 생활에 들어온 사회적이고 개인적인 개혁에 대해 말할 수 있을 것입니다. 진리와 의가 땅에서부터 솟아나야 한다고 말씀하는 11절에는 얼마나 많은 것들이 포함되어 있는지, 아직 시작도 못하였습니다.

그러나 또한 12절에도 말해야 할 것이 많이 있습니다. 심지어 여기에는 생태학과 토지의 생산성에 대한 언급도 있습니다. "여호와께서 좋은 것을 주시리니 우리 땅이 그 산물을 내리로다." 이것 역시 레위기 26 : 4의 인용입니다.

언제나 한 국가의 생명에 있어서 가장 번영하던 시기는 위대한 부흥 시기를 따랐었습니다. 그렇기 때문에 부흥하려고 애쓰는 것은 아닙니다. 그러나 그것은 부흥의 부산물입니다.

잠언 14장 34절의 말씀이 아주 적절합니다. "의는 나라로 영화롭게 하고 죄는 백성을 욕되게 하느니라." 본문은 말합니다. "묵시가 없으면, 백성들이 방자히 행하느니라."

다시 한번, 제가 여기 한국에서 가르치고 설교하는 여러분에게 부탁드립니다. 여러분이 바로 이 나라의 보호자입니다. "하나님의 말씀이 가르쳐지는 한 그 나라는 살아있다." 이것은 거듭 증명된 사실입니다. 그러므로 여러분의 과제가 단지 여러분 앞에 있는 사람들에게만 한정되어 있다고 생각하거나 그들만이 여러분의 영향권이라고 생각하지 마시기 바

you and that that is the only sphere of your influence. You say, "Yes, but even in spite of the great work of God that has come here to our nation in the last 106 years, we're still a minority."

I'm told that there's somewhere between 20~25% of the 42,000,000 South Koreans that are believers in Jesus Christ. I remind you of the doctrine of the Remnant in the Bible. God said he could have spared Sodom, Gomorrah, Adma, Zeboiim, and Zoar - the five cities of the plain - had there been ten righteous. Therefore, if there are just a few and it's only a minority, God will still save a nation.

You say, "Yes, but those were small cities, even though they were five cities, they were not very large in those days." Now we've not dug up those five cities in archaeology as yet. But I can tell you we have dug up the cemetery and have found that there were a half million people - five hundred thousand people.

Now, it is true, that represents 200 years from two thousand to eighteen hundreds BC. So this must represent, maybe, four or five generations of people. So we may only be talking about, say, 150 to 200 thousand people. But God still said, "For ten people, I will save a hundred thousand people." Now do you understand why we are our nation's keepres?

Twenty-five percent of a population, still allows a seventy-five percent mercy and extend the period of time to come to Christ. Not only so, but now the great shift has come to the Pacific rim countries, and you are one of the key countries. And it may well be now, as goes Korea, so will go the

랍니다. 아마 이렇게 말씀하시겠지요. "그렇긴 하지만, 지난 일백육 년 동안 이곳 우리 나라에 일어났던 하나님의 그 위대한 역사에도 불구하고, 아직도 우리는 소수에 불과합니다."

제가 들으니, 남한 인구 사천 이백 만 중에서 20~25%가 예수 그리스도를 믿는 신자들이라고 합디다. 저는 여러분에게 성경에 나오는 남은 자에 관한 교리를 상기시켜 드립니다. 하나님은 열 사람의 의인만 있었다면, 그 평원에 있던 다섯 도시들, 소돔, 고모라, 아드마, 스보임, 소알에 자비를 베풀었을 것이라고 말씀하셨습니다. 그러므로 단지 적은 숫자일 뿐이고 소수에 불과하다 하더라도 하나님은 여전히 한 나라를 구원하실 것입니다.

어떤 분이 이렇게 말할 것입니다. "그렇지만 그것들은 다섯이라 해도 작은 성에 불과하고, 당시에는 그리 인구도 많지 않았을 것 아닙니까?" 고고학에서는 아직까지도 그 다섯 성을 다 파내지 못했습니다. 그러나 제가 여러분께 말씀드릴 수 있는 것은, 공동묘지를 파내어서 알게 되었는데, 그곳에는 오십만 명의 사람들이 묻혀 있었습니다.

이 묘지의 연대는 기원 전 이천 년에서 천 팔백 년 사이의 이백 년을 나타내는 것이 옳다고 보입니다. 그러므로 여기에는 아마 넷 또는 다섯 세대가 묻혔다는 것이 됩니다. 그러므로 우리는 (한 세대에는) 십 오만에서 이십 만 명 정도가 살았다고 말할 수 있겠습니다. **그러나 하나님은 여전히 "십 인을 인하여도 십만 명을 구원하겠다"고 말씀하셨습니다.** 자, 이제는 어째서 우리가 나라를 지키는 자들인지가 이해되십니까?

인구의 25%가 75%의 사람들에게 자비를 지속시키고 그 생명의 기한을 그리스도께서 오시는 날까지 연장시키는 것입니다. 뿐만 아니라, 이제는 대단히 큰 변화가 태평양 주변 국가들에게 나타났고, 그 중에서도 이 나라는 아주 중요한 나라가 되었습니다. 그리고 이제는 한국이 잘되면, 세계가 잘된다고 말할 수 있습니다.

그러므로 본문은 이렇게 말합니다. "여호와께서 좋은 것을 주시리니

world. And so this text says, "The Lord will indeed give what is good and our land will yield its harvest."

Righteousness goes before him and prepares the way for his steps." God moves through our land in revival and thus lays down a path, as it were for the Church to follow him. That's what it means there, in verse 13. Our Lord Jesus is the trailblazer who goes before us and lays down a path for us.

So just as God has favored us in the past, our prayer ought to be: "Lord Jesus do it again, please. And do it so that we may rejoice in you. Grant us a whole new sense of your peace and your pesence. And grant harmony among your brethren." I tell you, brethren in Christ will live harmoniously in truth and in kindness, one with another, when God revives us once again. And when God revives His people, even the dirt in the farm yells "Hallelujah" to his name.

It's high time, our fellow believers; it's high time that we turn back to the Lord and pray that he will revive us again. 2 Chronicles 7 : 14 says, "If my people, who are called by my name, will humble themselves and pray and seek my face and turn from their wicked ways, then will I hear from heaven."

Spiritual life and vitality are from God alone. We cannot have this life unless we ask for it. The first sign of life in a limb that has become frozen with cold is pain. So it is with revival too as well. If we say, with the church in the Book of Revelation, we are rich and we have no need of anything, we are in the very jaws of death already. We need to humble ourselves and bow our heads before God.

우리 땅이 그 산물을 내리로다." "의가 주의 앞에 앞서 행하며, 주의 걸음을 예비하리로다." 부흥 중에 하나님은 우리 땅을 행하면서 길을 내십니다. 마치 교회에게 그를 따르라고 하시는 것처럼. 그것이 바로 13절이 의미하는 것입니다. 우리 주 예수님은 불도저같이 우리의 앞서 가시면서 우리를 위해 길을 만들어 주십니다.

그래서 하나님께서 과거에 우리에게 은혜를 베푸셨던 것처럼, 우리는 이렇게 기도해야 합니다. "주 예수여, 다시금 행하시옵소서. 그리고 그것으로 인하여 우리가 주를 기뻐하게 하옵소서. 우리에게 전혀 새로운 의미의 평화와 임재하심을 주옵소서. 주의 형제들 가운데 일치를 주옵소서."

하나님이 다시 우리를 부흥케 하실 때에는, 모든 주의 형제들이 서로 진리와 친절 안에서 조화를 이루며 살게 될 것입니다. 하나님이 자기 백성을 부흥시키실 때에는, 심지어 농장에 있는 흙도 그의 이름에 '할렐루야'를 외칠 것입니다.

지금이 적기입니다, 형제들이여. **바로 지금이 우리 믿는 사람들이 여호와께로 돌아가서 그가 우리를 다시금 부흥케 하시도록 기도해야 할 최적기입니다.** 역대하 7장 14절에서는, "내 이름으로 일컫는 내 백성이 그 악한 길에서 떠나 스스로 겸비하고 기도하여 내 얼굴을 구하면, 내가 하늘에서 듣고 그 죄를 사하고 그 땅을 고칠지라"고 말씀합니다.

영적인 생명과 활력은 오직 하나님께로서 옵니다. 이 생명은 간구하지 않으면 가질 수 없습니다. 추위로 얼어붙어 가는 우리의 사지에 생명이 있다는 첫번째 증표는 고통입니다. 부흥도 마찬가지입니다. 만일 우리가 계시록에 있는 교회처럼 '우리는 부요하여 부족한 것이 없다'라고 한다면, 우리는 이미 죽음의 문턱에 들어서 있는 것입니다. 우리는 하나님 앞에 우리 자신을 겸손히 하여 우리 머리를 숙일 필요가 있습니다.

얼어붙은 팔이나 다리, 즉 우리의 사지에 생명이 있다는 두번째 증표

The second sign of life in a limb, an arm or a leg, that has been frozen, is that we cry out for help. So we must pray to the living God.

The third sign of life is that we would seek help and go to a doctor if our limb is frozen and cold. We must seek help and, therefore, this is seeking the face of God. And sometimes, the final sign of life in a limb that has been frozen is that we remove the part that is gangrene. We must turn from our wicked way. God said, "then I will hear from heaven and I will forgive your sin and I will heal your land."

There it is. I have given you all that I think I can from this wonderful passage in Psalm 85. And I trust that it voices the heart cry of our own souls out to the living God.

You've been a wonderful audience today and I thank you for being so parient and such a long suffering students. Thank you very much.

는 우리가 소리질러 도움을 요청하는 것입니다. 그러므로 우리는 살아 계신 하나님께 기도해야 합니다.

우리의 사지가 얼어서 싸늘해졌을 때, 생명이 있다는 세번째 증표는 도움을 찾아서 의사에게 가는 것입니다. 우리는 도움을 구해야 하는데, 그것은 곧 하나님의 얼굴을 구하는 것입니다.

그리고 때로 얼어버린 사지에 생명이 있다는 마지막 증표는 회저병에 걸린 부분을 제거하는 것입니다. 우리는 반드시 악한 길에서 돌이켜야 합니다. 하나님께서는, "그러면 내가 하늘에서 듣고 그 죄를 사하고 그 땅을 고칠지라"고 말씀하셨습니다.

자, 저는 시편 85편에 있는 이 놀라운 구절들에서 찾을 수 있는 것을 다 여러분께 말씀드렸습니다. 이제 그것이 우리 자신의 영혼의 외침을 살아 계신 하나님께 높일 것이라고 믿습니다.

잘 들어주셔서 감사합니다. 이렇게 인내하면서 오랫동안 견디신 것을 감사합니다. 정말 감사합니다.

[Tape 5]

Lecture IV

It's Time to Serve the Lord
1 Samuel 7 : 1~13

Introduction

We greet you in the name of our Lord Jesus again this morning, and before we turn to our lesson and our work for today I would ask that we would bow in prayer together to our Lord.

Our God and Heavenly Father, we thank you for your presence with us this day. How we thank you for the gift of our Lord Jesus Christ and what you have done for us on the cross. We thank you too, our Father, for your inscripturated word, the words of life that you have given to us in the Bible.

We would pray now that as we open the word of life that you would help us in understanding what is said. We would pray also, Holy Spirit of God, that you would help us to respond to what is said in that word. Send a great revival in our own hearts as leaders and teachers and pastors in the Church of God. We pray our Father that you

【테이프 #5】

제 4 강

지금은 여호와를 섬길 때

사무엘상 7 : 1~13

서론

다시 한번 우리 주 예수님의 이름으로 인사를 드리며, 오늘 아침 강의로 들어가기 전에 우리 함께 우리 주님께 기도드립시다.

"하늘에 계신 하나님 아버지, 오늘 우리와 함께 하심을 감사드립니다. 우리 주 예수 그리스도께서 주신 은사와 십자가 위에서 우리를 위해 행하신 일에 대해 감사를 드립니다. 또한 기록된 말씀인 성경을 통해서 우리에게 주신 생명의 말씀에 대해서도 아버지께 감사드립니다.

이 시간 기도드리는 것은 우리가 생명의 말씀을 펼 때 그 말씀을 이해할 수 있도록 도와주시기를 원합니다. 또한 성령께서 그 말씀에 우리가 응답할 수 있도록 도와주시기를 원합니다. 하나님의 교회에서 지도자로, 교사로, 목사로 섬기는 저희들의 마음에 커다란 부흥이 있게 하옵소서. 또한 아버지여, 이 부흥이 여기 모인 우리들을 넘어서서 오늘날 우리가

would spread the revival beyond ourselves into the people whom we serve and those whom we hold up before you this day.

Send a revival to Korea once again just as the great fires burned in previous days. And may the revival spread beyond this land to the regions around the world for your name's sake. Amen.

We are turning today to the lesson or lecture number four in 1 Samuel chapter 7. We are calling today's lecture, "It's time to serve the Lord alone." Once again, we have a focal point in the chapter which is found in verse 3, the second half. The last part of verse 3 says, "commit yourselves to the Lord and serve him only and he will deliver you out of the hand of Philistines."

Once again, revival is based upon an emergency or at least that gives the conditions for calling out to God. Israel had been oppressed by the enemy, the Philistines, for quite a period of time. They had been invaded constantly and their only basis for deliverance was to cry out to God.

The amazing thing is how long it Book for them to once again find a voice to cry out to God in prayer. It would be better if they, like we, would learn how to call to God without an emergency being present.

In fact, we could study through the Book of Judges and find that there were six other times prior to this one where Israel had to call out to God and he sent revival.

There is a cycle in the Book of Judges in which the people fall into sin and then they finally find a voice to cry out to God after they get into trouble. So in that sense, Samuel is

주님 앞에서 섬기며 유지하고 있는 사람들에게까지 확산되게 하옵소서.
지난날 불타올랐던 것처럼 다시금 이 나라에 부흥이 있게 하옵소서. 또한 부흥이 이 땅을 넘어 전세계로 확산되기를 주님의 이름으로 기도 드리옵나이다. 아멘."

오늘은 사무엘상 7장에 있는 제4강의로 넘어가겠습니다. 오늘의 강의 제목은 "지금은 주님만을 섬길 때"가 되겠습니다. 다시 한번 우리는 이 장의 3절 후반부에서 초점이 되는 구절을 발견하게 됩니다. 3절 후반부는 다음과 같습니다. "너희 마음을 여호와께로 향하여 그만 섬기라 너희를 블레셋 사람의 손에서 건져내시리라."

다시 한번, **부흥은 위기 상황 아니면 적어도 하나님께 부르짖어야 할 상황에 기초하고 있습니다.** 이스라엘은 매우 오랫동안 그들의 적인 블레셋 사람들에 의해 압제를 받아 왔습니다. 그들은 계속해서 침입해 왔으므로 이스라엘이 구원받을 수 있는 유일한 기초는 하나님께 부르짖는 것이었습니다.

놀라운 것은 이스라엘이 기도로 하나님께 부르짖어야 한다는 사실을 다시 한번 깨닫게 되는 데는 엄청난 시간이 걸렸다는 사실입니다. 만일 그들도 우리처럼, 위기 상황이 닥쳐오기 전에 하나님께 부르짖는 것을 알게 되었다면 더 좋았을 것입니다.

사실, 우리는 사사기 연구를 통해 이스라엘이 하나님께 나아가 부르짖고 하나님께서는 부흥을 일으켜 주신 일이 이번 사건 전에도 여섯 번이 있었다는 것을 알게 됩니다.

사사기에는, 사람들이 죄에 빠지고 고통을 당한 후에 마침내 하나님께 나아와 부르짖는 한 사람을 찾게 되는 순환이 있습니다. 그러므로, 이런 의미에서 사무엘은 사사기의 처음부터 사무엘서에 이르기까지 일곱번째 사사, 일곱번째의 부흥이 됩니다.

the seventh judge and the seventh revival since the beginning of the Book of Judges into the book of Samuel.

We have introduced the homiletical key word here of "challenges" for this passage.

We once again are trying to help us to understand what are the various points made in each of the paragraphs of this seventh chapter are. We suggest then that there are some three challenges that are found here, and you will see them in each of the main points.

The first paragraph is verses 2-4. The challenge there is "we must commit ourselves to the Lord." The second paragraph is in verses 5-9. There, the challenge is "we must confess our sins to the Lord." And the third and final paragraph is verses 10-13. And the last challenge is "we must count on God's help and act boldly."

So there is the passage and the challenge that it lays out for us for a revival in our day, as well as, in that day.

This text, then begins with a statement in verse 1, "So the men of Kiriath Jearim came and took up the ark of the Lord. They took it to Abinadab's house on the hill and consecrated Eleazar his son to guard the ark of the Lord."

You must remember that the Israelites in an attempt to win the battle with the Philistines, took the ark of God out of the tabernacle and took it into battle.

But the Philistines captured even the most sacred item in the whole of the tabernacle, the ark of God, in chapter 5 verse 1. This was not without risk to the Philistines, for they had a disease that broke out in every city where the ark of God went. This is not because the ark of God was magical or

우리는 이 본문에 대한 설교의 핵심 단어를 '도전들'이라고 선정하였습니다.

우리는 다시 한번 제7장의 각 문단마다 존재하는 다양한 중심 내용을 이해하기 위해서 노력하고 있습니다. 이제 우리는 여기서 세 개의 도전을 발견할 수 있으며 그에 대한 요점을 하나씩 살펴보게 될 것입니다.

첫째 문단은 2절에서 4절까지입니다. 여기서의 도전은 이것입니다. "우리는 주님께만 헌신해야 한다." 두번째 문단은 5절에서 9절까지입니다. 거기서의 도전은, "우리는 우리의 죄를 주님께 고해야 한다"는 것입니다. 그리고 세번째 마지막 문단은 10절에서 13절까지입니다. 마지막 도전은 "우리는 하나님의 도움을 신뢰하고 담대하게 행해야 한다"는 것입니다.

그러므로 이 구절과 도전은 부흥을 위해서, 그 당시뿐만 아니라, 지금 우리를 위해서 제기되고 있는 것입니다.

본문의 1절은 다음과 같이 시작되고 있습니다. "기럇 여아림 사람들이 여호와의 궤를 옮겨 산에 사는 아비나답의 집에 들여놓고 그 아들 엘리아살을 거룩히 구별하여 여호와의 궤를 지키게 하였더니."

우리는 이스라엘 사람들이 블레셋과의 전쟁에서 승리하기 위해서 하나님의 법궤를 성막에서 전쟁터로 옮겨왔다는 사실을 기억해야 합니다.

그러나, 5장 1절에 보면 블레셋 사람들은 성막에서 가장 거룩한 물건인 하나님의 법궤까지도 탈취해 버렸습니다. 이러한 행동은 블레셋 사람들에게도 안전한 행위는 아니었습니다. 하나님의 법궤가 가는 도시마다 질병이 발생했기 때문입니다. 이것은 하나님의 법궤가 마술이나 이와 비슷한 힘이 있었기 때문이 아닙니다.

오히려 이것은 하나님의 거룩하심과 그 분은 블레셋인들이 섬기는 신과는 전혀 다른 분이시라는 것을 나타내는 표적이었습니다. 이러한 현상은 법궤가 가는 블레셋의 다섯 도시 모두에서 발생하였고, 그 결과 독종

anything like that.

But it was rather a signal of the holiness of God and he was altogether different than what the Philistines were. And so it went from one city to the other of the five Philistine cities and there a Bubonic plague broke out.

So the Philistines said, "We must send this ark of God back." But, on the other hand, they said, "We want to see if this was just luck or whether it was chance or whether it was God acting in these plagues." The last part of verse 9 in chapter 6 of 1 Samuel says there, "But if it does not, then we will know that it was not God's hand that struck us and that it happened to us by chance."

So they devised a little way in which they were going to test whether this was the hand of God or whether it was just chance or luck. They made a brand new cart and hooked it up to cows that had never been harnessed before to a cart.

These were young cows or calves that had just been taken away from their mother and therefore would naturally never leave home but would stay there. They also put the ark of God on this new cart along with five golden imitations of rats and also five tumors simulating the disease that had broken out among the cities.

Now I grew up on the farm, and I know a little bit about working with animals. You cannot take a calf away from its mother and expect it to take a cart and go up to Israel away from Philistia.

But that is what happened here, in this case, for the cows went away from their mother mooing all the way and crying for their mother, though they were directed to go back to

이 퍼졌습니다.

그러므로 블레셋 사람들은, "이 하나님의 법궤를 본처로 돌아가게 하자"라고 말했던 것입니다. 그러나 한편으로는, "이 사건이 우연인지, 아니면 과연 하나님이 질병 가운데서 역사하는 것인지 알아보자"라고 말했습니다. 사무엘상 6장 9절의 마지막 부분에서 그들은, "그렇지 아니하면 우리를 친 것이 그 손이 아니요 우연히 만난 것인 줄 알리라"라고 말합니다.

그러므로 그들은 그 사건이 하나님의 손에 의한 것인지 아니면 단지 우연에 의한 것인지를 시험하기 위한 한 가지 방법을 생각해 내었습니다. 그들은 커다란 새 수레를 만들고는 이것을 한 번도 멍에를 메어 보지 아니한 소에 메었습니다.

이 어린 소들 아니 송아지들은 방금 어미로부터 떼어낸 것들이었으므로 집을 떠나지 않고 그냥 머무르려 하기 마련이었습니다. 그들은 이 새 수레에 하나님의 법궤뿐만 아니라 성읍 가운데서 발하게 했던 질병을 모방한 다섯 금쥐와 다섯 독종의 형상을 실었습니다.

저는 시골에서 자랐기 때문에 동물의 습성에 대해서 조금 압니다. 아무도 어린 송아지를 그 어미 품에서 떼어 내서 수레를 메워 블레셋을 떠나 이스라엘로 올라가게 할 수는 없습니다.

그러나 이번 경우에는 여기서 그런 일이 생겼습니다. 왜냐하면 그 소들은 어미를 떠나 줄곧 '음메' 하고 어미를 부르면서도 이스라엘로 곧장 올라갔기 때문입니다.

I. 우리는 자신을 여호와께 맡겨야 한다(삼상7 : 2~4)

A. 살아 계신 하나님을 섬기기 위하여 회개하고 그분에게 돌아감

Israel.

I. We Must Commit Ourselves to the Lord - I Sam 7 : 2~4

A. Our Penitential Return to Serve the Living God

That's where our chapter begins in 1 Samuel 7. It said that the ark of God had been gone for a long time, and then verse 2 said it was twenty years in all. And the text then said it was after this long period of time that finally that people began to cry out to God. It was time now for the spirit of God to be able to do a work that he could not have done previously.

Now remember, God could've done this just as well during good times if Israel had been willing to listen. We should not miss that point for our day and generation because in these good days God would still want to visit us with revival before the tragedy of the times turns bad.

So Samuel gave the instructions in verse 3 to the people. He said to the whole house of Israel, "If you are returning to the Lord with all your hearts, then rid yourselves of the foreign gods and the Ashtoreths and commit yourselves to the Lord and serve him only, and he will deliver you out of the hand of the Philistines."

Do you see the misery that had been caused by the Philistines for those twenty years had finally brought them to the place where they were willing to humble themselves before God?

Does God enjoy bringing this kind of disaster to us? We

사무엘상 7장에서 우리의 강의가 시작되는 부분은 바로 여기서부터입니다. 거기 보면 하나님의 궤가 있은 지 오래 되어서, 2절에는 20년이 되었다고 했습니다. 그리고 본문에는 이 오랜 기간이 지난 후에 비로소 사람들이 하나님께 부르짖기 시작하였다고 말씀합니다. 그때야말로 하나님의 영이 전에는 하실 수 없었던 일을 행하실 수 있는 때였습니다.

여기서 기억해야 할 것은 하나님께서는 이러한 일을, 만약 이스라엘 사람들이 청종하려고만 했다면, 순탄한 시절에도, 역경에서와 마찬가지로 하실 수 있었다는 사실입니다. 우리는 지금 우리 세대를 위한 이 점을 놓치지 말아야 합니다. **왜냐하면 하나님은 형통한 시절, 비극의 때가 오기 전에도 여전히 우리에게 부흥을 주기를 원하시기 때문입니다.**

그러므로 사무엘은 3절에서 백성에게 교훈을 주고 있습니다. 그는 이스라엘의 온 집에게 이르기를, "너희가 전심으로 여호와께 돌아오려거든 이방신들과 아스다롯을 너희 중에서 제하고 너희 마음을 여호와께로 향하여 그만 섬기라 너희를 블레셋 사람의 손에서 건져내시리라."

여러분은 블레셋에 의한 20년간의 재앙이 마침내는 그들을 하나님 앞에서 겸손히 만드는 곳으로까지 인도했다는 사실을 아십니까?

하나님께서 이런 종류의 재앙 내리기를 즐거워하실까요? 우리는, "그렇지 않다!"라고 대답합니다. 그러나 반면에 우리가 만일 좋은 시절에 귀머거리가 되어 하나님의 말씀을 들을 수 없다면, 하나님께서는 비극을 통해서라도 우리에게 말씀하실 정도로 우리를 사랑하고 계시므로 그것도 하나의 방법이 될 것입니다. 그러므로 마침내 이스라엘은 다시 한번 영적인 것들을 들을 수 있는 준비가 되었습니다.

저는 3절에 사용된 각각의 동사에 대해 우리가 주목해야 할 필요가 있다고 생각합니다. 사무엘은 "너희가 여호와께 돌아오려거든"이라고 말하는데 이는 백성들이 이미 돌아오기 시작했다는 것을 전제로 하고 있습

answer no! But on the other hand, it is one of the ways if we become tone-deaf and cannot hear the word of God during good days, then he loves us so much he will even speak to us through tragedy. So finally, Israel was prepared to hear spiritual things once again.

I think that we should notice each one of the verbs in verse 3. He says, "If you are returning to the Lord," it assumes the people had already started to turn. This again, is the word that is the summary of all of the prophets and their message to turn back to the Lord. It is the Old Testament word for repentance that comes from God. And he says, "If you are returning," then he said "I want you to rid yourselves of your foreign gods."

Now this sounds very familiar for those of you who were here and heard yesterday's lectures. Wasn't that exactly the very words that were used in Jacob's revival in Genesis 35?

We ask, "What gods are there? We don't see any thus far in the context." But he goes on to mention foreign gods and also the Ashtoreths. These again were only external manifestations of what was going on in the heart. It is possible to even rid ourselves of all of the icons that represent God and yet still have idolatry in our hearts. Let me repeat the definition of idolatry that I gave to you yesterday. Idolatry is putting any person, any idea, any institution equal with or above God. These can even be good things, good plans, and good organizations that are put equal to or above God. But we must understand that God's glory is so different that he will not share it with anyone else.

So the first call for repentance is to seek the Kingdom of

니다. 여기서 다시 한번, 여호와께로 돌아오라는 말씀은 모든 선지자들과 그들의 메시지의 요약입니다. 그 말은 하나님께로서 오는 회개를 나타내는 구약의 표현입니다. 그리고 그가 "너희가 돌아오려거든"이라고 말한 후에, "나는 너희가 이방 신을 제하기를 원한다"라고 말합니다.

이 말은 여기서 어제 강의를 들으셨던 분들에게는 아주 낯익은 소리일 것입니다. 그 말은 창세기 35장의 야곱의 부흥에서 나왔던 바로 그 말이 아닙니까?

우리는 "거기에 무슨 신들이 있습니까? 우리는 그 문맥 속에서 지금까지 어떤 것도 보지 못했습니다"라고 물을 것입니다. 그러나 그는 이방 신들을 말하면서 아스다롯까지 언급하고 있습니다. 다시 말씀드립니다만, 이러한 행위들은 마음 속에 일어나고 있는 일들의 외적 표현일 뿐입니다. 사실 하나님을 나타내는 모든 우상들을 제거하고서도 여전히 마음 속으로 우상숭배를 하는 것은 가능한 일입니다.

제가 어제 여러분께 말씀드린 우상숭배의 정의를 다시 한번 말씀드리겠습니다. 우상숭배란 어떤 사람, 어떤 사상, 어떤 조직을 하나님과 나란히, 아니면 그 위에 놓는 것을 말합니다. 심지어 하나님과 동등시하거나 아니면 그보다 우선하는 어떤 좋은 물건, 좋은 계획, 그리고 좋은 조직들도 우상이 될 수 있습니다. 그러나 우리가 반드시 알아야 할 것은, **하나님의 영광은 너무나 달라서 하나님은 결코 자신의 영광을 다른 누구와 나누지 않으신다는 것입니다.**

그러므로 회개를 위한 요청은 먼저 하나님의 나라와 그 의를 구하라 그리하면 이 모든 것을 더하시리라 하는 것입니다. 구약에서도 "만일 너희가 주께 돌아오려거든 너희의 온 마음을 다해"라고 말씀하면서 마음에 강조점을 두고 있다는 사실에 주목해 주십시오.

여기서 마음이란 내적 생명의 모든 운동의 중심과 근원이라는 의미로 사용되고 있는 것입니다. 그러므로 우리가 우리의 마음 속에 부흥을 소

God and his righteousness and all these other things shall be added to us. Notice too, for even in the Old Testament, he said, "If you are returning to the Lord with all your hearts." He puts the emphasis on hearts.

The heart here is used as the source and the center of all movements of the inner life. So, if we are to have a revival in our hearts, we must put away all substitutes or competitors with the living God. It is impossible to have whole hearted fellowship with God while having other competing loyalties.

B. Our Obedient Response to the Proclamation of the Word

But there was a second command found here in this third verse. Actually in the Hebrew text, he says, "Fix or establish your hearts on God." To fix or to establish our hearts is the opposite of wavering and vacillating back and forth. This is, I think, one of the great problems of our modern age. The great problem in modern Christianity is that we may become pluralistic and syncretistic, having both sides.

But that does not give us a fixed and established position if we, kind of, stand on the fence and try to have a little bit of one side and a little bit of God and put them together. Our hearts and our minds need to be stayed solely upon the Lord if we are to be in the place of full revival.

There is a third word that is found here in verse 3, as well. It says, "serve him alone." Once we have emptied our lives of false service to false gods, now it is possible to fill them positively with service to him.

There is another problem that comes up in the modern

유하려면 살아 계신 하나님을 대체하거나 비교될 수 있는 것은 모두 내어 버려야 합니다. **하나님과 경쟁하는 다른 대상을 품은 채, 하나님과 온전한 교제를 한다는 것은 불가능한 것입니다.**

B. 말씀 선포에 대한 우리의 순종적 반응

또한 여기 3절에서 두번째 계명이 발견됩니다. 사실 히브리 본문으로 보면 "너희들의 마음을 하나님 위에 고정하라 또는 흔들리지 않게 세워라"라는 말입니다. 우리의 마음을 고정시키거나 세운다는 것은 앞 뒤로 흔들리거나 진동하는 것과 정반대 되는 상태를 말합니다. 제가 생각하기에 우리 현대의 가장 커다란 문제는 바로 이것입니다. **현대 기독교의 가장 큰 문제는 우리가 이 양자를 다 포함하는 다원주의(多元主義), 혼합주의(混合主義)가 될 수 있다는 것입니다.**

그러나 만일 우리가 중간에 서서 여기서도 조금, 하나님께로부터도 조금, 그래서 이 둘을 함께 취하려 한다면, 그러한 태도는 우리에게 고정되고 안정된 위치를 제공해 주지 못합니다. 만일 우리가 완전한 부흥 속에 있으려면, 우리의 마음과 정신이 오직 주께만 머물러 있어야 할 필요가 있는 것입니다.

또한 3절에 세번째의 말씀이 보입니다. 그 말씀은 "오직 그만 섬기라" 하는 것입니다. 일단 우리가 이방 신에 대한 거짓 예배를 버리기만 하면, 이제 우리 마음을 하나님과의 적극적인 섬김으로 채우는 일이 가능해집니다.

현대에 하나님과 동행하고자 할 때 발생하는 또 다른 문제가 있습니다. **사람들은 그들의 삶 속에서 하나님과 경쟁하는 것들을 기꺼이 제거하려고 하면서도, 우리의 주님과 그의 일을 위해서는 기꺼이 자신을 드리려고 하지 않는다는 것입니다.**

walk with the Lord. Some are willing to get rid of the competing loyalties in their lives, but they are not willing to commit themselves in the great cause and work of our Lord.

We say, "Modern life is so filled with activity and there's so much stress and strain, I don't want to get involved in the work of the church or the work of the Lord."

But then we must ask, "What will we do when we appear before the living Lord and we come before him and our hands are empty, we bring nothing at all?"

2 Corinthians 5:10 says, "We must all appear before the judgment seat of Christ to give an account of the deeds done in the body, whether good or bad." And when we come before him what will we bring then if we had never gotten into the service and the work of the Lord?

Remember this was the problem with Israel, as well. God called Abraham and told him "In your seed shall all of the nations of the earth be blessed." Abraham and the nation of Israel were to be a missionary people and they were to bring the Gospel to all the peoples upon the face of the earth.

So it's not that Israel just got into idolatry and failed to keep the commandments of God, that was not their biggest fault. Their greatest difficulty was that they did not become the instruments of service to God that they were supposed to be.

One of the calls for revival in our day is that we might respond to the living Lord and become involved in the work of God.

Again, I mentioned to you, one of the great problems of the church world wide is unemployment in the house of God

우리는 이렇게 말합니다. "현대의 생활은 활동들로 가득 차 있고, 스트레스와 긴장이 너무 많아요. 그래서 저는 교회 일이나 주님의 일에 관계하고 싶지가 않습니다."

그러나 그 때 우리는 이렇게 물어야 합니다. "우리가 살아 계신 주님 앞에 나타날 때는 어떻게 하지요? 그분 앞에 빈 손으로, 아무것도 없이 간다면 어쩌지요?"

고린도후서 5장 10절에, "이는 우리가 다 반드시 그리스도의 심판대 앞에 드러나 각각 선악간에 그 몸으로 행한 것을 따라 받으려 함이라"라는 말씀이 있습니다. 만일 우리가 주님을 섬기는 일이나 사역에 결코 동참해 본 일이 없다면, 그분 앞에 도대체 무엇을 가지고 나가겠습니까?

이 문제는 이스라엘에게도 마찬가지였다는 것을 기억하십시오. 하나님께서 아브라함을 부르시고, "너의 씨를 통해 땅 위의 열방이 복을 얻으리라"고 말씀하셨습니다. 아브라함과 이스라엘 민족은 선교를 담당하는 백성이 되어 땅 위의 모든 족속에게 복음을 전해야만 하였습니다.

그러므로 단지 이스라엘이 우상을 섬기고 하나님의 계명을 지키는 데 실패했다는 것, 그것이 그들의 가장 큰 잘못은 아니었습니다. **그들의 가장 큰 잘못은 그들이 마땅히 해야 할 바, 하나님을 섬기는 일을 하는 도구가 되지 못했다는 데 있습니다.**

우리 시대에 부흥이 요청되는 이유 중의 하나는 우리가 살아 계신 주님에게 응답하여 하나님의 일에 참여하기 위함입니다.

다시 말씀드리자면, 이미 제가 여러분에게 말씀드린 대로, 전 세계적으로 교회의 가장 큰 문제는 하나님의 집에 있는 영적인 실업문제입니다. 하나님은 우리가 그를 기쁨으로 섬기며 그로 인하여 기뻐하기를 원하십니다.

3절에서 네번째 되는 마지막 말씀은 "그가 너희를 블레셋 사람의 손에서 건져내시리라"하는 것입니다. 여기서 사용된 '블레셋 사람의 손'이라

in spiritual things. God wants us to be filled with glad service to him and to his cause.

The fourth and final word in verse 3 is "He will deliver you out of the hand of the Philistines." The word used here for the hand of the Philistines is a figure of speech meaning the power or the authority of the Philistines.

This has always been true in all times of history that when we turn to God, he turns toward his people. So there is the great challenge, I think, in this passage. It is a challenge for us in our day and age, like in Samuel's day, to commit ourselves to the Lord. But the passage goes on into the second paragraph in verses 5-9 with the second challenge.

II. We Must Confess Our Sins to the Lord - I Sam 7:5~9

He asked specifically that Israel confess their sins. Now confession to the Lord is an extremely important part of the revival process. However, it also is a danger too, which we must provide against in the church. This is true, particularly, of public confession of sin when the sphere of that sin was not known publicly.

For example, there is nothing to be gained by a person getting up and confessing before the whole group that their great problem is lust for women. And especially, as has happened in some revivals, to go on and then to mention particular women in the congregation. Satan is the great imitator of all spiritual gifts. And he could use the situation just like that in order to stop the revival or to bring reproach upon it.

는 단어는 블레셋 사람들의 힘이나 권위를 나타내는 비유적 표현입니다.

우리가 하나님께로 향할 때 하나님께서도 당신의 백성을 향하신다는 것은 역사의 모든 시대에 걸친 진리입니다. 그러므로 제가 생각하기에는 이 말씀에 대단히 큰 도전이 들어 있습니다. 주님께 우리 자신을 드리라는 이 도전은 사무엘의 시대처럼 우리 시대에도 우리를 향한 도전입니다. 그리고 이 구절은 두번째의 도전을 보여주는 5절에서 9절까지의 두번째 문단으로 이어집니다.

II. 우리는 여호와께 우리의 죄들을 고백해야 한다(삼상 7 : 5~9)

그는 특별히 이스라엘로 하여금 죄를 고백하도록 요청합니다. 주님께 죄를 고백하는 것은 부흥의 과정에 있어서 대단히 중요한 부분입니다. 그러나 여기에는 교회가 대비해야 할 위험이 따르기도 합니다. 이것은 특히 죄의 성격상 공개적으로 알려지지 말아야 할 죄가 공개적으로 알려질 때 일어납니다.

예를 들어, 어떤 사람이 일어나 모든 사람들 앞에서, 우리의 큰 문제는 음욕이라고 고백할 때, 거기에는 득될 것이 하나도 없습니다. 그리고 특별히, 어떤 부흥회들에서 보게 되는 것처럼, 회중 앞에서 특정한 여성을 언급하는 것같은 일 말입니다. 사단은 모든 영적인 은사를 모방하는 데 천재입니다. 그리고 그는 바로 그 상황을 이용하여 부흥을 멈추게 하거나 오히려 비난을 가져오게 할 수 있는 것입니다.

이 말은, 공개되어야 할 죄가 있어서 하나님의 교회 앞에 공개적으로 고백되어야만 한다는 사실을 부정하는 것이 아닙니다. 그러므로 이러한 상황에서는 먼저 하나님 앞에서 공개적인 고백을 하게 하고, 그 후에 하나님의 백성들 앞에서 고백하도록 인도해야 합니다.

This is not to say that there are no places where the sin has been public and it is known and must be confessed publicly before the church of God. So, we do urge in those instances that a person make public confession to God first of all, and then the people of God.

There are also other instances where confession must be made to individuals personally rather than to the whole group. I may have cheated someone personally or said something that was very harmful to that person and what I need is to go to that individual personally, not to the whole body publicly.

A. When the Conditions are Right, Revival is Inevitable.

But confession is primarily vertical to God. And when the conditions are right, a revival is almost inevitable. This is just like the rain that comes down from heaven when atmospheric conditions are right. So the rain of the Holy Spirit pours down when the spiritual conditions are right.

In verse 5, all of the elements of revival were in place and were ready for revival. It's not simply because all the people assembled there together at Mizpah that they had a revival. It's rather because of four things that happened there, that day, when they did come together.

This site of Mizpah is probably the one about five miles northwest of Jerusalem. It's a wide open plain and still can be seen for those of you who have had the privilege of touring in the holy land.

Many a time Israel has gathered there not only on this occasion but later on and God met them there at Mizpah. For

또 다른 경우에는 고백이 모든 사람 앞에서 이루어지는 것보다는 개인적으로 이루어져야만 할 때도 있습니다. 내가 누군가를 속였다던가 어떤 사람에게 대단히 해가 되는 말을 했다면, 그 때 필요한 일은 그 사람을 개인적으로 찾아가는 것이지 모든 사람 앞에 나아가는 것이 아닙니다.

A. 조건이 충족되면 반드시 부흥이 온다.

그러나 죄에 대한 고백은 기본적으로는 하나님과의 수직적 관계입니다. 그리고 그 관계가 올바로 세워지면 부흥은 거의 필연적인 것이 됩니다. 이것은 대기의 조건이 알맞으면 하늘에서 비가 오는 것과 거의 같습니다. 그러므로 성령의 비도 영적인 조건이 알맞으면 쏟아지는 것입니다.

5절에 보면, 부흥을 위한 요소가 잘 갖춰져 있고 부흥을 위한 준비가 되어 있습니다. 이것은 단지 모든 백성들이, 그들이 부흥을 체험했던 미스바에 모였기 때문이 아닙니다. 오히려 그들이 함께 모였을 때, 그 날, 그 장소에서 네 가지의 일이 일어났기 때문입니다.

미스바의 위치는 예루살렘 북서쪽 약 5마일쯤에 있습니다. 그곳은 넓은 평야이며, 성지 여행을 해 보신 분이라면, 지금도 볼 수 있습니다.

이스라엘 백성들은 이번뿐만이 아니라 후에도 그곳에 여러 번 모였으며, 하나님께서는 그곳 미스바에서 그들을 만나 주셨습니다. 예를 들어, 백성들이 그들의 첫 왕인 사울을 세우기 위해 모인 곳도 미스바입니다. 또 신구약의 중간기에, 유다 마카비가 로마에 대항하기 위해 사람들을 불러모은 곳도 바로 여기 미스바입니다.

그렇다면 어떤 일이 일어났나요? 6절에서 어떤 네 가지의 일이 벌어졌을까요?

무엇보다 먼저, 그들의 죄에 대한 경건한 슬픔과 회개가 있었습니다. 본문은

example, when the people gathered together later on to elect their first king, King Saul, they were at Mizpah. And in the intertestamental period too, when Judas Maccabees gathered the people together to revolt against the Romans, it was here at Mizpah.

So what were the things that took place, what were the four things that took place in verse 6?

First of all, there was a godly sorrow or contrition for their sin. The text says, "They drew water and poured it out before the Lord." Drawing water and pouring it out is used as a figure of speech often in the Bible.

For example, in the messianic psalm, Psalm 22:15, he said, "He is poured out like water." What is meant is that they have poured out their hearts in repentance before God. It signifies deeper repentance and humiliation for their sin. It is the picture of the people feeling like they are water spilled out on the ground that cannot be gathered up together again.

Lamentations 2:19 says, "Pour out your heart like water." The Jewish commentary on verse 6 is also interesting. Targum translated this, "They poured out their hearts in repentance before the Lord."

So there was a deep confession of their sin as the first act and indication that revival had begun. The second act that took place that day was, they fasted before the Lord. They expressed their repentance by doing without food and thus, they afflicted their bodies.

The affliction of their bodies was to give a holistic response of what was taking place in their soul. There is nothing, once again, that is sacred in just observing a fast by it-

"그들이 물을 길어 여호와 앞에 부었다"라고 되어 있습니다. 물을 길어 다가 붓는 것은 성경에서 종종 상징적인 표현으로 사용되고 있습니다.

예를 들어, 메시아 시편인 시편 22장 14절에 보면, "그는 물같이 쏟아졌다"라고 말합니다. 즉 본문이 의미하는 것은 그들은 하나님 앞에 회개의 심령을 쏟았다는 것입니다. 이것은 좀더 깊은 회개와 죄에 대한 겸손을 의미합니다. 그것은 사람들이 자신을 땅에 쏟아져서 다시 주워 담을 수 없는 물과 같이 느꼈다는 것을 보여 주는 그림입니다.

예레미야 애가 2장-19절에 보면, "너의 마음을 물 쏟듯 할지어다"라는 말씀이 있습니다. 6절에 대한 유대인의 주석 역시 재미있습니다. 탈굼은 이 구절을, "그들은 주님 앞에 그들의 회개의 마음을 쏟았다"라고 번역했습니다. 그러므로 그들의 죄에 대한 깊은 회개가 있었다는 것은 부흥이 시작된 것을 보여주는 첫 행위요 표지입니다.

그 날에 있었던 두 번째 행위는 그들이 주님 앞에서 금식한 것입니다. 그들은 회개의 표시로 음식을 입에 대지 않고 자신들의 몸을 괴롭게 했습니다.

그들의 몸을 괴롭게했다는 것은 그들의 심령 속에서 일어나고 있는 전체적인 반응을 보여 주기 위한 것입니다. 다시 한번 말씀드리지만, 금식하는 것 자체가 거룩한 것이 아닙니다. 그 행위는 즉, 마음 속에서 일어나고 있는 일의 외적인 표현인 것입니다.

또 발생한 세번째 일은 그들이 자신들의 죄를 고백한 것입니다. 그들은 그들이 범죄했을 때 무슨 일이 벌어졌는지를 잘 알고 있었습니다. 무엇보다도 먼저 그들은 그들이 서로 혹은 동료에게 범죄했다 라고 말한 것이 아니라 "우리가 주께 범죄했다"라고 말했습니다. 이런 의미, 이런 경우에는 공개적인 회개가 필요했습니다.

여기서, 그들은 더 나아가 그들이 하나님의 거룩한 율법을 거슬러 범

self. But it can become an outward expression of what is taking place in the heart.

And then, the third thing happened, they confessed their sin. They are clear what really happened when they sinned. They didn't say, first of all, they had sinned against one another or against their fellow man but "we have sinned against the Lord." says the text. In that sense, public confession was needed in this case.

Here, they continued to acknowledge that it is against God's Holy Law that they had sinned.

Usually, we have three word pictures for what sin is in the Bible. Some of the Hebrew and Greek words picture sin as [a] missing the mark and like an arrow falling short of the target. So the law of God or the will of God is set as the norm and we come and fall short of what is the norm.

The other picture is one of going above the mark and shooting over the will or the law of God. The third picture is to go straight through and to take a crooked course right through what God said in disobedience.

So it makes no difference whether, indeed, it is a falling short or a going over or going through and right against the will of God, it's all sin. Some people won't oppose the will of God but they'd never come up to it, either. Others of us know what the will of God is, but we have a better plan and we go over and above it. But all of it is missing the purpose and the law of God.

The fourth and final word of verse 6 is at the end of verse 6. And it says, "And Samuel judged Israel at Mizpah." Samuel's work was one of ordering and directing the people of

죄했다는 점을 인정했습니다.

통상, 우리는 성경에서 죄를 표현하는 세 개의 형상어를 봅니다. 어떤 히브리어나 헬라어에서 표현하고 있는 죄의 그림은 표적을 놓쳤거나 표적에 못 미친 화살입니다. 그러므로 하나님의 뜻 혹은 율법은 확고한 표준으로 서 있고 우리는 그 표준에 못 미친다는 의미입니다.

또 다른 그림은 표적을 넘어가는 것인데, 이는 하나님의 뜻이나 법을 뛰어넘는 것입니다. 세번째 그림은 하나님이 말씀하신 것을 정면으로 불순종하면서 구부러져 나가는 것입니다.

그러므로 사실, 표적에 못 미치든지, 넘어지나가든지, 하나님의 뜻을 거슬러가든지 모두 죄라는 점에는 차이가 없습니다. 어떤 사람들은 하나님의 뜻을 거스르려고 하지는 않지만, 결코 일치하려고도 하지 않습니다. 우리들 가운데 어떤 사람들은 하나님의 뜻에 대해 알고는 있지만 우리에게는 더 좋은 계획이 있다고 하면서 하나님의 뜻을 무시하고 넘어가 버립니다. 그러나 그 모든 것은 하나님의 목적과 율법을 벗어나는 것입니다.

6절에서의 네번째 그리고 마지막 단어가 6절 마지막에 있습니다. 그 구절에 보면, "사무엘이 미스바에서 이스라엘 자손을 다스리니라"라고 말씀합니다. 사무엘이 하는 일은 질서를 유지하고 하나님의 백성을 감독하며 공의로 통치하고 하나님의 법도를 지킴으로 그들을 지도하는 것입니다.

이것은 우리가 과거에 종종 보았던 부흥의 또 다른 측면을 보여 줍니다. 때때로 부당하게 취해진 것을 회복하는 방식으로 공의가 실천될 필요가 있습니다. **보상은 여러 경우에 있어 회개의 중요한 부분입니다.** 특히, 우리가 무엇을 훔쳤거나 취하였을 때, 그것을 돌려줄 필요가 있습니다.

바로 이러한 일들을 통해서, 하나님이 우리의 마음을 그 정도로 움직

God and he tried to direct them in the administration of justice and keeping the way of God.

This brings up another aspect of revival that we've often seen in the past. Sometimes justice needs to be done by way of restoring what has been wrongfully taken. Restitution is an important part of confession in many instances. Especially when we've taken something or were stolen and we need to give it back.

That's how we know whether it is really the work of God when he moves upon our hearts to that degree. And that was the work that Samuel was performing there as judge of Israel. Oftentimes, elders and pastors during revival need to give counsel to God's people on these matters.

Someone will come under the deep conviction of the Spirit of God that they had taken something and they should do something about it. So they come to the elders of the church or to the pastor and say, "What must I do?"

Having heard the case oftentimes, it is necessary to say, "Go back to the person and make plans for restoring as best you can what you have taken."

So we have said that when the conditions are right, revival is almost inevitable. Remember we have said that we cannot start revival for revival only comes from God. But we now say also that when the conditions are right, there is almost inevitability of revival.

B. When Prayer Prevails, the Fruit of Revival is Secured

This can also be seen in the fifth verse with regard to the power of prayer in revival. We announce that when prayer

여 놓으실 때, 우리는 그것이 참으로 하나님이 하신 일인지를 알게 됩니다. 바로 그 일이 이스라엘의 사사로서 사무엘이 그 곳에서 행한 일입니다. 부흥 기간 중에는 종종 장로들과 목회자들이 이런 일들에 관해서 하나님의 백성들에게 조언을 해 줄 필요가 있는 것입니다.

어떤 사람들은 하나님의 영이 주시는 깊은 확신으로, 자신이 무엇을 취하였고 거기에 대해서 반드시 어떤 일을 해야만 한다고 생각하게 됩니다. 그래서 그들은 교회의 장로나 목회자에게 찾아와 묻습니다. "내가 무엇을 해야 합니까?"

그럴 때는 상황을 다 듣고 난 후에, "그 사람에게 가서 당신이 취한 것을 최대한으로 회복할 수 있는 계획을 세우시오"라고 말해 주는 일이 필요합니다.

조건이 충족되면 부흥은 거의 필연적이라고 말씀드렸습니다. 전에 부흥은 우리가 시작할 수 없으며 오직 하나님께로서만 말미암는다고 말씀드렸던 것을 기억하시기 바랍니다. 그러나 그 말과 아울러 우리는, 조건이 충족되면 부흥은 필연적이다 라고 말하는 것입니다.

B. 기도가 승리할 때 부흥의 열매는 확보된다.

이것은 5절에서, 부흥에 있어서의 기도의 능력과 관련해서 볼 수 있습니다. 우리는 기도가 충만할 때, 부흥의 열매는 확보된다 라고 선언합니다. 사무엘은 5절에서, "모든 이스라엘은 미스바로 모이라 내가 너희를 위하여 여호와께 기도하리라"라고 말합니다. 사무엘은 성경 가운데서 사사이면서 동시에 위대한 초창기 선지자이기도 합니다.

때때로 우리는, "성경에서 선지자의 가장 중요한 직무는 무엇인가?"라고 질문하지요. 그리고 그들은 하나님의 대변인이다 라고 말하기가 쉽습니다. 그러나 이 본문은, 사무엘의 소명의 최고 목적은 하나님의 백성

prevails the fruit of revival is secured. For Samuel said, "Assemble all Israel at Mizpah," in verse 5, "and I will intercede with the Lord for you." Samuel is one of the great and earliest prophets in the Bible, as well as, being a judge.

Sometimes we ask, "What is the chief job of a prophet in the Bible?" We are more likely to say they are spokesmen for God. But this text seems to indicate that the highest purpose of Samuel was in his calling to pray for the people of God.

I would like to announce that that is one of the highest callings and privileges of leaders in the church of God, to intercede and pray for the people.

He presents the people, Samuel presents the people in prayer as objects of God's grace and mercy. And this will prepare the way for, first of all, their spiritual getting right with God. But it also will have an impact upon their being delivered from the invasions that are coming repeatedly from the Philistines. So God can forgive their sin and God can also deliver them from their enemies. He prays this way in order to help the people to come in right relationship with God.

Those of us who admire and respect what God has done here in Korea are deeply impressed by the ministry that prayer has had in your nation in the past. And happy are the people and happy is the church that has a group that hold up their hands like Aaron and Hur held up Moses' hands in prayer. This kind of right relationship with God prepares the way for deliverance from the Philistines.

But please notice also that whenever there is a spiritual stirring of the hearts of God's people, there also is a counter

을 위해 기도하는 것이었음을 지적해 주고 있습니다.

저는 이렇게 말씀드리고 싶습니다-**하나님의 교회의 지도자들의 최고 사명이자 특권은 하나님의 백성을 위해 중보 기도하는 것이다.**

사무엘은 기도에서 그 백성들이 하나님의 은혜와 자비의 대상임을 드러내고 있습니다. 이는 무엇보다도 먼저, 그들로 하여금 하나님과의 올바른 영적 관계를 세울 길을 예비하게 될 것입니다. 또한 이것은 늘 반복되던 블레셋의 침략으로부터 그들을 구원하는 일에도 영향을 주게 될 것입니다. 그러므로 하나님께서는 그들의 죄를 용서하실 수 있으시며 그들의 적으로부터 그들을 건져내실 수 있으십니다. 그는 백성들이 하나님과 올바른 관계를 갖는 일에 도움을 주기 위해 기도합니다.

하나님께서 한국에 행하신 일에 경의와 존경을 표하는 우리들은 여러분의 나라에서 과거에 행한 기도의 사역에 대해 깊은 감동을 받고 있습니다. 옛적에 모세의 기도를 돕던 아론과 훌처럼 손을 들고 기도하는 사람들이 있는 국민과 교회는 복이 있습니다. 이렇게 하나님과 올바른 관계를 정립하는 것은 블레셋으로부터의 구원의 길을 예비해 줍니다.

그러나 또 한 가지 주목할 점은 하나님의 백성들의 마음에 영적인 각성이 있을 때마다 적의 반대 공격이 있다는 점입니다. 사단과 마귀는 하나님의 백성을 향해 직접적인 공격을 함으로써 거의 즉각적으로 대응해 옵니다.

7절에 보니까 "이스라엘 자손이 미스바에 모였다 함을 블레셋 사람이 듣고 그 방백들이 이스라엘을 치러 올라온지라"라고 되어 있습니다. 블레셋 사람들은 그 모임을 종교적인 모임이 아니라 정치적인 모임으로 오해했던 것입니다.

그러나 물론, 그들이 모인 목적은 하나님과의 올바른 관계를 위한 것이지 반격을 하기 위한 것은 아니었습니다. 물론 블레셋 사람들이 이를 두려워하는 이유가 있습니다. 왜냐하면 부흥이 있을 때면 언제나 이에 수반되는 부흥의 열매가 있기 때문이며, 부흥의 열매 중의 하나는 자유

attack by the enemy. Satan and the devil respond almost immediately by making a direct attack upon the people of God.

For in verse 7, "When the Philistines heard that Israel had assembled at Mizpah, the rulers of the Philistines came up to attack them." The Philistines mistake this gathering together and they think it's a political assembly rather than a religious one.

But of course, it was for the purposes of getting their hearts right with God and not for the purposes of launching a counter attack. But of course, they also had reason to fear too, because whenever there is a revival, there is also the fruit of revival that comes with it. And one of the fruits of revival can be seen in freedom.

John's Gospel says that where the Spirit of the Lord is, there is freedom. And so there will be implications for the political sphere coming out of the heart relationship to God. So we have the ministry of prayer as being another essential feature of revival.

What is the responsibility of leaders and ministers in this whole aspect of revival? One of the key things is that we should pray for those to whom we teach and preach the Word of God. And our prayer must always be that the Spirit of God would make that Word effective bringing a response to the people's hearts. And the laity, the people who hear the Word of God also have a responsibility. It's the responsibility of the listener not only to hear the message but also to join in the public prayers that are given at the same time.

를 얻는 것이기 때문입니다.

요한복음은 주의 영이 계신 곳에는 자유가 있다고 말씀합니다. 그러므로 거기에는 하나님께 대한 마음의 관계로부터 생겨나는 정치적인 영역에 해당되는 함축된 메시지가 있을 수 있습니다. **그러므로 우리는 부흥의 또 다른 근본적인 특징으로서 기도의 사역을 드는 것입니다.**

이런 부흥의 전체적인 관점에서 볼 때, 지도자와 교역자의 책임은 무엇입니까? 핵심적인 일 가운데 하나는 우리가 하나님의 말씀을 가르치고 설교함으로써 섬기고 있는 사람들을 위해 기도해야만 한다는 것입니다. 그리고 우리의 기도는 언제나 하나님의 영이 하나님의 말씀을 효과 있게 만드셔서 사람들의 마음에 응답을 불러일으키기를 원하는 기도가 되어야 합니다. 또한 평신도들, 즉 하나님의 말씀을 듣는 성도들도 책임이 있습니다. 청중의 책임은 메시지를 들을 뿐만 아니라 그 메시지와 동시에 주어지는 공중 기도에 참여하는 것입니다.

이 본문 전체는 우리에게 기도의 필요성과 중요성 그리고 의의에 대해서 가르쳐 줍니다. 이스라엘 백성들은 블레셋 사람들이 올라온다는 소식을 들었을 때, 그들의 지도자인 사무엘에게 특별한 요청을 하였습니다. 8절에서 그들은 사무엘에게 말합니다. "당신은 우리를 위하여 우리 하나님 여호와께 쉬지 말고 부르짖어 우리를 블레셋 사람의 손에서 구원하게 하소서." 그들은 이 문제를 놓고 "부디 한 번만 기도해 주십시오?"라고 하지 않았습니다. **그들은, "절대로 멈추지 마십시오! 우리를 위해서 기도하는 것을 쉬지 마십시오. 우리는 계속적인 기도가 필요합니다"라고 말했습니다.**

그러므로, 우리는 여기서 사무엘이 백성을 위하여 거의 제사장과 같은 사역으로 들어가는 것을 봅니다. 다시 강조하지만, 지도자들에게 가장 중요한 기능은 자신이 섬기고 있는 사람들을 위해 기도하는 것입니다.

오늘날 사역을 위해 강조되어야 할 원리들은 많이 있습니다. 우리는 훌륭한 관리 기술을 지녀야 하고 교회 성장에 대해서도 이야기해야 하

This whole section teaches us the need and the importance and the significance of prayer. When the Israelites heard that Philistines were coming, they had a special request to make of their leader Samuel. They said in verse 8 to Samuel, "Do not stop crying out to the Lord our God for us that he may rescue us from the hand of the Philistines." They did not say, "Pray once in a while for us, will you?" with regard to this problem. They said, "Do not stop, ever! Do not cease praying for us; we need continual prayer."

So, we see Samuel entering into almost priestly function here on behalf of the people. That's the most important function, again, I stress for leaders to pray for the people that you serve.

There are many principles that need to be stressed in the ministry today. We must have great management techniques, and we must also talk about church growth and a hundred other things. These are all important and good. But name me a work where there is a ceasing to pray for the people of God and probably all of those techniques are not being used very effectively. So, the two must go together.

But there is something else that's joined here with prayer in this text. We must join together the cross and prayer in order to be effective. For in verse 9, "Samuel took a suckling lamb and offered it up as a whole burnt offering to the Lord." This lamb is probably only about seven days old according to Leviticus 22:27. And it was to be a whole burnt offering, much like Leviticus 1 talks about.

Now before we say whole burnt offerings are just for the Old Testament period, let me remind you of Romans 12:

며, 그 외에도 수많은 중요한 것들이 있습니다. 이것들은 모두 중요하고 선한 것들입니다. 그렇지만 하나님의 백성을 위해 기도하는 일을 쉬었는데도 이 모든 기술들이 효과적으로 발휘되는 곳이 어디 있는지 말해 보십시오. 그러므로 이 양자는 함께 병행되어야 합니다.

여기서 이 본문 가운데 기도와 함께 수반되어야 하는 또 다른 것이 있습니다. **우리는 효과 있는 사역을 위해서 십자가와 기도를 결합해야만 합니다.** 그 이유는 9절에서, "사무엘이 젖 먹는 어린 양을 취하여 온전한 번제를 여호와께 드리고"라고 되어 있기 때문입니다. 이 양은 레위기 22장 27절을 근거로 볼 때, 아마 난 지 겨우 7일 된 양이었을 것입니다. 그리고 그 양은 레위기 1장에서 말씀하고 있는 것처럼 온전한 번제물이 되어야 했습니다.

이제 어떤 분은 "그러나 온전한 번제는 구약시대에만 해당되는 것이 아니냐"고 말할 것이므로 저는 여러분에게 로마서 12장 1~2절을 상기시키고자 합니다. 로마서 12 : 1을 기억하시지요? "그러므로 형제들아 내가 하나님의 모든 자비하심으로 너희를 권하노니 너희 몸을 하나님이 기뻐하시는 거룩한 산제사로 드리라 이는 너희의 드릴 영적 예배니라."

그는 계속해서, "너희는 이 세대를 본받지 말고 오직 마음을 새롭게 함으로 변화를 받아 하나님의 선하시고 기뻐하시는 뜻이 무엇인지 분별하도록 하라"고 말씀합니다.

이 말씀은 레위기 1장에서 인용한 것입니다. 그것은 온전한 번제입니다. 왜냐하면 그것은 자신을 온전히 - 몸과 마음과 영혼 - 주님께 드리기로 결단하는 것이기 때문입니다. 그렇게 해서 기도와 희생이 함께 나아가는 것입니다. 십자가를 바탕으로 하지 않는 기도는 근본과 목적을 상실한 기도입니다. 다시 한번, 저는 구약에서의 희생 제도는 그리스도의 죽으심과 동일한 것이 아님을 말씀드립니다. 그것들은 오히려 그리스도께서 후에 오셔서 할 일을 예표하기 위해 주어진 것입니다. 그 제도들은

1-2. Do you remember in Romans 12:1, "Therefore, I urge you, brethren, in view of God's mercy, to offer your bodies a living sacrifices, holy and pleasing to God, which is your spiritual worship?"

He goes on to say, "Do not be conformed any longer to the pattern of this world but be transformed by the renewing of your mind. Then you will be able to test and approve what God's will is-his good and pleasing and perfect will."

Those words come right out of Leviticus 1. It is a whole burnt offering because it is to resolve to devote oneself totally - body, soul and spirit - to the Lord. And so, prayer and sacrifice are also going hand in hand together. Prayer without the basis of the cross becomes groundless and without purpose. Once again, I remind you that the sacrifices in the Old Testament were not equal to the death of Christ. They were rather, to give a picture of what Christ was going to do when he came later on. They picture the fact that it was by the death of a life of someone that other people's lives were set free.

The Book of Hebrews makes it quite clear that the blood of bulls and goats could not atone for sin. But rather, it was God's word that pictured what he was going to do when he sent his son Jesus Christ. They can picture the problem of a substitute very well, and they can picture, too, that it was a life that was substituted by the blood being spilled out on the ground in death.

But an animal was not a person and animals were not perfect in their walk before God. So, the illustration is not perfect, it is only partial, for we wait for Jesus to be the Perfect

다른 사람들의 삶이 자유를 얻기 위해서는 누군가의 생명이 희생되어야 한다는 사실을 나타내고 있는 것입니다.

히브리서는 소와 염소의 피가 죄를 대속할 수 없다는 것을 분명하게 말씀하고 있습니다. 오히려 하나님께서 그분의 아들 예수 그리스도를 보내셔서 하실 일을 나타내고 있는 것은 하나님의 말씀입니다. 그것들은 대속의 문제들을 매우 잘 나타내고 있으며 또한 생명은 죽을 때 땅 위에 쏟아지는 피에 의해 대속된다는 것도 잘 표현하고 있습니다.

그러나 짐승은 사람이 아니며 짐승은 하나님과 동행하기에 온전하지 못합니다. 그러므로 짐승을 통해 주시는 예표는 온전한 것이 아니라 부분적이기 때문에 우리는 온전한 모범이 되실 예수님을 기다립니다.

이처럼 사무엘은 기도하기를 쉬지 않았으며 백성들을 위해 온전한 번제를 드리기를 주저하지 않았던 것입니다. 그는 백성들을 위해 그들의 죄를 고백하였고 또한 하나님께 온전한 번제를 드렸습니다. 온전한 번제는 살아 계신 하나님께 온전한 헌신－몸과 마음과 영혼을 포함한－을 드릴 것을 표현하는 것입니다. 이것이 사무엘상 7장의 주요한 대지입니다.

III. 우리는 하나님의 도우심을 의지하고 담대히 행동해야 한다.(삼상 7 : 10~13)

A. 하나님은 기도에 응답하신다.

기도가 능력 있게 행해지면, 부흥의 열매가 확보됩니다. 10~13절까지의 본문에서 세번째 도전을 보기로 합시다. 우리는 하나님의 도우심을 믿고 담대하게 행해야 합니다. 우리는 여기서 하나님께서 즉각적으로 기도에 응답하시는 것을 봅니다. 우리는 종종 "하나님이 자기 백성들의 기

One.

So, Samuel did not stop praying and he did not also hesitate to offer a whole burnt offering for the people. He confesses for the people their sin and also offers a whole burnt offering to God. The whole burnt offering, then, speaks of total dedication - body, soul, and spirit - to the living God. This is a great section in 1 Samuel chapter 7.

III. We Must Count on God's Help and Act Boldly - I Sam 7 : 10~13

A. God Answers Prayer

When prayer prevails, the fruit of revival is secured. Let's go to our third challenge in this passage in verses 10~13. We must count on God's help and act boldly. We see immediately that God does answer prayer. Does God listen to the prayers of his people? we often ask. And this passage indicates that God does hear very specific prayers.

Their prayer was not only about spiritual things but it was about the immediate emergency of the Philistines. Some have taught in the past that prayer just changes me, not God. But prayer changes things too, just as well as it has an effect upon me. I do not understand why it is that God has subjected his plans in the world to the prayers of his saints, but he has. So, there is a sense in which he waits for the prayers of the saints to join with him in his eternal program. This is not to say that we can frustrate the plan of God or if we do not pray, that it will never happen on planet earth.

도를 들으시는가?"라고 묻곤 합니다. 그러나 이 본문은 하나님께서 아주 구체적인 기도를 들어주신다는 것을 말해 주고 있습니다.

그들의 기도는 영적인 일들에 관한 것만이 아니라 지금 막 닥쳐오는 블레셋 사람들의 공격에 관한 것이었습니다. 과거에 어떤 사람들은 기도란 나만을 변화시키는 것이지 하나님을 변화시키는 것은 아니라고 가르쳤습니다. **그러나 기도는 나를 향해서도 능력이 있지만 동시에 사물들도 변화시킵니다.** 저는 왜 하나님께서 세상을 향한 자신의 계획을 당신의 종들의 기도에 종속시키시는지를 모릅니다. 그러나 하나님께서는 그렇게 하십니다. 그러므로 어떤 의미에서 하나님께서는 당신의 영원한 계획 속에 우리를 참여시키기 위해 성도들의 기도를 기다리신다고 말할 수 있습니다. 그러나 이것은 우리가 하나님의 계획을 좌절시킬 수 있다거나, 우리가 기도하지 않으면 그 일이 지구라는 행성 위에서 전혀 일어나지 않을 것이라고 말하는 것이 아닙니다.

저는 이것을 애굽의 바로가 이스라엘로 하여금 그 땅에서 떠나지 못하도록 방해한 방법을 통해 설명해 볼 수 있습니다. 하나님께서는 모세와 아론을 세우시고, "바로에게 가라, 그리고 '내 백성을 떠나게 하라'고 이르라"고 말씀하셨습니다. 모세와 아론은, "이것을 이르신 분은 하늘과 땅의 하나님인 여호와시요"라고 말했습니다. 그러나 바로는, "하늘과 땅의 하나님이 누구관대 내가 그에게 복종해야 하는가? 나는 내가 그의 말을 들어야 한다고 생각하지 않는다. 나는 너희를 보내지 않겠다"라고 했습니다. 그러자 하나님께서는 모세에게, "내가 가서 열 가지 표적, 즉 열 재앙을 내려 바로와 애굽 사람들로 하여금 내가 누구인 것을 알게 하고 너희를 보낼 수 있도록 하리라"고 말씀하셨습니다.

애굽에 내린 재앙들은 전도의 의미도 있습니다. 애굽인들이 '내가 하나님이다'라는 것을 알고 믿을 수도 있었기 때문입니다. 그러므로 지금 우리는 하나님의 계획과 바로의 저항이라는, 이를테면 두 가지의 상극

I can illustrate this from the way in which Pharaoh of Egypt tried to prevent Israel from leaving the land. God raised up Moses and Aaron and said, "Go to Pharaoh and say, 'Let my people go.'" Moses and Aaron said, "This is the Lord, the God of the heaven and earth, who said this." Pharaoh said, "Who is this God of heaven and earth that I should obey him? I don't think I should obey him. I will not let you go." So God said to Moses, "I am going to give ten signs, ten plagues to help Pharaoh and the Egyptians so that they may know who I am and be able to let you go."

The plagues of Egypt were also to be evangelistic so that the Egyptians might know and that they may come to believe that "I am God." So now, we have two opposites, as it were, the plan of God and the objection of Pharaoh. God's will and plan is sovereign and Pharaoh thinks he is sovereign too. So which one was going to win?

The way I would describe this is to see the plan of God as an arrow that goes straight across the board. And in the middle of the path of that arrow, I would put a circle which would be the sphere in which Pharaoh could exercise his will. I would call that circumscribed or protected freedom to a certain limit.

So God sends the first plague and Pharaoh says, "You cannot go." In fact, the first five plagues come and Pharaoh hardens his own heart on every one of them. It is only from plagues six through ten that now the Lord begins to harden Pharaoh's heart. So now, let's apply this to the problem that is before us of the sovereignty of God and the freedom of man.

관계를 보고 있습니다. 하나님의 뜻과 계획은 주권적입니다. 그리고 바로 역시 자기도 주권적이라고 생각하고 있습니다. 자, 어느 쪽이 승리할까요?

저는 여기서 하나님의 계획을, 칠판을 향해 직선으로 날아가는 화살로 비유함으로써 이 사건을 설명해 보겠습니다. 화살이 날아가는 길목에 저는 하나의 원을 놓겠는데 이 원은 바로가 마음대로 할 수 있는 영역입니다. 저는 그것을 어느 정도 제한된 혹은 보호된 자유라고 부르겠습니다.

하나님이 첫번째 재앙을 보내시자 바로는, "너희는 갈 수 없다"라고 말했습니다. 사실, 처음 다섯번째까지의 재앙이 내리는 동안은 매번 마음을 강퍅케 한 것은 바로 왕 자신이었습니다. 주께서 바로의 마음을 강퍅케 하신 것은 여섯번째 재앙부터입니다. 그러므로 지금 하나님의 주권과 인간의 자유라는, 우리 앞에 당면한 문제를 여기에 적용해 봅시다.

이 예에서 하나님의 주권적인 계획은 무엇입니까? 그것은 애굽 땅에서 이스라엘이 나오는 것입니다. 하나님께서는, "나는 내 백성이 그 땅에서 나오기를 원한다"라고 말씀하십니다. 바로는 두 가지의 길을 가지고 있었는데, 하나는 하나님에게 협조하는 것이고 다른 하나는 "내가 왕으로 있는 한 그들은 절대 못 나간다"라고 말하는 것입니다. 저는 이것 밖에는 다른 가능성이 없다는 것을 압니다. 왜냐하면 훗날 고레스 왕도 그의 재위 시절에 이와 동일한 딜레마에 부딪혔기 때문입니다. 이처럼 하나님께서는 바로에게, "내 백성을 가게 하라"고 말씀하셨고, 바로는 실제로 "내 시체를 넘어서 가라"고 말했던 것입니다. 그러자 하나님께서는 사실 "나쁜 생각은 아닌데, 어쨌든지 그들은 나오게 될 것이니까"라고 말씀하신 셈이 됩니다.

그 결과 그들은 나왔고 떠났습니다. 그것은 하나님의 계획이었기 때문입니다. 이처럼 하나님의 계획은 효과적인 반면, 인간의 자유는 한계가

What is God's sovereign plan here in this illustration? It is the Exodus of the Israelites out of Egypt. God said, "I want my people to come out of the land." Pharaoh had two different ways in which he could either cooperate or say, "they'll never come out as long as I am king!." I know these are the two possibilities because later on it comes up again with King Cyrus in his day, and he also is faced with the same dilemma. So God says to Pharaoh, "Let my people go," and Pharaoh says in effect, "Over my dead body, they'll leave here." And God says in effect, "Not a bad idea, they're still going to only come out."

And so they came out and they left because it was the plan of God. So God's plan is effective and yet man's freedom is limited. That's why there is more power with the believing community that makes their appeal to God in prayer. Scripture teaches, "greater is he that is in the believing community than he that is in the world."

B. God Works All Things For His Good

So our text says that in the end of verse 9, "Samuel cried out to the Lord on Israel's behalf and the Lord answered him." When God answers, he does more than just say hello or yes. There is also the action of God that comes besides his just registering it in his ear.

When God answered Elijah, fire came from heaven. When God answered David's prayer, fire came down from heaven. When God answered Solomon's prayer, fire came down from heaven. My point is that in the Hebrew verb form, it is not just the fact of listening to something, but it is also act-

있습니다. 바로 이렇기 때문에 기도로 하나님께 간구하는 신앙 공동체에 더 큰 능력이 있게 되는 것입니다. 성경은, "너희 안에 계신 이가 세상에 있는 이보다 크심이라"고 가르칩니다.

B. 하나님은 모든 것을 자신의 유익을 위하여 행하신다.

그러므로 본문 9절 후반에는 "사무엘이 이스라엘을 위하여 여호와께 부르짖으매 여호와께서 응답하셨더라"고 말씀합니다. 하나님께서 응답하실 때는, "여보세요" 혹은 "응, 알았다"는 정도로 말씀하는 것 이상입니다. 하나님은 단지 귀에 들었다고 등록하는 것보다 더하여 행동을 하십니다.

하나님께서 엘리야에게 응답하셨을 때, 불이 하늘에서 내려 왔습니다. 다윗의 기도에 응답하셨을 때도 불이 하늘에서 내려왔습니다. 솔로몬의 기도에 응답하셨을 때도 하늘에서 불이 내려 왔습니다. 제가 말씀드리려는 요점은, **히브리어의 동사형 속에는 단지 무엇을 듣는다는 뜻만 있는 것이 아니라, 그 동사의 내용을 행한다는 의미도 있습니다.** 이것은 제가 어제 '하나님께서 기억하신다'는 말을 예로 든 것과 같습니다. 그 말에는 기억과 아울러 행동이라는 의미가 같이 들어 있었습니다.

10절의 말씀대로 그들이 희생을 마칠 때에는 이미 블레셋 사람들이 그들과 전쟁하기 위해서 가까이 접근해 왔습니다. 동시에, 그들이 기도하는 동안, 응답은 벌써 오고 있었습니다.

그 날 하나님께서 어떻게 응답하셨습니까? 그는 '블레셋 사람에게 큰 우레를 발하시고 그들을 겁에 질리게 하사 그들로 하여금 이스라엘 앞에게 패주하고 쫓기게' 하셨습니다. 하나님이 우리의 원수를 대적하시면 그들은 쫓는 자가 없어도 도망합니다. 이것이 그날의 큰 우레가 믿기 어려울 만큼 그들을 놀라고 공포에 질리게 했던 이유입니다.

ing that's in the same verb. This is as we gave the illustration yesterday of God remembering not only involving his memory but also his actions.

And while they're in the very act of sacrificing in verse 10, the Philistines drew near to engage them in battle. And while they were still praying, the answer was already on the way.

How did God answer on that day? He "thundered with a loud thunder against the Philistines and threw them into such a panic that they were routed or chased before the Israelites." When God turns against our enemies, they flee even when no one is chasing them. That's why the loud thunder that day must have been terrifying and frightened them beyond belief. You can hear the rumble and the lightening bolts flashing all around the army in such a way that they finally abandoned the field of battle. And verse 11 says, "The men of Israel rushed out of Mizpah and pursued the Philistines, slaughtering them along the way to the point below Beth Car.

It looks as if Israel was successful but the truth was God was the one who really won the battle that day. This is another point in revival that we must make at this juncture. We must never give the credit or the glory to the individuals that were used by God as instruments in the revival.

There is a danger here of stealing credit and glory from the name of God. There is also the possibility of jealousy within the body of Christ and, especially, among his ministers.

Often, God will use an itinerant preacher to be his instrument during a revival. Some pastors who have been preaching their hearts out for years have seen no response from the

우리는 우르릉하는 소리와 온 군대를 둘러서 번쩍이는 번갯불이 블레셋 사람으로 하여금 결국 전쟁터를 떠나게 만드는 것을 봅니다. 그리고 11절에는 "이스라엘 사람들이 미스바에서 나가서 블레셋 사람을 따라 벧갈 아래에 이르기까지 쳤더라"고 말씀합니다.

이것은 마치 이스라엘이 한 것처럼 보입니다만, 사실 그 날 전쟁에서 승리한 분은 하나님이셨습니다. 이점은 현 시점에서 우리가 기억해야 할 부흥의 또 다른 측면입니다. **우리는 부흥 시에 하나님이 도구로 사용하신 사람들에게 명예와 영광을 돌려서는 안 됩니다.**

바로 여기에 하나님의 이름의 명예와 영광을 도둑질할 위험이 있고, 그리스도의 몸, 특히 교역자들 간에 질투할 가능성이 존재합니다.

종종 하나님께서는 부흥의 기간 중에 어떤 순회 설교자를 당신의 도구로 사용하실 때가 있습니다. 수년 동안 마음을 쏟아 설교했지만 아무 반응을 얻지 못했던 담임 목회자가 순회 설교자의 설교에 갑작스런 반응을 보이는 청중들을 볼 때가 있습니다. 그리고 우리는 질투하며 이렇게 말하기 시작합니다. "내가 그렇게 열정적으로 기도하고 설교할 때는 아무 반응이 없더니, 왜 지금은 반응을 보이는가?"

바로 이것이 사단이 침투해 들어와 부흥의 열매를 훼방하는 또 다른 예인 것입니다. 사실은 그 부흥회를 인도하는 것처럼 보이는 순회 설교자 자신은 아무것도 아니며, 모든 것은 하나님의 역사의 결과라는 것입니다. 사도 바울은 고린도교회에 바로 이와 똑 같은 일을 경고해야 했습니다. 한 사람은 심고, 다른 사람은 물을 주며 또 다른 사람은 열매를 맺게 하되, 이 모든 유익을 주시는 분은 바로 하나님이시라는 사실입니다. 우리 모두는 사실, 마지막 날에 열매의 유무와 관계없이, 무익한 종들이 아닙니까? 그러므로 우리는 아직 하나님께서 부흥의 불을 보내시기 전이라 할지라도 이러한 위험에 대해 주의해야 하며, 우리 자신과 우리 교회 성도들에게 경고해 주어야 합니다.

very same people who all of a sudden are moved by this itinerant preacher. And we begin to get jealous and we say, "Why did they have a response when I have prayed and preached my heart out and had no response at all?"

And here is another case where Satan enters in and tries to spoil of the fruit of revival. The truth of the matter is that the itinerant preacher who may be leading the revival has nothing in himself, it is all the work of God. Paul had to warn the Church at Corinth about the same thing. One man plants, another man waters, and another one brings the fruit in but it is God who is the one who gives all of these benefits. What are any of us but unprofitable servants at the end of the day regardless of whether we see the fruit or not? So let's be careful of this danger and warn ourselves and our people even before God sends the revival fires.

Verse 12 wraps up the passage for us then as we conclude. "Then Samuel took a stone and set it up between Mizpah and Shen and he named it Ebenezer, saying 'Up to this point, thus far, hither to, has the Lord helped us.'" Ebenezer comes from two Hebrew words, 'eben' meaning stone and 'ezer' help. So this stone was raised there as a memorial of the help that came from God. And when they went on to say, "thus far has the Lord helped us", they embraced everything that had taken place in the last twenty some years.

Sometimes we think that the help of God is just the victory over the enemy and the spiritual revival that came. But it involved the sorrows and the suffering under the Philistines, that also was part of the help of God.

What is needed in the modern church today is also a the-

12절은 우리가 결론을 내릴 때 본문을 요약해 주는 역할을 합니다. "사무엘이 돌을 취하여 미스바와 센 사이에 세워 가로되 '여호와께서 여기까지 우리를 도우셨다'하고 그 이름을 에벤에셀이라 하니라." 에벤에셀은 두 개의 히브리 단어로부터 온 것인데, '에벤'은 돌을 의미하며 '에셀'은 도움을 의미합니다. 그러므로 이 돌은 하나님께로부터 온 도움을 기념하기 위해 거기에 세워진 것입니다. 그리고 그들이 '여기까지 주께서 우리를 도우셨다'라고 했을 때, 그들은 이 말로써 지난 20년 간 일어난 모든 일을 깨닫게 된 것입니다.

때때로 우리는 하나님의 도우심이란 적들에 대한 승리와 영적인 부흥만을 의미한다고 생각합니다. **그러나 하나님의 도우심에는 블레셋 치하에서의 슬픔과 고난도 포함합니다. 즉, 그것들 역시 하나님의 도우심의 일부입니다.**

오늘날 현대 교회에는 하나님의 승리의 신학뿐만 아니라 고난의 신학도 필요합니다. 우리가 주님 안에는 건강과 부와 행복과 기쁨을 주는 면이 있다고 설교하지만 그것은 메시지의 일부요, 전부는 아닙니다.

여러분도 미국 교인들처럼 '오 신실하신 주'라는 찬송을 부르실 것입니다. 그 찬송은 예레미야 애가 3장에서 온 것입니다. 그러나 혹시 그 애가를 기록하게 된 배경을 기억하십니까? 애가는 다윗 왕국이 산산 조각나고 성전은 불타 버렸으며, 하나님께서 하신 일은 하나도 남지 않게 되었을 때에 기록된 것입니다. 하나님께서 이천 년 동안 이루신 모든 것이 불타 없어져 버렸습니다. 그런데 이스라엘 백성들은 이렇게 말했습니다. **"그렇습니다. 그러나 아직도 남은 것은 우리 하나님과 결코 다함이 없는 그의 성실하심입니다."** 그러므로 이것은 마치 다윗의 보좌가 사라졌고 하나님의 나라는 절망에 처하고 성전은 모두 파괴되었지만, 그래도 하나님의 신실하심은 여전히 남아 있다고 말씀하는 것 같습니다. 그러므로 저는 우리의 가장 큰 재산은 살아 계신 하나님과 신실하신 그 분의 약속이라는 것을 우리가 깨달아야 한다고 생각합니다.

ology of suffering as well as a theology of the victory of God. We preach and there is an aspect of health and of wealth and happiness and joy in the Lord and these are part of the message but not the whole message.

You may sing a song like we do in the States called "Great is thy faithfulness." It comes out of Lamentations 3. But, do you remember the basis for the writing of the Book of Lamentations? Lamentations were written after the Davidic Kingdom fell apart and the temple was burnt and there was nothing left of the whole work of God. Everything had been burned and had disappeared that God had been building for two thousand years. And the people said, "Yes, but there's still something left and that is God and his faithfulness that will never fail." So it looked as if the throne of David was gone, the Kingdom of God was in despair and the temple was all gone but God's faithfulness still remained. And I think we must begin to understand that our greatest asset is the living God and his promise to be faithful.

It is the spirit of this world and secularism that makes me the center and my happiness and my wealth as being primary above God's. The Book of Philippians does say, "that I may know Christ and the power of his resurrection." And how I love to preach about the resurrected power of Christ in the life of the believer! It is true and I should preach it.

But it also goes on to say, "and the fellowship of his sufferings, being made conformable to his death." That I don't always like to preach and that I have not always said, but I should.

So this text says everything including the sufferings and

나를 중심으로 삼고, 나의 행복과 재산을 하나님보다 우선시하는 것이 이 세상과 세속주의의 정신입니다. 빌립보서에서는, "내가 그리스도와 그 부활의 권능을 알려 하여"라고 말씀합니다. 저는 성도들의 삶에서 역사하시는 그리스도의 부활하신 능력에 대해서 설교하기를 얼마나 좋아하는지요! 그것은 진실이므로 저는 그 진리를 선포해야만 합니다.

그러나 이 말씀은 "그 고난에 참예함을 알려 하여 그의 죽으심을 본받아"라고 말씀하는 데까지 나아가고 있습니다. 저는 이 말씀에 대해서 설교하거나 말하기를 항상 좋아하지는 않지만, 꼭 그렇게 해야만 합니다.

그러므로 이 본문은 침략 시의 고난과 슬픔에 포함된 모든 것과 하나님의 승리가 '도움의 돌'이라고 말씀하는 것입니다. 하나님은 우리를 돕는 자시요, 피할 견고한 바위시요, 환난 날에 우리가 달려갈 분이십니다. 또한 이 돌은 우리가 믿음 가운데서 하나님과 함께 동행하기만 하면, 두려워할 것은 아무것도 없다는 것을 일깨워 주는 의미가 있습니다.

그러므로 13절, "이에 블레셋 사람이 굴복하여 다시는 이스라엘 경내에 들어오지 못하였으며"라고 말씀합니다. 이는 사무엘의 생애에 대한 언급입니다. 즉 사무엘이 살아 있는 동안은 그들은 결코 다시 침입해 오지 못했습니다. 그들은 왜 침입해 오지 못했을까요? 이유는 사무엘이 하나님의 백성을 위해 기도하기를 쉬거나 멈추지 않았기 때문이며, 그의 사는 날 동안 기도로 그들을 붙잡고 있었기 때문입니다.

the sorrow under the invasions and the victory of God were his stone of help. God is our helper, our strong rock of defense and we run to him in time of trouble. This stone also was meant to encourage us that we have nothing to fear if we walk in faith with God.

So verse 13 says, "So the Philistines were subdued and did not invade Israelite territory again." This refers to the life of Samuel; as long as Samuel lived, they never came back again. Why did they not come back again? Because Samuel did not cease and stop praying for the people of God but held them up in prayer all during his life time.

Conclusion

1. To serve God alone is to make him the only Lord without any rivals.

So we conclude with the five points I've noted there in your outline. What is it that this text asks of me? And what response must I give to God? This text asks me, "Do I have any rivals that really are competing with the Lord? Or is he Lord alone in my life?"

2. It is to fix our hearts on him alone.

This text also asks of me, "Is my heart fixed and established on him? Or is it vacillating and wavering back and forth?" If you had to paint a picture of peace, what would you paint if you had to describe the peace of God in the heart of a man or woman today?

결론

1. 하나님만을 섬기는 것은 그분과 경쟁하는 다른 신들을 버리고 그분을 유일하신 여호와로 삼는 것이다.

그러므로 우리는 강의 개요에 제가 적어드린 대로 다섯 가지로 결론을 내릴 수 있습니다. 이 본문이 나에게 요구하는 것은 무엇인가? 나는 하나님에게 어떻게 응답해야만 하는가? 이 본문은 나에게, "나는 주님과 경쟁하는 다른 우상을 가지고 있지 않는가? 과연 나의 삶 속에는 오직 주님뿐인가?"라고 질문을 던지고 있습니다.

2. 그것은 우리의 마음을 하나님께만 고정하는 것이다.

이 본문은 또한 나에게, "내 마음은 그분께 고정되고 그분 위에 서 있는가? 아니면 앞뒤로 진동하고 흔들리는가?"라고 묻고 있습니다. 만일 여러분이 평화에 대해서 그림을 그려야 한다면, 만일 여러분이 현대 여성이나 남성의 마음 속에 있는 하나님의 평화에 대해서 묘사해야만 한다면, 여러분은 어떻게 그리시겠습니까?

언젠가 화가들에게 평화는 무엇과 같으냐, 그것을 그려보라는 대회가 열린 적이 있었습니다. 한 사람은 아름다운 여름날의 시골을 그렸는데 모든 것이 아주 멋진 풍경이었고, 다들 '이것이 평화다'라고 말했었습니다.

또 다른 사람은 거친 풍랑과 바다, 먼 바다가 있는 그림을 제출했습니다. 거기에는 조그마한 섬과 작은 나무가 한 그루 있고, 그 나무 위에는 한 마리의 새가 둥지 위에서 이리저리 흔들리고 있었습니다. 그러나 그

There was a contest once that asked for artists to submit their pictures, drawings of what peace was like? One depicted a countryside which was a beautiful summer day, in which everything was just wonderful and they said that's peace.

Another man submitted a painting in which there was a wild storm and sea, out at sea, and there was a small island with a little tree and a nest on the top of it with a bird rocking back and forth. And regardless of how the waves beat on that little island and at the base of that tree, the bird stayed in the nest and just rocked back and forth.

Obviously, the second picture won because peace was one in which the heart was established and fixed in spite of all the circumstances. So we too, could look on the outside and look at the circumstances and have our hearts fixed on the economy and on the politics of our day without having our hearts fixed on the Lord.

3. It is to cry out to him in prayer.

We are to cry out to God in prayer and it comes as a question, "What is my cry on behalf of the church? On behalf of my family? On behalf of myself this day?"

4. There must be full employment in the house of God.

Once again there must be full employment in the house of God with all of God's men and women actively serving. Joshua 24:15 says, "Choose this day whom you will serve." The work of God still needs recruits even this day, first and second and third career people. Both full time leaders and lay

새는 파도가 얼마나 그 조그만 섬과 나무 둥지를 때리든지 상관없이 그저 둥지 안에서 이리저리 흔들리고 있었습니다.

말할 것도 없이, 두번째 그림이 수상(受償)했습니다. 왜냐하면 평화란 어떤 환경에도 불구하고 마음이 안정되고 흔들리지 않는 가운데 존재하는 것이기 때문입니다. 우리 역시, 주님께 우리 마음을 고정시키지 않은 채, 외부 환경만 바라보거나 우리 시대의 경제나 정치에 우리의 마음을 집중할 수가 있는 것입니다.

3. 그것은 하나님께 기도로 부르짖는 것이다.

우리가 기도로 하나님께 부르짖게 되면, "오늘날 교회를 위해서, 내 가족을 위해서, 그리고 나 자신을 위해서 무엇을 부르짖을 것인가" 하는 질문이 나옵니다.

4. 하나님의 집에서의 완전 고용이 있어야 한다.

다시 한번 강조하지만, 하나님의 집에는 적극적으로 하나님을 섬기는 남성, 여성들의 완전 고용이 있어야 합니다. 여호수아 24 : 15은 "너희 섬길 자를 오늘날 택하라"고 말씀하고 있습니다. 하나님의 사역에는 아직도 매일 신입자와 초급, 중급, 고급의 경력을 가진 모든 사람들이 필요합니다. 오늘 우리는 전문 사역자와 평신도 지도자들 모두가 절실히 필요합니다.

5. 오늘날 우리가 누구를 섬길지를 선택하라 (수 24 : 15)

저의 마지막 질문은 이것입니다. "하나님께서 바로 오늘 저와 여러분

leaders are desperately needed today.

5. Choose this day whom we will serve (Josh 24:15).

I think my closing question is, "Is God calling you and me this very day?"

Join me in a word of prayer as we close the service. Before I pray, let's have a time of silent prayer where you make the response to God.

> Hear our prayer, we pray, our Father,
> and see all the decisions of our hearts
> for your wonderful name's sake.
> For it's in your great name, we pray,
>
> Amen.

을 부르고 계십니까?"

예배를 마치면서 제 기도에 동참해 주시기 바랍니다. 제가 기도하기 전에, 여러분이 하나님께 응답하실 수 있도록 묵도하는 시간을 갖겠습니다.

우리 아버지,
주의 놀라우신 이름을 위하여
우리가 드리는 기도를 들어주시며,
우리 마음의 결단을 살펴 주옵소서
주의 위대하신 이름으로 기도합니다.
아멘.

【Tape 6】

Lecture V
It's Time to Let God be God
I KINGS 18 : 1~46

Introduction

Thank you very much for your promptness and for helping us with our schedule. Let's once again, look to our Lord in prayer, if you'll join us please.

We pray, our Father, that you will open our eyes once again. Help us to see the Lord Christ in all of his glory and beauty. And we pray our Father that our hearts may be fixed and established on you this very day. Again we lift up your work and your people who minister even at this very hour around the whole globe. May they have great success in the cause of your wonderful name. And be with us, we pray too, as we now open your Word to the glory of your wonderful name. We pray these things in the glorious name of our Lord Jesus. Amen.

Turn with us to 1 Kings chapter 17 as we get ready for lec-

【테이프 #6】

제 5 강
지금은 하나님으로 하나님 되시게 할 때
열왕기상 18 : 1~46

서론

우리의 일정을 위해 여러분께서 신속히 움직여 주시고 협조해 주신 데 대해 매우 감사드립니다. 우리 다시 한번 주님께 기도드리겠습니다.

"다시 한번 우리의 눈을 열어 주시기를 우리 아버지께 기도드립니다. 우리로 하여금 우리 주 그리스도를 그분의 영광과 아름다움 속에서 볼 수 있도록 도와주옵소서. 그리고 지금, 오늘 우리의 마음이 당신께 고정되고 흔들리지 않도록 우리 아버지께 기도드립니다.
다시 한번 지금 이 시간에도 온 세계에서 사역하고 있는 당신의 백성들 가운데서 당신이 하신 일을 높여드립니다. 그들이 당신의 이름을 인하여 위대한 성취를 이룰 수 있기를 소원합니다. 그리고 지금 우리가 당신의 말씀을 펼 때 당신의 놀라우신 이름의 영광을 볼 수 있도록 우리와도 함께 해 주시기를 기도드립니다. 이 모든 말씀을 우리 주 예수님의 영

ture number five.

We come to the great prophet Elijah and the fifth major revival that occurred in the Old Testament. But I want to introduce Elijah to you through the chapter before the revival chapter.

Elijah appears in 1 Kings 17, all of a sudden, out of no where. It is this chapter that sets the basis and the ground stand for the next chapter.

I want to comment, too, on the whole process of expository preaching. Here again, we have a narrative text telling a story. I remember reading this through and enjoying the story as I was told here in the text.

But I asked myself, "What can I preach from this text and what does it say to the people of God today?" It is easy in a prose or didactic text where you can have the teaching that sets forth directly as in the Book of Romans. But narrative texts set the teaching forth indirectly rather than directly. So I give what I teach my students, and, that is, I say, "What are the paragraphs or the particular teaching points here in this chapter?"

I found that there were four separate scenes that are found here in 1 Kings 17. Verse 1 takes place in the palace up north in the Northern Israel. Verses 2-7 take place at the brook Berith where Elijah is fed by the ravens. And verses 8-16 take place up north in Lebanon or Phoenicia where a widow woman provides for the prophet. And the fourth and the last scene is from verses 17-23, where that woman up North has her son died.

So I had four scenes and four particular events, but I still

광스러운 이름으로 기도드리옵나이다. 아멘."

　　제5강의에 대한 준비가 되셨으면 열왕기상 17장을 펴도록 하겠습니다.

　　우리는 위대한 선지자 엘리야와 구약에서 일어났던 다섯번째의 중요한 부흥에 접하게 됩니다. 그러나 저는 부흥의 장에 대해 말씀드리기 전에 열왕기의 다른 장들을 통해 엘리야에 대해 먼저 말씀드리고 싶습니다.

　　엘리야는 아무런 언급이 없다가, 왕상 17장에서 갑자기 등장합니다. 그러므로 이 장은 다음의 장들에 대한 기초와 초석이 됩니다.

　　저는 강해설교에 대한 모든 과정에 대해 말씀드리고 싶습니다. 우리는 여기서 다시 하나의 이야기를 말해 주고 있는 본문(서술로 구성된)을 대하고 있습니다. 저는 이 본문에서 내가 이야기를 듣고 있는 것처럼 본문을 읽고 즐기던 것을 기억합니다.

　　그러나 저는 스스로, "나는 이 본문으로부터 무슨 설교를 할 수 있고 그것이 오늘날 하나님의 백성들에게 무엇을 말하고 있는가?"하고 반문해 봅니다. 로마서처럼 직접적인 교훈을 주는 산문이나 교육적인 본문에서는 가르침을 뽑아 내기가 쉽습니다. 그러나 이야기체 본문에서는 직접적이기보다는 간접적으로 교훈을 줍니다. 그러므로 저는 제 학생들에게 가르쳤던 것을 말씀드리고 싶은데, 그것은 "이 장에는 어떤 문단, 어떤 특정한 교훈이 있는가?"라는 것입니다.

　　저는 열왕기상 17장에는 네 개의 독립적인 장면이 있다는 것을 알았습니다. 1절은 북 이스라엘의 북쪽 궁궐에서 일어난 일입니다. 2절에서 7절은 엘리야가 까마귀에 의해 음식을 받으며 머물렀던 그릿 시냇가에서 일어난 일입니다. 그리고 8절에서 16절은 한 과부가 선지자를 공궤하던 북쪽의 레바논이나 페니키아에서 일어난 일입니다. 그리고 네번째 마지

didn't know what I should preach on. We could, of course, spiritualize the text, but I don't think that we should do that. Spiritualizing says that there is an analogy between what takes place on earth with what takes place in heaven. Unfortunately, the analogies are made by ourselves rather than the Biblical text, so they lack authority.

So I kept reading the text, saying that the clue must be here somewhere in the Bible. I was taught that there are the matters of arrangement: selection of detail and repetition. I was also taught that the key speech of a leading figure will also probably be what God wants to say.

So I looked, first of all, for the arrangement of the scenes and to see if there is any clue there. But there did not seem to be anything in that for he went from the palace to the Brook Kerith up to Sidon in the North. And the selection of the detail was very brief so there didn't seem to be any point there, either.

But I did see that there were some repetition of words in this. Verse 2 said, "the Word of the Lord came to Elijah." Verse 8 said, "then the Word of the Lord came to him." Verse 16 said that "the jar of flour was not used up and the jug of oil did not run dry, in keeping with the Word of the Lord spoken by Elijah." And verse 24 mentioned the Word of the Lord, too. But it still wasn't clear to me.

Then, finally, I noticed verse 24 - the speech of the widow woman. It said, "Then the woman said to Elijah, 'Now I know that you are the man of God and the Word of the Lord from your mouth is the truth.'" I had found the focal point in the passage; it was verse 24. And so I had the title

막 장면은 17절에서 23절의 내용인데 여기서는 북쪽 여인의 아들이 죽은 내용입니다.

그러므로 저는 여기서 네 개의 장면과 네 개의 특별한 사건에 접하고 있는 셈이지만, 저는 아직도 무엇을 설교해야 할지를 모르겠습니다. 물론 우리는 이 본문을 영적으로 해석(靈解)할 수도 있겠지만 저는 그렇게 해서는 안된다고 생각합니다. 영해를 하는 사람들은 이 땅 위에서 일어난 일들과 하늘에서 일어난 일들 사이에는 유비 관계(類比 關係)가 있다고 말합니다. 그러나 불행하게도 그 유비 관계는 성경 본문에서 나왔다기보다는 우리가 만든 것이기 때문에 권위를 지니지 못합니다.

그러므로 저는 단서는 성경의 어디엔가 있음에 틀림없다고 믿으면서 본문을 계속 읽습니다. 저는 중요한 것은 배열 즉, 세부적인 요소들의 선택이나 반복과 같은 것이라고 배웠습니다. 또한 중심 인물이 한 말 중 핵심적인 말들은 바로 하나님께서 말씀하기를 원하시는 말씀일 수도 있다고 배웠습니다.

그러므로 저는 제일 먼저, 이러한 장면들의 배열에 주목하고 이 가운데 단서가 있지 않을까 살펴봅니다. 그러나 여기에는 별로 의미 있는 것이 있을 것 같지 않습니다. 왜냐하면 엘리야는 그 어떤 능력에 의해 그릿 시냇가로부터 북쪽의 시돈으로 올라갔기 때문입니다. 그리고 세부적인 요소들의 선택 면은 너무 간략히여 여기에서도 어떤 의미를 찾을 수는 없을 것 같습니다.

그러나 저는 단어들에는 어떤 반복이 있다는 것을 알았습니다. 2절에, "여호와의 말씀이 그에게 임하니라"는 표현이 있습니다. 8절에도, "그 후 여호와의 말씀이 그에게 임하니라" 16절에도, "여호와께서 엘리야로 하신 말씀같이 통의 가루가 다하지 아니하고 병의 기름이 없어지지 아니하니라." 또 24절에도 역시 하나님의 말씀에 대한 언급이 나옵니다.

하지만 아직까지 분명한 것은 아닙니다. 이제 마지막으로 저는 24절에

or the subject for my message, and it was "Learning that the Word of God is the truth or is dependable."

Now, I needed to ask what the four different scenes or paragraphs had in common? And I found that there were four different situations, so that was homiletical key word, 'situations.'

The first situation was found in verse 1. We can know that the Word of God is dependable in this first situation, and it is even when we abandon our God that Word of God is true. For you remember that's how Elijah came on the scene in verse 1. We have not been introduced to him at all; it just says, "Now Elijah."

And he walks right into the king's palace from that section which was far away on the other side of the Sea of Galilee. And he announced boldly to the king, "As the Lord God of Israel lives, whom I serve, there will be neither dew nor rain in the next few years, except by my word." That had been a promise that had been put into Leviticus 26, back in the law of Moses. It said that when a people abandoned God and turned away from him, one of the things he would do would be to send a lack of rain on their field.

So God's Word is dependable and true, not only in its promises and blessing but on the flip side. It's true also with regard to its judgments and curses. And one of the ways in which we know that God's Word is dependable even in our own day is that when judgment comes upon a nation or a people when they abandon their God.

The second situation is found in verses 2-7. This text tells us that the Word of God is dependable when we don't de-

나오는 과부의 말에 주목하게 되었습니다. 그 여인은 엘리야에게 이렇게 말합니다. "내가 이제야 당신은 하나님의 사람이요 당신의 입에 있는 여호와의 말씀이 진실한 줄을 아노라." 저는 이 본문에서 핵심 부분을 찾아냈습니다. 그것은 24절입니다. 그러므로 저의 메시지의 제목이나 주제도 찾을 수 있게 되었는데 그것은 "하나님의 말씀은 진리이다, 혹은 신실하다는 것을 배움"이었습니다.

이제 이런 질문을 할 수 있습니다. 이 네 개의 서로 다른 장면 혹은 문단에서 공통되는 것은 무엇인가? 그리고 네 개의 다른 상황을 발견하게 되었고 설교를 위한 핵심어로서 '상황'이라는 단어를 얻었습니다.

첫번째 상황은 1절에서 찾을 수 있습니다. 우리는 하나님의 말씀은 신뢰할 만하다는 것을 맨 처음의 상황에서 알 수 있습니다. 그것은 우리가 우리의 하나님을 버릴 때에도 하나님의 말씀은 진실하다는 것입니다. 왜냐하면 우리는 엘리야가 1절에서 어떻게 등장하는지를 기억하기 때문입니다. 엘리야에 대한 소개가 전혀 없이 갑자기 "이제 엘리야가"라는 말씀이 나옵니다.

그는 갈릴리라고 하는 아주 멀리 떨어진 지역에서 왕궁으로 곧장 걸어 나갑니다. 그리고는 담대하게 왕에게, "나의 섬기는 이스라엘 하나님 여호와의 사심을 가리켜 맹세하노니 내 말이 없으면 수년 동안 우로가 있지 아니하리라"고 선포합니다. 이것은 저 옛날 모세의 율법 레위기 26장에 기록된 약속이었습니다. 그 약속은, 만일 백성들이 하나님을 버리고 배역하면 하나님은 그들의 밭에 비를 내리지 않으시겠다는 약속입니다.

그러므로 하나님의 말씀은 약속과 축복 면에서뿐 아니라 그 반대의 측면에 있어서도 신뢰할 만하고 진실합니다. 즉 그 말씀은 심판과 저주에 있어서도 진실합니다. 그리고 한 국가나 민족이 그들의 하나님을 버려서 심판이 임하는 것을 볼 때, 우리는 하나님의 말씀이 우리 시대에도 신실하다는 것을 알게 되는 것입니다.

serve God's messengers. For the Word of God came to Elijah and told him to go and hide in the Brook Kerith.

I asked why would God tell him to hide? I thought it was for his protection of Elijah the prophet. But the text seems to say "No, there was something else happening here." God wanted to make his words scarce and rare because no one was listening to the preaching of the Word of God.

So God sends his messenger off to the sideline until the people's hearts are ready to hear the Word of God once again. Sometimes we hear so much of the preaching of the Word of God, we assume it will always be available whenever we want to hear it. But that is not true.

There are times when God finally says, when we do not respond to what we heard already, "All right, I won't tell you anything more." And the Word goes into hiding from us.

But meanwhile, God provides for his servant by sending ravens. God's servant does not complain and say, "Who, me? I should be fed by birds; what is this?" Ravens in the Book of Leviticus were unclean, so why use ravens? But the ravens were unclean for eating, they were not unclean for messengers.

This leads us to the third situation in verses 8-16. It's a third situation where we can know that the Word of God is dependable and reliable. The Word of God is reliable when we come to the end of our resources. Notice, I am trying to keep Elijah's name out of this, making it point to us and our resources.

This is similar to the three rules I gave to you yesterday on forming message outlines.

두번째 상황은 2절에서 7절까지에 나타나고 있습니다. 이 본문은 비록 우리가 하나님의 사자로서 합당하지 못할 때에도 하나님의 말씀은 신실하시다는 것을 말해 주고 있습니다. 왜냐하면 하나님의 말씀이 엘리야에게 임하여 그릿 시냇가로 가서 숨으라고 말씀하고 있기 때문입니다.

저는 왜 하나님께서 그에게 숨으라고 말씀하셨을까 물었습니다. 저는 선지자 엘리야를 보호하기 위해서였다고 생각했습니다. 그러나 본문은, "아니다. 여기에는 다른 일이 벌어지고 있다"고 말씀하는 것 같습니다. 사람들이 아무도 하나님의 말씀을 들으려고 하지 않기 때문에 하나님은 당신의 말씀을 희귀하게 만들기를 원하셨던 것입니다.

그러므로 하나님께서는 백성들의 마음이 하나님의 말씀을 들을 준비가 될 때까지 당신의 사자를 잠시 숨기시는 것입니다. 우리는 때때로 하나님의 말씀을 설교하는 것을 너무 자주 듣게 됩니다. 그래서 우리는 우리가 원하면 언제든지 들을 수 있다고 생각합니다. 그러나 이는 사실이 아닙니다.

우리가 이미 들은 것에 대해 응답하지 않을 경우에 하나님께서는 마침내, "좋다. 나도 너희들에게 더 이상 말하지 않겠다"고 말씀하실 때가 있습니다. 그리고 그 말씀은 우리들로부터 숨겨지는 것입니다.

한편, 하나님께서는 까마귀를 보내서 당신의 종을 먹이셨습니다. 하나님의 종은, "새가 주는 음식을 먹다니, 내가 누군데 도대체 이게 뭐람?" 하고 불평하지 않았습니다. 레위기에 보면 까마귀는 부정한 새입니다. 그런데 왜 하나님께서는 까마귀를 사용하십니까? 그러나 까마귀는 식용으로 부정한 것이지, 말씀을 전하는 데 부정한 새는 아닙니다.

이 내용은 우리를 8~16절의 세번째 상황으로 인도하고 있습니다. 세번째 상황은 우리가 하나님의 말씀을 의지할 만하며 믿을 수 있다는 것을 알 수 있게 되는 곳입니다. **하나님의 말씀은 우리가 가진 자원이 다 떨어졌을 때에 의지할 수 있는 곳입니다.** 저는 지금 이 본문에서 엘리야의 이름

Rule number one was "we should never use a proper name of a person or a place other than the name of God."

Rule number two was "we should not use the past tense but rather the present and imperative tense so that we apply the Word of God directly."

And rule number three was "we shouldn't use the third person pronoun but first person plural: us, we, and our."

So the third situation is when we come to the end of our resources. The prophet is sent outside of Israel to go to Gentile territory up into the city near Sidon. He certainly passed up many widows that were in Israel that could have provided for him but God did not tell him to stop there.

There is an indication of missions here in this passage because it is the Word of God, now, going up to Phoenicia or Lebanon. And he came to the city gate and found the widow woman there picking up some sticks and he said, "Could I have a drink of water please?" She looked at him and knew that he was Jewish and she knew that she was Gentile.

There was as much hostility and feeling between Israel and Phoenicia as in that day as there is today for a Jew to go up into Lebanon. But the woman did not object and said, "You are Jewish, I am not going to give you a drink." She went for a drink of water immediately after he asked. And while she was going, he said, "Would you add a cookie too, please, more piece of bread?"

And she said, "That brings up a very serious problem." She said, "As you know there is a famine all over because someone has stopped the water from coming." If only she knew that she was talking to the one who had prayed and

을 가급적 말씀드리지 않으면서 우리에게 초점을 맞추고 있다는 것을 기억해 주시기 바랍니다.

이것은 제가 어제 설교의 전체적인 윤곽을 잡는 데 필요한 세 가지 규칙을 말씀드린 것과 유사한 것입니다.

첫번째 규칙은 먼저, 우리는 하나님의 이름 외에는 인명이나 지명의 고유명사를 사용해서는 안 된다는 것입니다. 두번째 규칙 우리는 과거시제를 써서는 안 되며 현재시제나 명령형을 사용해야 한다는 것입니다. 이로써 우리는 하나님의 말씀을 직접적으로 적용할 수가 있는 것입니다. 그리고 세번째 규칙은 우리는 3인칭 대명사를 사용하지 말고 일인칭 복수, 그러니까 우리를, 우리, 우리의 같은 대명사를 사용해야 한다는 것입니다.

그러므로 세 번째 상황은 우리가 자원의 고갈에 처했을 때를 말합니다. 선지자는 이스라엘을 떠나 시돈 근처의 이방 땅에 있는 도시로 올라가도록 보냄을 받았습니다. 그는 분명히 그에게 음식을 제공해 줄 수 있었을 이스라엘의 많은 과부를 지나갔을 것입니다만, 하나님께서는 거기에 멈추라는 말씀을 하지 않으셨습니다.

이 본문에는 사명이 무엇인지를 말해 주고 있는 부분이 있습니다. 왜냐하면 지금 페니키아나 레바논으로 올라가라는 명령은 하나님의 말씀이기 때문입니다. 그래서 그는 성문으로 갔는데 거기서 나뭇가지를 줍고 있는 한 과부를 만나게 되었습니다. 그는 그녀에게, "청컨대 그릇에 물을 조금 가져다가 나로 마시게 하라"고 말했습니다. 그녀는 그를 보고는 그가 유대인인 것과 자기는 이방인이라는 것을 알았습니다.

유대인이 레바논으로 올라가는 것에는, 지금과 마찬가지로 당시에도 이스라엘과 페니키아 사이에 적대감과 감정이 대단히 많았습니다. 그러나 그 여인은, "당신은 유대인이니까 물을 줄 수 없습니다"라고 거부하지 않았습니다. 그녀는 엘리야가 청하자 곧 물을 뜨러 갔습니다. 그런데

stopped the rain and dew from coming.

But Elijah said to her in verse 13, "Don't be afraid." Over one hundred times in the Old Testament, we have to be told, "Don't be afraid." I thought fears and phobias are for modern and that we were the only people who had these kinds of problems. But so frequently in the Bible, God has to say, "Don't be afraid."

And then he said, "This is why you shouldn't be afraid because of what the Lord God of Israel has told me."

Now to bring up the name of the Lord God of Israel up in Phoenicia is about as smart as would be to mention it from a Jew in Lebanon today. This was a cultural and political mistake.

But this woman must learn the same thing that the Samaritan woman learned in the Gospel of John chapter 4. That is that salvation is of the Jews, and God came through a Jewish lineage. And Paul asked in the Book of Romans 3, "What advantage have the Jews?" He answers, "Much, because to them were given the oracles of God, that is the Scripture." And so the Word of the Lord came to this woman as well.

He said, "The jar of flour will not be used up and the jug of oil," in verse 14, "will not run dry until the day that the Lord God gives rain on the land." And day after day, year after year, God was true to his Word and the miracle continued.

Rarely have we been in as difficult a situation as this woman was, this widow woman in Phoenicia. But there are times when we too come to the end of our resources and we must

그녀가 가는 중에 엘리야는, "과자도 좀 얻을 수 있을까요? 빵 한 조각이라도?"라고 청했습니다.

그러자 그녀는, "아, 그건 너무 어려운데요"라고 말했습니다. "아시겠지만, 누군가 비가 내리지 않게 했기 때문에 온 땅에 기근이 있어서요." 그러나 그녀는 지금 자기가 이야기하고 있는 사람이 바로 그 기도로 우로를 멈춘 사람인 줄은 꿈에도 몰랐습니다.

그러나 엘리야는 13절에서 "두려워 말라"고 합니다. 우리는 구약에서 백 번 이상이나 "두려워 말라"는 말씀을 듣습니다. 저는 두려움과 공포는 현대병이고, 우리만 이런 류의 문제를 갖고 있다고 생각했었습니다. 그러나 성경에서 하나님은 너무나 자주 "두려워 말라"고 말씀하셔야 했습니다.

엘리야는 계속해서 "그대가 두려워하지 말아야 하는 이유는 이스라엘의 하나님 여호와께서 나에게 그렇게 말씀하셨기 때문이라"고 말했습니다.

이스라엘의 하나님 여호와의 이름을 페니키아에서 부른다는 것은 유대인이 오늘날 레바논에서 그 이름을 언급하는 것만큼이나 어리석은 것이 될 것입니다. 이것은 문화적이고 정치적인 실수였습니다.

그러나 이 여인은 요한복음 4장의 사마리아 여인이 들었던 것과 똑같은 사실을 배워야 했습니다. 그것은 구원은 유대인에게서 난다는 것과 하나님은 유대인의 혈통으로 오신다는 것이었습니다. 또한 바울은 로마서 3장에서 "그런즉 유대인의 나음이 무엇이뇨?"라고 묻고, 그에 대하여 "범사에 많으니 저희가 하나님의 말씀 곧 성경을 받았기 때문이라"고 대답합니다. 이렇게 해서 하나님의 말씀이 이 여인에게도 전해진 것입니다.

그는 14절에서, "여호와 하나님께서 지면에 비를 내리는 날까지 그 통의 가루는 다하지 아니하고 그 병의 기름은 없어지지 아니하리라"고 말

learn that the Word of God is still dependable. The jar of flour and the jug of oil is only an illustration of all the needs that we might have. And God is trying to teach even this Gentile woman what he would teach to us here this very day.

This brings us to the fourth and final situation in verses 17-23. The Hebrew text begins verse 17 in a very distinctive way. It says, "After these things, the son of the woman who owned the house became ill. He grew worse and worse and finally stopped breathing," which is serious. In other words, he died.

Now, our text says, it was after these things. God prepares us for the next step by the way in which he taught us previously. She had met with a miracle day after day as she saw the oil and the flour remain without disappearing.

So God makes us responsible too for what we remember of what God has done for us in the past. It is not that God makes us pay for the successes that we've had in the past, and therefore that's why the woman lost her son.

But she immediately has a problem with her conscience in verse 18. She said, "What do you have against me, o man of God? Did you come here to remind me of my sin and kill my son?" She is in grief and cries out and says, "It is your fault that I lost my son."

And he does not respond and say, "Oh, be quiet. I am shut up in this house with you and this boy." He said simply, "Give me your son." Mendelssohn, the great music writer and the oratorio has a beautiful section where the baritone sings "Give me your son." And he took the boy upstairs to

했습니다. 그리고 매일 매일, 해가 바뀌어도, 하나님께서는 당신의 말씀에 신실하셨으며 기적은 계속되었습니다.

우리가 이 페니키아의 과부처럼 그런 어려움을 당하는 경우는 거의 없습니다. 그러나 우리도 우리가 가진 자원이 다할 때가 때때로 있는데 그럴 때 우리는 하나님의 말씀이 의지할 만하다는 사실을 배워야 합니다. 통의 가루와 병의 기름은 우리가 느낄 필요에 대한 예에 불과합니다. 하나님께서는 오늘날 우리에게 가르치려고 하시는 것을 이 이방 여인에게도 가르치려고 하시는 것입니다.

이 사건은 우리를 17~23절에 나오는 네번째이자 마지막 상황으로 이끌고 갑니다. 17절의 히브리 본문은 매우 독특한 방식으로 시작합니다. "이 일 후에 그 집 주모되는 여인의 아들이 병들어 증세가 심히 위중하다가 숨이 끊어진지라." 그 구절은 아주 심각한, 다시 말하면 죽었다는 말입니다.

여기서 우리의 본문은 '이 일 후에'라고 말합니다. 하나님이 전에 우리를 가르치신 것 안에는 다음 단계를 위한 준비가 있습니다. 그녀는 이미 날마다 통의 가루와 병의 기름이 다하지 않는 기적을 보았습니다. **그러므로 하나님께서는 우리에게도 하나님께서 우리를 위해 과거에 행하셨던 일들을 기억할 것을 요구하십니다.** 하나님이 우리가 과거에 거두었던 성공의 대가를 요구하시기 때문에 그 여인이 아들을 잃었던 것이 아닙니다.

그러나 18절에서 그녀는 양심에 한 가지 문제를 가지게 되었습니다. 그녀는, "당신이 나로 더불어 무슨 상관이 있기로 내 죄를 생각나게 하고 내 아들을 죽게 하려고 내게 오셨나이까?"라고 말했습니다. 그녀는 슬픔에 차서 외칩니다. "내 아들을 잃은 것은 당신 때문입니다."

그러나 엘리야는, "잠잠하시오. 나도 당신이나 이 아들처럼 이 집에 갇혀 있지 않소?"라고 말하지 않았습니다. 다만 "그 아들을 달라"고 말

his room on the outside, in the upper story and he laid him down on his bed and prayed over that boy.

And the text says in verse 22, "The Lord heard Elijah's cry and the boy's life returned to him." And Elijah picked up the child and carried him down into the room and gave him back to the mother. And Elijah did not say to her, "There, I hope that satisfies you. Now keep quiet, and don't mention anything more to me." He didn't say that at all!

He said, "Behold, look, your son is alive!" It is her turn now to teach all of us who hear the Word of God; for what she says is what God wants to get across to our generation right now today; listen.

I think, she must have put her hand to her forehead and she said, "Now I know that you are a man of God;" it finally dawned on her. "And also that the Word of the Lord from your mouth is the truth."

What is this fourth situation? That the Word of God is true when we have given up all hope. Here, this boy was gone; it seemed he was dead. There are times when we say, "That's it, that's it, there's no more hope!" But God's Word is still dependable even in those dark moments.

Now this text sets the basis for the great revival that follows. Let me just comment before we pass on to chapter 18.

One of the great issues of our day is the issue of the truthfulness of the Scripture. We need to learn how to speak gently and kindly to one another, that's for sure. But on the other hand, we need also to listen carefully to what God claims for himself about his words. I beg you and I beg myself and my generation, please preach the Word of God.

했습니다. 위대한 작곡가인 멘델스존의 오라토리오(聖譚曲) 가운데는 바리톤 가수가 "그대의 아들을 나에게 달라"는 부분을 노래하는 아름다운 소절이 있습니다. 그리고 그는 그 아들을 안고 자기의 거처하는 다락에 올라가서 자기 침상에 누이고 그 아들을 위해 여호와께 기도하였습니다.

그리고 본문 22절에는 "여호와께서 엘리야의 소리를 들으시므로 그 아이의 혼이 몸으로 돌아오고"라고 되어 있습니다. 엘리야는 그 아이를 안고 방으로 내려가 그 어미에게 주었습니다. 그는 그녀에게 결코, "자, 이젠 만족하겠오? 이제 좀 조용히 하고 더 이상 뭐라고 말하지 마시오"라고 하지 않았습니다. 결코 그런 말을 하지 않았습니다.

그는, "보라, 네 아들이 살았느니라"고 했습니다. 그 다음에는 그 여인이 하나님의 말씀을 듣는 우리 모두를 가르칠 차례입니다. 왜냐하면 그녀가 말하는 것은 하나님께서 오늘 지금 우리 세대에게 전하시고자 하시는 말씀이기 때문입니다. 들어 보십시오.

저는 그녀가 자기 손을 이마에 대고, "이제야 내가 당신은 하나님의 사람인 줄을 압니다"라고 말했을 것 같습니다. 마침내 그녀가 깨닫게 된 것입니다. "또한 당신의 입에 있는 여호와의 말씀이 진실한 줄 아노라"고 말했습니다.

이 네번째 상황은 무엇을 말해 주고 있습니까? 하나님의 말씀은 우리가 모든 희망을 포기했을 때도 진실하다는 것입니다. 여기 이 소년은 떠났습니다. 즉 그는 죽었습니다. 우리도 이렇게 말할 때가 있습니다. "다 끝났어, 다 끝이라구, 더 이상 아무런 희망도 없어." 그러나 그러한 어두운 순간일지라도 하나님의 말씀은 여전히 신뢰할 만한 것입니다.

지금 이 장은 다음 장의 위대한 부흥에 대한 기초가 됩니다. 우리가 18장으로 넘어가기 전에 잠깐만 말씀을 드리겠습니다.

우리 시대의 가장 중요한 문제 가운데 하나는 성경의 진리성에 관한

I keep urging my students; I say preach, I say, "Keep your finger on the verse and gesture with the other hand. And when this hand gets tired and weary, put that on the verse and gesture with this hand."

But what we need, I think, is to hear the Word of God and oh, that God would give us the energy and courage to constantly speak that Word. I have found it my greatest joy to stand back and to watch the power of the Word of God on a congregation.

And our generation is being tested and tempted to move away from that Word and to talk alongside or about the Word rather than letting the Word of God work. But we need to learn what this woman learned, that is, the Word of God is thoroughly dependable.

I. In his People - 1 Kings 18 : 1~20

Let's then look at chapter 18 and look at the call of God for revival.

This is one of the favorite chapters in the Bible and it is a stirring chapter. I think it is one also that sets forth the power of God as few other chapters in the Bible do.

We have called the focal point of this text, verse 39. There "When all the people saw the fire that fell from heaven, they fell prostrate and cried, 'The Lord - he is God; the Lord - he is God.'"

And so we argue here that the subject of our message today is "It is Time to Let God be God." And since there's such an evidence of the power of God in this passage, we

것입니다. 우리는 서로 관대하고 친절하게 말하는 법을 배울 필요가 분명히 있습니다. 그러나 반면, 우리는 하나님께서 자신의 말씀에 대해서 스스로 무엇을 요구하시는지를 주의 깊게 들을 필요가 있습니다. 저는 여러분과 저 스스로에게, 그리고 이 세대에게 간청합니다. 제발 하나님의 말씀을 선포해 주십시오.

저는 제가 가르치는 학생들에게, 선포하라고 말합니다. 저는 "여러분, 한 손가락은 성경귀절에 대고 다른 손으로는 제스추어를 하십시오. 만일 흔드는 손이 피곤해지거든 그 손을 성경구절 위에 대고 다른 손으로 제스추어를 하십시오"라고 계속 권고합니다.

우리에게 필요한 것은, 제가 생각하기에는, 우리가 하나님의 말씀을 듣는 것입니다. 그러면 하나님께서는 우리에게 그 말씀을 전파할 힘과 용기를 계속 공급하실 것입니다. 저는 뒤로 물러나 하나님의 말씀의 능력이 회중에게 미치는 것을 지켜보는 것이 저 자신에게 얼마나 큰 기쁨인지를 깨달았습니다.

현재 우리 세대는 하나님의 말씀으로 하여금 직접 활동하도록 하기보다는 그 말씀을 떠나거나 하나님의 말씀에 관하여 이야기하려는 시험과 유혹을 받고 있습니다. 그러나 우리는 이 여인이 배운 것, 즉 하나님의 말씀은 완전히 신뢰할 만하다는 것을 배울 필요가 있습니다.

I. 그의 백성 가운데서 (왕상 18 : 1∼20)

이제 다같이 18장을 살펴보고 부흥에 대한 하나님의 명령에 주목해 봅시다.

이 장은 성경 가운데서 가장 사랑 받는 부분 가운데 하나이며 또 감동적인 장입니다. 또한 이 장은 다른 몇몇 장에서 나오는 것처럼 하나님의

will use that as our homiletical key word "demonstration." It is a text that wants to call us to the new concept of the greatness of God. The greater God becomes in our thinking and in our acting, the stronger will the Church be.

Some years ago in English, there was a book by J. B. Phillips, *Your God Is Too Small*. I think that is a problem that is still infecting the Church to this day. Our tendency is to talk about our needs and our problems and the issues of our day and to make them bigger than who God is. It's almost like two thermometers in which the higher one becomes our problems, and lower and lower goes God in contrast.

So this text gives us three demonstrations of God being God. And it also asks the question, "To whom, then, shall we liken God? What force, what issue today, what power, what person is equal to God?"

The Hebrew names which have been brought over into many languages asked the same question. The name Michael or the feminine name Michelle or Micah is to ask the very question.

As a matter of fact, even Mr. Gorbachev, president, the former president of the Soviet Union had the Russian name Mikhail. And we know that the *Mi* means the interrogative "who", and the *Ch* is "as" or "like", and the *El* part is the Hebrew name for God. So I would hear the newscasters say President Mikhail Gorbachev, and I would love to say before they would say Gorbachev, they would say Mikhail, and I will say amen.

Here is the whole head of the atheistic system asking the proper question of the whole world, "Who can be equal to

능력을 드러내고 있다고 생각합니다.

　우리는 이 본문의 초점을 39절로 볼 수 있습니다. "모든 백성이 하늘에서 쏟아지는 불을 보고 엎드려 말하되 '여호와 그는 하나님이시로다 그는 하나님이시로다.'"

　그러므로 오늘 우리의 강의의 주제는 '지금은 하나님께서 하나님 되시게 할 때'입니다. 이 본문에서는 하나님의 능력이 강력하게 증거되고 있기 때문에 우리는 설교를 위한 핵심어로서 '그의 능력의 나타남'이라는 말을 사용할 수 있을 것입니다. 이 본문은 우리로 하여금 하나님의 위대하심에 대한 새로운 개념을 가질 것을 촉구합니다. **우리의 생각과 행동 속에서 하나님이 위대하게 되면 될수록 교회는 더욱 더 강해질 것입니다.**

　몇년 전 영어로 된 책 가운데, 필립이라는 사람이 쓴 「당신의 하나님은 너무 작다」라는 책이 있었습니다. 저는 이 문제는 오늘까지도 교회를 오염시키고 있는 문제라고 생각합니다. 우리에게는 우리의 관심과 문제와 이 시대의 이슈들에 대해서만 이야기하면서 이런 문제들을 하나님은 누구신가 하는 문제보다 더 크게 만드는 경향이 있습니다. 이는 마치 두 개의 온도계가 있어서, 점점 높아지는 것은 우리 문제이고 그와 대조적으로 점점 더 낮아지는 것은 하나님이신 것 같습니다.

　그러므로 이 본문은 하나님이 하나님이심을 보여주는 세 개의 증거를 담고 있습니다. 또한 본문은 "우리가 누구를 하나님과 비기겠으며, 어떤 세력, 오늘날의 어떤 문제, 어떤 능력, 어떤 인물이 하나님과 동등될 수 있겠느냐?"라는 질문을 던지고 있습니다.

　히브리식 이름이 많은 언어로 번역될 때도 동일한 질문을 던져 주었습니다. 마이클이나 그것의 여성형인 미셸, 혹은 미가 역시 동일한 질문을 던집니다.

　사실, 전(前) 소련의 대통령이었던 고르바초프도 이름의 마지막에 미하일이란 이름을 가지고 있습니다. 여기서 우리는 '미'라는 것은 '누구냐'

God?" And of course, the answer is, no one and nothing can be equal to God. That's what comes from that great chapter in Isaiah 40. He asked over and over again, "To whom or to what shall you liken or make God equal to?"

So this text wants us to come to a new understanding of the greatness of God. Some of the great revivals in history had focused upon "who God was" and a whole new concept of God.

This could be illustrated also in the history of France. Louis the XIVth, was one of the great kings in the 1700s of the Christian era. He wanted to be known as Louis the Great. But when he had his funeral, he said, "I want the whole cathedral of Notre Dame to have all the candles put out except the candle on top of my coffin."

And the Great court preacher was to get up in the cathedral of Notre Dame and to preach the funeral service in front of the coffin. He mounted the high steps up to the pulpit and looked down and saw the candle burning on top of the coffin. So he walked down and walked over to the coffin, and blew it out and put the fire out. And mounted and went back up to the pulpit and began with these words in French, as he started his sermon. He said, "Only God is great, only God is great. And Louis the Great was dead."

A. In Facing the Enemy

God demonstrates who he is in this text. He demonstrates it in verses 1-20 to his people. Elijah had been called of God to announce the great famine that will take place here. So verse 1 of chapter 18 says, "After a long time in the third

라는 의문사이며, 'ch'는 '…과 같다'라는 의미이고 '일' 부분은 히브리어로 하나님을 말하는 것입니다. 그러므로 뉴스 캐스터(아나운서)가 '미하일 고르바초프 대통령'이라고 말하는 것을 들을 때면 그들이 고르바초프라고 하기 전에 미하일이라고 할 때, 저는 '아멘'이라고 대답하고 싶어집니다.

여기, 철저하게 이방적인 제도에 있는 사람이 전 세계를 향해서 적절한 질문을 하고 있습니다. 즉, "누가 하나님과 같을 수 있느냐?" 물론, 그 대답은 누구도, 어떤 것도 하나님과 동등될 수 없다는 것입니다. 이것은 저 유명한 이사야 40장에서 온 것입니다. 그는 계속해서 묻습니다. "너희는 나를 누구에게 그리고 무엇에게 비기며 같다 하겠느냐?"

그러므로 이 본문은 우리가 하나님의 위대하심에 대한 새로운 이해에 이르기를 원합니다. 몇몇 역사상의 위대한 부흥들은 "하나님은 어떤 분이셨는가" 하는 점과 하나님에 대한 완전히 새로운 개념에 초점을 두고 있었습니다.

이것은 프랑스 역사에서 예를 들어 볼 수 있습니다. 루이 14세는 기독교 시대였던 1700년대의 위대한 왕 가운데 한 사람이었습니다. 그는 자신이 루이 대왕으로 알려지기를 소원했습니다. 그러나 그가 죽게 되었을 때, 그는 "나는 내 관 위의 촛불만 제외하고 노틀담 성당의 모든 촛불이 꺼지기를 바란다"고 유언을 하였습니다.

그리고 궁정의 위대한 설교가가 노틀담 성당에서 그 관 앞에서 장례예배 설교를 하기 위해서 일어났습니다. 그는 강단의 높은 계단으로 올라갔고 거기서 그 관 위에서 타고 있는 촛불을 내려다보았습니다. 그는 내려와 관으로 다가가서 그 촛불을 불어 꺼버렸습니다. 그리고는 강단으로 다시 올라가 불어로 이렇게 설교를 시작했습니다. "오직 하나님만이 위대하십니다. 오직 하나님만이 위대하십니다. 그리고 루이 대왕은 돌아가셨습니다."

year, the Word of the Lord came to Elijah: 'Go and present yourself to Ahab, and then I will send rain on the land.'"

Here is the man of God who probably did not have any formal training; he came from the outback of Israel. But, nevertheless, God sent him right into the palace and ordered to give the message. God says, "You go to that king who is angry and is looking all over the world for you and you present yourself to him." God says, "You go first and then I will send rain on the land."

How important first steps of obedience are in the Christian life! How much really rests on the great and climactic moments that are going to come in the future by the small steps of faith out front!

So our text says, "Elijah went and presented himself." Now Ahab was the king but Ahab was the one who is afraid of Elijah. Wicked people are generally great cowards when it comes to facing men and women of God. This is because their own conscience bothers them and makes them feel very inadequate in the presence of a believer.

This is true even when people who are believers occupy an inferior status and station in life to those that they are addressing. King Herod feared John the Baptist, although John the Baptist was just an ordinary person. He feared him, says the Bible, because he knew John the Baptist was a just and righteous man. Felix, the governor, feared and was frightened in front of Paul, when Paul came before him for his defense.

So, instead of letting the drought and the lack of rain change the heart of Ahab and Jezebel, they stiffened their re-

A. 대적을 직면해서

하나님께서는 자신이 누구이신지를 이 본문에서 보여 주십니다. 그는 1~20절에서 자기 백성들 가운데서 그것을 보여 주십니다. 엘리야는 거기서 일어날 극심한 기근을 선포하도록 하나님의 부름을 받았었습니다. 그러므로 18장 1절에 보면 "많은 날을 지내고 제 삼 년에 하나님의 말씀이 그에게 임하여 가라사대 '너는 가서 아합에게 보이라 내가 지면에 비를 내리리라.'"

여기 지금 아마도 정규 교육을 전혀 받아 보지 않은 하나님의 사람이 한 명 있는데 그는 이스라엘의 시골 출신입니다. 그럼에도 불구하고 하나님께서는 그를 곧장 궁궐로 보내셔서 당신의 뜻을 전하라고 명령하셨습니다. 하나님께서는 말씀하십니다. "너는 분노하여 전 세계를 다니며 너를 찾고 있는 그 왕에게로 가서 너를 보이라." 하나님께서는, "네가 먼저 가라, 그러면 내가 그 땅에 비를 내리리라"고 말씀하십니다.

그리스도인의 삶 가운데서 순종의 첫 일보가 얼마나 중요합니까! **실로 미래에 따라오는 위대하고 결정적인 순간들이 얼마나 맨 앞에 있는 그 조그만 신앙의 걸음에 달려 있는지요!**

그래서 본문은 "엘리야가 가서 그를 보였다"고 말씀합니다. 그 때 왕은 아합이었는데 그는 엘리야를 두려워하였습니다. 간악한 사람들은 대개 하나님의 사람들을 직면하게 될 때 큰 겁쟁이가 됩니다. 이는 그들의 양심이 그들을 괴롭히고 이 양심이 신자들 앞에 설 때 스스로를 합당하지 못한 사람으로 느끼게 만들기 때문입니다.

이것은 말씀을 전하는 자의 직업이나 지위가 그 말씀을 전할 사람들보다 낮을 때에도 동일합니다. 비록 세례 요한은 평범한 사람이었지만 헤롯 왕은 세례 요한을 두려워했습니다. 성경은 그가 세례 요한을 두려워했던 이유는 그가 세례 요한이 의로운 사람임을 알고 있었기 때문이라고

sistance to God. Jezebel was so infuriated, she took it out on the prophet-scholars of God and began killing them all. This is indicated in verse 4 of our chapter.

B. In Rebuking Fearful Believers

But God still had his people there along with the unrighteous. There was Obadiah who is in charge of the palace but also who believed God and feared him. Obadiah had taken one hundred prophets of God and put fifty in one cave, fifty in the other, and was feeding them bread and water. But things were beginning to get extremely difficult, for they had run out of food in the country.

And Ahab said to Obadiah, "Go through the whole land and let's search and see if we can find some grass to keep the animals alive." These were the horses and mules that were in the palace for the parade purposes; that's what they wanted to keep alive. So they divided up in verse 6, and Ahab the King went one direction and Obadiah, a kind of Secretary of the State, went the other direction.

You can imagine the surprise of Obadiah to see Elijah, they have been looking for him for three and a half years. There were posters all over Israel, I suspect: "Wanted, dead or alive, Prophet Elijah." But here he suddenly appears and he can't believe that he is talking to the man. But there he stands in the path.

And Elijah says, "Go and tell the king that I'm here." Obadiah was immediately suspicious. Verse 9, he says, "What have I done wrong?" He says, "You want me to lose my head?" He said, "I go and tell the king, 'Guess who I

말씀합니다. 펠릭스는 총독이었지만 그는, 바울이 자신을 변호하기 위해 그 앞에 섰을 때 그를 무서워하고 두려워했습니다.

그렇게 한발과 강우량 부족은 아합과 이세벨의 마음을 바꾸는 대신 하나님께 대한 대항을 강화시켰습니다. 이세벨은 노기가 등등하여 엘리야와 하나님의 선지자들에게 화풀이를 하면서 그들 모두를 죽이기 시작했습니다. 이것은 본 장 4절에 나와 있습니다.

B. 두려워하는 신자들을 책망하는 일에

그러나 하나님의 은혜로, 그의 백성이 여전히 그 의롭지 못한 자들 옆에 있었습니다. 오바댜라는 궁중의 책임을 맡은 사람이 있었는데 그는 하나님을 경외하는 사람이었습니다. 오바댜는 하나님의 선지자 백 명을 오십 명은 한 동굴에, 또 다른 오십 명은 다른 동굴에 감추고, 그들에게 빵과 물을 먹였습니다. 그러나 상황은 극도로 나빠져만 갔으니 이는 그 나라에 양식이 떨어졌기 때문입니다.

그러자 아합은 오바댜에게, "온 땅을 살펴서 짐승들을 살릴 수 있는 꼴을 얻을 수 있는지 알아보라"고 명령했습니다. 이는 말과 노새들인데 왕의 행차를 위한 것이었기 때문에 그들은 그 동물들을 살리려고 하였던 것입니다. 그러므로 6절에 보면 그들은 나누어져서 왕인 아합은 한 쪽 방향으로, 국무장관 격인 오바댜는 다른 방향으로 떠났습니다.

여러분은 오바댜가, 그들이 3년 반이나 찾던 엘리야를 보았을 때 얼마나 놀랐는지를 상상하실 수 있을 것입니다. 아마도 이스라엘 전역에는 이런 포스터가 붙었었을 것입니다. "현상수배. 생사불문, 선지 엘리야." 그런데 여기서 갑자기 그가 나타나니 오바댜는 자신이 바로 그 사람과 이야기하고 있다고는 못 믿었을 것입니다. 그런데 그가 거기 있었습니다.

그리고 엘리야는 말합니다. "왕에게 가서 내가 여기 있다고 말하라."

saw today?' And I'll tell him that I saw Elijah, and then the Spirit of God may take you up, and I don't know where he will put you again, I'll be out of my head."

Now, some have thought that Obadiah was not acting as a man of faith here. We say that Obadiah was fearful, but I don't think that we should say he is compromising.

So God shows his power not only through Elijah in facing the enemy but also rebuking believers. Obadiah was serving God in the place where God had put him. There is nothing wrong with holding a position of influence so long as it does not lead to compromise.

But Obadiah had problems in trusting Elijah that he'll go with him to see the king. He knew how his king hated Elijah and what he had done to his government since there had been no rain for three and a half years on the land.

But God gives his word of promise through Elijah in verse 15. He says, "As the Lord almighty lives, whom I serve, I'll surely present myself to Ahab today." He says, "As the Lord my God lives - as surely as Lord God lives."

This brings out the point that God is not an idea or theory but he is a living person. Fourteen times in the Old Testament and fourteen times in the New Testament, you have the adjective "living God".

God is not to be thought of as the force or just as a philosophy, or even a theology, doctrine. That the fact that he is a living person can be seen in 1 Thessalonians chapter 1. He said to the Christians there, "You turned from serving idols to serve the true and living God"(1 Thess. 1 : 9).

But also David illustrates it when he went out to fight

오바댜는 그 말을 금방 믿을 수가 없었습니다. 9절에서 그는 이렇게 말합니다. "내가 무슨 죄를 범했습니까? 당신은 내 목이 달아나는 것을 원합니까? 내가 왕에게 가서 '누구를 만났는지 아십니까? 내가 엘리야를 보았습니다'라고 말한 후에 하나님의 영이 당신을 들어 내가 모르는 곳으로 이끌어 가시면, 나는 죽임을 당하게 될 것입니다."

어떤 주석가들은 지금 여기서 오바댜가 신앙인답지 않게 행동하고 있다고 생각하였습니다. 그러나 저는 우리가 오바댜는 두려워하였다고 말해야 하고, 그는 지금 타협하고 있다고 말해서는 안 된다고 생각합니다.

그러므로 하나님은 대적을 직면하는 엘리야를 통해서 뿐만 아니라 신자들을 꾸짖는 데서도 그의 권능을 나타내십니다. 오바댜는 하나님께서 세워 주신 장소인 궁전에서 하나님을 섬겼습니다. 그러한 그의 행동이 타협으로 나아가지만 않는다면 영향력 있는 지위를 지킨다는 것은 하등 잘못이 아닙니다.

그러나 오바댜가 엘리야와 함께 왕을 만나야 하겠다는 데에는 엘리야에 대한 신뢰에 문제가 있었다는 것입니다. 그는 왕이 엘리야를 얼마나 미워하는지 그리고 엘리야가 3년 반 동안 그 땅에 비가 내리지 않았기 때문에 엘리야가 그 왕에게 어떤 일을 하였는지를 잘 알고 있었습니다.

그러나 하나님께서는 15절에서 엘리야에게 약속의 말씀을 주십니다. 그는 "내가 모시는 만군의 여호와의 사심을 가리켜 맹세하노니 내가 오늘날 아합에게 보이리라"고 말했습니다. 그는 15절에서, "나의 하나님 여호와가 사시거니와-하나님 여호와께서 사시는 한"이라고 말합니다.

이 말은 하나님은 하나의 사상이나 이론이 아니라 살아 계신 인격이심을 말해줍니다. 구약에서 14번, 신약에서 14번 우리는 '살아 계신 하나님'이라는 형용사를 발견합니다.

하나님은 하나의 힘이나 철학, 심지어 신학이나 교리로 생각되어서는 안 됩니다. 그가 살아 계신 분이라는 사실은 데살로니가전서 1장에서 찾

against the giant Goliath. Goliath mocked him and said, "You are sending this boy to fight me?" He despised him and said, "He's nothing to me at all." But David picked up five stones and put them in his sling. And he said to him. To Goliath, he said, "I come to you in the name of the living God."

And that was a thought that had never struck Goliath's thinking before. It made quite an impression on him. He was dead but God was alive. "Is God the living God?" asked David. You can see the power of the living God by what he did. And that's the name and the authority that Elijah used in verse 15.

Listen, let me ask you a question. Let me ask you whether God is still living today? Yes, even today! And, therefore, we must ask, "What do we fear in this day and age?" He is the living, living God.

C. In Rebuking the Wicked

But the power of God can also be seen in the way in which he rebukes the wicked in verses 17~20. When King Ahab met Elijah in verse 17, he had a word for him, too. He said, "Is that you, you troubler of Israel?" Look, how quick the wicked are to shift the blame from themselves over to the people of God. Those who just merely announce the divine judgment are now put in the position of being responsible for what happened.

But Elijah is bold in the Lord. Proverbs 28:1 has a proverb that describes this. He said there, "The righteous are bold as a lion, but the wicked man flees when no one is pur-

아 볼 수 있습니다. 그는 거기서 그리스도인들에게, "너희가 우상 섬기는 것을 버리고 사시고 참되신 하나님을 섬기며"(살전 1:9)라고 말씀합니다.

또한 다윗도 거인 골리앗과 싸우러 나갈 때에 이 점을 잘 보여 주고 있습니다. 골리앗은 그를 조롱하면서 "나와 싸우게 하려고 이 꼬마를 내보냈느냐?"고 말했습니다. 그는 다윗을 무시하면서 "이 꼬마는 나한테 아무것도 아니야"라고 했습니다. 그러나 다윗은 다섯 개의 돌을 집어 그의 물매에 넣고는 골리앗에게 이렇게 말했습니다. "나는 살아 계시는 하나님의 이름으로 네게 간다." 바로 이 점이 골리앗의 머리에는 전혀 떠오르지 않았던 생각이었습니다. 그것은 그에게 깊은 인상을 주었습니다. 그는 죽었지만 하나님은 살아 계십니다. "하나님은 살아 계신 하나님이신가?"라고 다윗은 물었습니다. 우리는 하나님께서 하신 일 가운데서 그의 능력을 볼 수 있습니다. 15절에서 엘리야가 사용한 것은 바로 그 하나님의 이름과 권세입니다.

자, 제가 질문을 하나 하겠습니다. 여러분에게 묻습니다. **하나님이 오늘도 여전히 살아 계십니까?** 그렇습니다. 오늘날에도 살아 계십니다. 그러므로 우리는, "우리가 이 시대에 무엇을 두려워하랴?"라고 물어야 합니다. 그는 살아 계신 분, 살아 계신 하나님이십니다.

C. 악한 자를 책망하는 일에서

그러나 또한 하나님의 능력은 17~20절에서처럼 악한 자를 책망하시는 데서도 볼 수 있습니다. 17절에 보면 아합 왕이 엘리야를 만나는데 그에게도 할 말이 있습니다. 그는, "너, 이스라엘을 괴롭게 하는 자가 너냐"라고 말했습니다. 악한 자가 자신이 받아야 할 책망을 얼마나 빨리 하나님의 백성에게 돌리고 있는지를 보십시오. 지금, 하나님의 거룩한 심판을 선포할 사람이 도리어 일어난 사태에 대한 책임 추궁을 당하는

suing him." So it was here for king Ahab, too, as well.

But it is more embarrassing than that, for the story has another story behind it. Who were the gods, that Ahab and Jezebel had substituted for the living God? They worshipped the god Baal who is said to be the god of thunder and dew and rain. What an irony it was! How humorous it was that they were worshipping a god of rain and dew, and for three and a half years there wasn't even one drop.

Therefore, his heart shifted the blame from himself and from his family and said it was the prophet of God who is to blame. But God's servants must graciously but boldly warn the people. So Elijah says, "It's not me that is troubling Israel but you - you are the troubler of Israel."

He says, "It's the leader and his family, that's where the problem is." He says, "You have abandoned the command of the Lord, you know the Word of God and you have abandoned it. And You are following Baals, which are no gods at all!"

So he said in verse 19, "I have something which you better do." He says, "Gather all the people from all over Israel to meet me on Mount Carmel and bring the four hundred and fifty prophets of Baal and the four hundred prophets of Ashera, who eat at Jezebel's table."

But we want to say, "Ah, easy Elijah. This is the king you're talking to; don't tell him what to do." But the king had no way in which he could bargain at all; he was out of solutions and out of actions. The power of the king was now being given into the hand of God. Proverbs 21 : 1 says, "The king's heart is in the hand of the Lord."

위치에 놓입니다.

그러나 엘리야는 주님 안에서 담대합니다. 잠언 28장 1절에는 이와 같은 모습을 묘사하는 말씀이 있습니다. 거기에 보면 "의인은 사자같이 담대하나 악인은 쫓아오는 자가 없어도 도망하느니라"고 되어 있습니다. 여기서 아합 왕이 바로 그렇습니다.

그러나 여기서 더욱 놀라운 것이 있는데, 그것은 이 이야기 뒤에 또 하나의 다른 이야기가 숨어 있다는 것입니다. 그것은 '아합과 이세벨이 살아 계신 하나님을 대체시킨 신들은 무엇이냐?' 하는 것입니다. 그들은 바알 신을 섬겼는데 그것은 천둥과 이슬과 비의 신이라고 불리웠습니다. 참 기막힌 아이러니가 아닙니까? 그들이 비와 이슬의 신을 섬겼는데 3년 반 동안 비가 한 방울도 오지 않았다니 이 얼마나 우스운 일입니까!

그러므로 그는 자신과 가족에게 해당되는 책망을 전가하여, 책망 받을 자는 오히려 하나님의 선지자라고 말합니다. 그러나 하나님의 종은 자비롭게 그러나 담대하게 백성들을 책망해야 합니다. 그러므로 엘리야는, "내가 이스라엘을 괴롭게 한 것이 아니라 당신, 당신이 이스라엘을 괴롭게 하는 자라"고 말했습니다.

그는 "지도자와 그의 가족들, 거기에 문제가 있다"라고 말합니다. 그는 "그대가 주님의 명령을 버렸다. 그대가 하나님의 말씀을 알면서도 이를 버렸고, 전혀 신이 아닌 바알을 좇았기 때문이다"라고 말합니다.

그래서 19절에서 엘리야는 "보다 좋은 길이 있다"고 했습니다. 그는 "온 이스라엘을 갈멜 산으로 나오게 하고 이세벨의 상에서 먹는 바알의 선지자 사백오십 인과 아세라의 선지자 사백 명을 모아 내게로 나아오게 하소서"라고 말했습니다.

아마 우리 같으면, "엘리야 선생님, 좀 진정하시지요. 당신과 말씀하고 있는 분은 왕이에요. 왕께 이래라 저래라 하지 마세요"라고 말했을 것입니다. 그러나 그 왕은 전혀 협상할 여지도, 다른 대안이나 행동을 할

So he said, "I want all of Israel to come up to Mount Carmel and I want you to bring along the eight hundred and fifty prophets of Baal and his wife Ashera, the goddess." Verse 20 says, "So Ahab sent word throughout all Israel and assembled the prophets on Mount Carmel."

What else could he do? He had no other options. There was no food around, and every one was crying for water and the king was desperate. Oh, only if we would see who God is in this chapter in these first twenty verses.

II. In His Actions 18 : 21—40

God takes ordinary people, like Elijah, and uses him mightily in his hands. Sometimes we are too impressed by our human status and by our own achievements as if they are ours. But it is God who gives the gifts and therefore it is God who makes man bold in his Word.

This leads us, therefore, to the second demonstration of the power of God in verses 21—40. This is the famous contest that takes place on Mount Carmel. All the people were gathered together on Mount Carmel. There must be something like two million people there gathered. This is to be a real showdown like we have never had before.

A. In His Challenge to the Ambivalent

But Elijah asked the key question in verse 21. Elijah went before the people and he said, "How long will you waver between two opinions? If the Lord is God, follow him; but if Baal is God, then follow him."

여지도 없었습니다. 왕의 권세는 그 때 하나님의 손으로 넘어가고 있었습니다. 잠언 21장 1절은 "왕의 마음이 여호와의 손에 있다"라고 말씀합니다.

그러므로 왕은 "온 이스라엘은 갈멜 산으로 올라올 것이며, 또한 바알 신과 그 아내 아세라 여신의 선지자 팔백오십 명도 함께 나아오라"고 말했던 것입니다. 20절에는, "이에 아합이 이스라엘 모든 자손에게로 말씀을 보내어 갈멜 산으로 선지자들을 모으니라"고 되어 있습니다.

이 외에 그가 무엇을 할 수 있겠습니까? 그에게는 다른 선택의 여지가 없었습니다. 사방 어디에도 양식은 없고 모든 사람들은 물을 달라고 외치고 왕은 절망에 빠져 있었습니다. 자, 드디어 우리는 이 장, 1~20절에서 누가 하나님인가 하는 것을 보게 된 것입니다.

II. 그의 행동들 속에서(왕상 18 : 21~40)

하나님께서는 엘리야처럼 평범한 사람을 취하셔서 그의 손 안에서 강하게 사용하십니다. 때때로 우리들은 우리의 지위와 공적이 마치 우리의 것인 양 너무 감동을 받습니다. 그러나 그 은사들을 주시는 분은 하나님 이시므로 사람을 그의 말씀 안에서 담대케 하시는 분도 하나님이십니다.

그러므로 이것은 우리를 21~40절의 하나님의 능력이 나타나는 두 번째 이야기로 인도합니다. 이 사건은 갈멜 산 위에서 벌어진 유명한 시합입니다. 틀림없이 거기에는 한 이백만 명이나 되는 사람들이 모였을 것입니다. 이 사건은 그들이 전에는 볼 수 없었던 진짜 볼거리가 되었을 것입니다.

A. 우왕좌왕하는 자들에 대한 그의 도전에서

The word here for "wavering between two opinions" is very important. It refers to people who were not walking uprightly but who were limping or were intoxicated and drunk. It also refers to people who are fickle, inconsistent and they vacillate back and forth between two different sides. And they didn't want to say that God was passe and no longer valid for them, but they didn't want to give up Baal either.

It was what we call an eclectic faith; it was pluralistic; it was all that we have in our society today. So the question is the same question that we saw back at the golden calf incident in Exodus 32:26. Moses asked, "Who is on the Lord's side? Let him come to me." Joshua had to ask the same question also in his time. But Joshua answered, "As for me and my house, we will serve the Lord." Jesus had to ask the same question in Matthew's Gospel. He said, "He that is not with me is against me."

This is because no one can serve two masters. We either love the one and hate the other or vice versa. And the same thing had to be said to the Church of Laodicea in the Book of Revelation. He said, "I wish that you were either hot or cold, but not lukewarm." This is the spirit of our day, "Let's have both things. We don't have to make a choice between God and Baal, let's have both."

Now when Elijah put this word to them in verse 21, the people said nothing. And neither will our generation. Oh for the plain, faithful teaching of the Word of God which will leave all of us silent before that Word!

Great preaching of the Word of God not only brings comfort but it also at times shows the unreasonableness of our

이 때 엘리야는 21절에서 중요한 요청을 합니다. 엘리야는 사람들에게로 나아가 말합니다. "너희가 어느 때까지 두 사이에서 머뭇머뭇하려느냐? 여호와가 만일 하나님이면 그를 좇고 바알이 하나님이면 그를 좇을지니라."

여기서 두 사이에서 '머뭇머뭇한다'는 단어가 매우 중요합니다. 그 말은 사람들이 직선으로 걷지 않고 절뚝거리거나 약이나 술에 취해 비틀거리는 것을 말합니다. 그것은 또한 변덕스럽고 일관되지 못한 사람, 양편 사이를 왔다갔다 하는 사람들을 가리키는 말입니다. 그들은 하나님은 시대에 뒤진 분이거나 그들에게 더 이상 소용없다고 말하기를 원치 않았지만, 바알 역시 포기하기를 원치 않았습니다.

이것이 바로 우리가 절충적 신앙, 다원주의라고 부르는 것이며 오늘 우리 사회가 모두 가지고 있는 것들입니다. 그러므로 이 질문은 출애굽기 32장 2절에 나오는 금송아지 사건에서도 볼 수 있는 똑같은 질문입니다. 모세는, "누구든지 여호와의 편에 있는 자는 내게로 나아오라"고 요청했습니다. 여호수아도 그의 시대에 똑 같은 질문을 해야 했습니다. 그리고 여호수아는 이렇게 대답했습니다. "(그러나) 나와 내 집은 여호와를 섬기겠노라." 예수님께서도 마태복음에서 동일한 질문을 하셔야 했습니다. 주님은 "나와 함께 하지 않는 자는 나를 대적하는 자니라"고 말씀하셨습니다.

이는 그 누구도 두 주인을 동시에 섬길 수는 없기 때문입니다. 우리는 한 편을 사랑하고 다른 편은 미워하던가 아니면 그 반대입니다. 그리고 이와 동일한 말씀이 계시록의 라오디게아 교회에게도 주어졌습니다. 주님께서는 "나는 네가 덥든지 차든지 하기를 원하며 미지근하기를 원치 않노라"고 말씀하셨습니다. 그러나 우리 시대의 정신은 "둘 다 가지자. 우리는 하나님과 바알 사이에서 선택하기를 원치 않는다. 그러니 둘 다

own position before God. Great preaching also shows that every objection must be silenced before the living God. Look at what the text says, "But the people said nothing." And so it often is, too, when we stand before the Word of God.

B. In His Acceptance of Sacrifice

So, now, begins the great contest in this chapter. Elijah said to them, "I am the only one of the Lord's prophets left, but Baal has four hundred and fifty prophets." Now we know this is not quite accurate at all. The Bible records that this is what Elijah said, but it doesn't teach that that is so. For the Lord will tell Elijah in chapter 19 that he has some eight thousand that have not bowed their knees - seven thousand, excuse me, in verse 18.

Are you familiar with this distinction in the Bible? The Bible records that "he fool has said in his heart, 'There is no God.'" But the Bible does not teach that there is no God. It only says that the fool said that, and at least the fool was smart enough not to blurt it out, but only says in his heart.

And so, therefore, we have the record of what Elijah said in this passage. All Scripture is given by inspiration of God and it is authoritative and without error. But there are places where God records something in Scripture without moralizing on the point immediately.

It is clear that Elijah thought that he was alone and there was no one standing with him. It is true that Obadiah had told him that "there were another one hundred prophets of the Lord that he had hidden in caves." So he may have been exaggerating a little bit when he said, "I am the only one

가지자"라고 말하는 것입니다.

엘리야는 21절에서 이 점을 그들에게 말하고 있습니다. 백성들은 아무 말도 하지 못했습니다. 우리 세대 역시 아무 말도 못합니다. 오, 하나님의 말씀에 대한 단순하고도 신앙에 찬 선포는 얼마나 우리로 하여금 말씀 앞에 침묵하게 하는지요!

하나님의 말씀에 대한 위대한 설교는 위로를 가져다 줄 뿐 아니라 동시에 하나님 앞에서의 우리의 위치가 얼마나 불합리한가를 보여줍니다. 위대한 설교는 또한 어떠한 주장도 살아 계신 하나님 앞에서는 잠잠해야 한다는 것도 보여줍니다. 본문이 말씀하는 것을 보십시오. "그러나 백성이 한 말도 대답지 아니하는지라." 이것은 우리가 종종 하나님의 말씀 앞에 설 때에도 마찬가지입니다.

B. 그가 제사를 받으시는 일에서

그러므로 이 장에서 위대한 시합이 시작됩니다. 엘리야는 그들에게, "여호와의 선지자는 나만 홀로 남았으되 바알의 선지자는 사백오십 인이로다"라고 말했습니다. 그러나 우리는 이 말이 완전히 정확한 것은 아니라는 것을 압니다. 성경은 엘리야가 이 말을 하였다고 기록하였지만 실제 그렇다고 가르치지는 않습니다. 왜냐하면 주님께서는 19 : 18에서 엘리야에게, 그에게는 무릎꿇지 않은 칠천 인이 있다고, 말씀하시기 때문입니다.

성경에 나오는 이러한 차이에 대해서 여러분은 알고 계십니까? 성경은 "어리석은 자는 심중에 이르기를, '하나님은 없다'고 말한다"라고 기록하지만, 하나님이 없다고 가르치지는 않습니다. 다만 어리석은 자는 그렇게 말한다는 것뿐입니다. 그리고 어리석은 자라도 그러한 것을 발설할 정도로 미련하지는 않고 그저 속으로 그렇게 생각한다는 것입니다.

그러므로, 우리는 이 구절에서 엘리야가 한 말 그대로 기록한 것을 봅

that is left, and there are four hundred and fifty prophets."

So he proposes here, under the guidance of God, a contest, a test. Verse 23, he says, "Get two bulls for us. And choose one for yourselves and cut it into pieces and put it on the wood but set no fire to it. And I will prepare the other." Verse 24 says, "Then you will call on the name of your god and I will call on the name of the Lord. And the God who answers by fire, let him be God."

Now it is interesting that Elijah chooses fire and not rain. It had been hot and dry everyday for three and a half years. Who needs fire? Why not the God who answers by rain, let him be God?

It had been the only time in the history of weather forecasting that they had been right everyday - the last time that they have ever been correct everyday. So now to have more fire come down doesn't seem to be a very pleasant prospect; we need rain. But there must intervene before the blessing of God, a sacrifice, to teach the people a great theology.

How can we ever be accepted before God and receive his blessings until we come to face the sacrifice of the cross? So a substitute must intervene before the blessing of rain can come from God.

Oh, yes! Fire had been the symbol of divine presence all through the wilderness journey of Israel for forty years. And also the burning bush when Moses saw the bush on fire. It was the revelation. Fire was a revelation of the divine name.

So they must now prepare these two bulls, one on the one altar, and then, later on Elijah will follow. And so they proceeded; the prophets of Baal proceeded to make their bull

니다. 모든 성경은 하나님의 영감으로 된 것으로 무오한 권위를 가지고 있습니다. 그러나 때로 하나님께서는 당장에 도덕적인 교훈을 주지 않으시면서도 어떤 것을 기록하게 하시는 것입니다.

엘리야가 '나는 혼자이고 나와 함께 한 사람은 아무도 없다'고 생각한 것은 분명합니다. 오바댜가 그에게 "동굴에 또 다른 하나님의 선지자 백 명이 있다"고 말한 것도 사실입니다. 그러므로 엘리야가 "나는 혼자인데 저기는 사백오십 인의 선지자가 있다"라고 말한 것은 그가 약간의 과장을 한 것일 수 있습니다.

그래서 그는 하나님의 인도 아래 하나의 경합, 시험을 제안합니다. 23절에서 그는, "그런즉 두 송아지를 가져오라. 그리고 저희는 한 송아지를 택하여 각을 떠서 나무 위에 놓고 불은 놓지 말며 나도 그리하리라"고 말합니다. 그리고 24절에서 "너희는 너희 신의 이름을 부르라 나는 여호와의 이름을 부르리니 이에 불로 응답하는 신 그가 하나님이니라."라고 합니다.

여기서 엘리야가 비 대신 불을 선택한 것은 참 흥미로운 일입니다. 3년 반이나 날씨는 계속 뜨거웠고 건조했습니다. 그런데 누가 불을 원하겠습니까? 비로 응답하시는 그분이 하나님이라 그러면 안 될까요?

아마 기상예보 역사상 항상 정확한 예보를 할 수 있었던 때는 당시뿐이었을 것입니다. 매일매일 정확한 예보를 할 수 있었던 마지막 때였습니다. 그러므로 불이 내려오게 하는 것은 그리 좋은 전망은 아니지요. 비가 필요합니다. 그러나 하나님의 복 이전에 반드시 희생이 있어야 한다는 위대한 신학을 그 백성들에게 가르쳐야 합니다.

우리가 십자가의 희생을 만남이 없이 어떻게 하나님께 용납되며 그의 복을 받을 수 있겠습니까? **그러므로 하나님으로부터 비의 복이 오기 전에 반드시 대속(代贖)이 있어야 하는 것입니다.**

그렇습니다. 불은 이스라엘 민족이 광야를 지나는 사십 년 동안 내내

ready. And verse 26 said, "They called on the name of Baal from morning to noon." This would be from six AM until twelve o'clock noon, six hours. And they all yelled, "O Baal, hear us. O Baal, hear us." But there is no response, no one answered. This went on hour after hour after hour.

They began to dance around the altar and, then, take out their swords and slash themselves hoping that the blood of priests would attract the favor of Baal.

And verse 27, Elijah began to taunt them at noon time. I'd picture Elijah being very relaxed for he was confident that God would answer. I'd picture him up on top of the mountain with his hands behind his back, sort of sunning himself and enjoying the wonderful day.

I think, he picked up a piece of grass and was chewing on it thoughtfully and said that, "Fellows, I don't smell any smoke yet." Then he began to say, "Shout louder. I read in your literature that Baal takes a nap." He said also, "Perhaps Baal is traveling and he can't hear you, shout louder." Then they said, "Thanks," they took the tip and said, "O BAAL" and shouted louder.

There is even one verse here - that one verb - that can't be translated in terms of what he said. Perhaps the best way for me to tell it to you is that he said that "perhaps Baal can't come to the phone right now."

Baal is nothing at all. He doesn't exist. This continued until three o'clock in the afternoon, the time of the evening sacrifice in Jerusalem. In verse 28, they shouted louder and slashed themselves with swords and spears - it was their custom - until their blood flowed. "But," verse 29 says, "there was no

체험한 하나님의 임재의 상징이었습니다. 또한 모세가 불타고 있는 수풀을 보았을 때의 그 타는 덤불, 그것은 계시였습니다. 불은 거룩하신 이름에 대한 계시였습니다.

그러기에 그들은 이제 두 마리의 송아지를 준비해야 합니다. 한 제단에 한 마리, 그리고 엘리야도 나중에 그렇게 할 것입니다. 그리고는 그들, 바알의 선지자들이 먼저 행동을 취하여 그들의 송아지를 준비했습니다. 26절에 보니까, "그들은 아침부터 정오까지 바알의 이름을 불렀다"고 했습니다. 이것은 아마 오전 6시부터 정오 12시까지 6시간이 될 것입니다. 그리고 그들 모두는 "바알이여, 우리에게 응답하소서, 응답하소서"라고 부르짖었습니다. 그런데 아무 응답도 없었고 아무런 대답도 없었습니다. 그리고 이런 현상이 수시간 동안 계속되었습니다.

그들은 제단 주위를 돌며 춤을 추면서, 칼을 들어 자신의 몸을 자해하기 시작하였습니다. 혹시 바알이 제사장들의 피를 보고 기뻐하실까 싶어서였습니다.

그리고 27절에 보면 엘리야는 정오가 되자 그들을 조롱하기 시작했습니다. 저는 엘리야의 느긋한 모습을 그려볼 수 있습니다. 왜냐하면 그는 하나님께서는 응답하시리라 확신했기 때문입니다. 저는 엘리야가 뒷짐을 진 채 산정(山頂)에서 여유를 가지고 일광욕을 즐기는 것처럼 화창한 날을 즐기고 있는 모습을 상상하게 됩니다.

저는 그가 풀잎을 하나 따서는 입에 물고 씹으면서 이렇게 말했을 것이라고 생각합니다. "친구들, 아직 아무 연기 냄새도 안 나는데." 그리고는 "좀더 큰 소리로 불러보지, 내가 너희들 책에서 보니까 바알은 낮잠을 자더군. 아마 바알이 여행 중이라 자네들의 소리를 못 듣는가 봐, 더 크게 외쳐 보라구"라고 했을 것 같습니다. 그러면 그들은, "고맙군"하고 그의 충고를 받아들여, "바알 신이여!"라고 더 크게 외쳤을 것 같습니다.

response; no one answered; no one paid attention."

There is no god but God, he is the only living One. Then Elijah said to all the people, verse 30, "Draw near, come to me." So Elijah in verse 31, took twelve stones, one for each of the tribes descended from Jacob.

Some of us want to say, "No, no, don't do that. That is not politically sound up here in the North. There were only ten tribes in the North; we don't have anything to do with those two tribes in the South."

He said, "No, take twelve stones, make the altar out of twelve stones. I want it to represent all of Israel." Then he said, "It is the one to whom the Word of the Lord came, saying, your name shall be Israel."

Now there is a passage that was earlier in the Biblical text, and this is alluding to that same passage. Do you remember in Genesis chapter 35, where it says, "Your name shall no longer be Jacob, but your name shall be Israel"? And what was it that God has said back there during that revival in Jacob's time? It was "Get rid of your foreign gods." He said that's why your name is Israel.

So with the stones, he built an altar in the name of the Lord. And he dug a trench around it large enough to hold a large volume of water. And he arranged the woods in verse 33, and cut the bull into pieces and laid it on the wood.

Then he said, "Fill up four large jars with water and pour it on the offering and on the wood." Someone said, "Where did they get the water? I thought they were out of it." But Mount Carmel is right there on the Mediterranean Sea. If you want salt water, there is no problem; just send them

이 절에서 엘리야가 말한 의미를 정확하게 번역할 수 없는 동사가 하나 있습니다. 아마도 제가 여러분을 위해 가장 쉽게 번역한다면 아마 이렇게 될 것입니다. "아마 바알이 금방 전화를 못 받는가 보다."

바알은 아무것도 아닙니다. 그는 존재하지 않습니다. 이러한 현상은 오후 3시까지 즉, 예루살렘에서 저녁 희생을 드리는 시간까지 계속되었습니다. 28절에 보니까, 그들은 더욱 크게 소리를 질렀고 그들의 규례대로 칼과 창으로 피가 흐를 때까지 그 몸을 상하게 하였습니다. 그러나 29절에는, "아무 응답도, 대답하는 자도, 돌아보는 자도 없었더라"고 말씀합니다.

하나님 외에 다른 신은 없으며, 그만이 살아 계신 분이십니다. 그 때 30절에서 엘리야는 백성들에게, "내게로 가까이 오라"고 말했습니다. 그리고는 31절에서 그는 야곱의 각 지파 수를 따라 열두 개의 돌을 취하였습니다.

아마 어떤 사람은 "아니, 안 돼요. 그렇게 하면 안 됩니다. 여기 북쪽에서 그런 행위는 정치적으로 불온한 짓입니다. 북쪽에는 열 지파밖에 없고 남쪽의 두 지파와 우리는 아무 상관도 없어요"라고 말했겠지요.

그러나 그는 "아니오, 열두 개의 돌을 취해서 그 돌로 제단을 만드시오. 나는 그것이 이스라엘 모두를 대표하기를 바라오. 또한 여호와의 말씀은 너의 이름은 이스라엘이 될 것이라 하신 그 사람에게 임한 것이오"라고 말했습니다.

성경 본문 가운데 이와 똑같은 내용을 말씀하는 본문이 있는데 이것은 그 부분을 넌지시 언급하는 것입니다. 창세기 35장을 기억해 봅시다. 거기서 "네 이름을 다시는 야곱이라 부르지 않겠고 이스라엘이 네 이름이 되리라"고 말씀하셨습니다. 당시 야곱의 부흥 시기에 하나님께서 말씀하신 것은 무엇입니까? 그 말씀은 "너희의 이방 신을 제하라"였습니다. 하나님께서는 그 때문에 네 이름이 이스라엘이라고 말씀하셨습니다.

down the hill to get the water.

And so they filled it up and poured it on once. He said, "Do it again." He said, "Do it a third time." You'd say, "Why is he doing all of this?" I think it saved me reading an awful lot of doctoral dissertations - Ph. D.'s. Can't you imagine someone saying that was a spontaneous combustion that took place while he was praying?

With all these people dancing around with their swords, someone must have struck a rock and the spark was there, and the wind came up while he was praying, and that's how the fire started. But that theory is all wet.

C. In His Mighty Display of His Power and Presence

The text says here that he simply went before God in prayer. In verse 36, it was the time of the evening sacrifice down in Jerusalem, when communion between God and men was being symbolized. What would you and what would I have done in this situation?

I don't know if some of you've gone to seminary, but I don't think we offer courses in calling down fire from heaven. He had never done this before. Will it work or will it not work. Maybe he should say, "Oh, Lord, let me go around back of the hill and try just a little bit, then I come out in front of the people because I've never done this before." But he doesn't do that at all.

He is confident that God is the living God. He has been in prayer and he has met with God for these three and a half years. Everything that God had been teaching him for those three and a half years went into this one day. And he prayed

그러므로 그는 그 돌들을 가지고 여호와의 이름으로 제단을 쌓았습니다. 그리고는 그 주위에 많은 물이 들어갈 만한 도랑을 팠습니다. 33절에 보니까 그는 나무를 벌이고 송아지의 각을 떠서 나무 위에 놓았습니다.

그리고 그는 "큰 통 넷에 물을 채워 번제물과 나무 위에 부으라"고 말했습니다. 어떤 사람은, "그들이 어디서 물을 얻겠습니까? 그들에겐 물이 없다고 생각하는데요"라고 말할 것입니다. 그러나 갈멜 산은 바로 지중해에 인접해 있습니다. 만일 소금물이라도 괜찮다면 전혀 문제가 없습니다. 사람들을 언덕 아래로 보내서 물을 긷게 하면 됩니다.

그래서 그들은 물을 채워 한 번 부었습니다. 그는, "다시 한 번 더 하라"고 말했지요. 그리고는 "세 번 그리하라"고 말했습니다. 아마 여러분은 "엘리야가 왜 이럽니까?"라고 물을 것입니다. 저는 이것이 저를 엄청난 양의 박사학위 논문을 읽는 것으로부터 구해 주었다고 생각합니다. 여러분, 혹시 누군가 엘리야가 기도하는 중간에 자연발화가 생길 수도 있다고 말하는 것을 상상할 수 있지 않겠습니까?

이 모든 사람들은 칼을 들고 날뛰면서 춤을 추었는데, 누군가의 칼이 바위에 부딪혀 불꽃이 튀었을 것이고, 그가 기도할 때 바람이 불어서 불이 붙게 되지 않겠어요? 그러나 그런 상상은 이것으로 끝난 것입니다.

C. 그의 능력과 임재를 강력하게 나타내시는 일에서

여기 본문은 그가 단순히 기도 가운데 하나님께 나아갔다고 말합니다. 36절에 보면, 그 때는 예루살렘에서 하나님과 사람의 교제를 상징하는 저녁 희생을 드리는 시간이었다고 말합니다. 여러분이나 저 같으면 그 상황에서 어떻게 했겠습니까?

저는 여러분 중 얼마나 신학교를 나오셨는지 모릅니다만, 아마 하늘에서 불을 내려오게 하는 과목은 개설되지 않았을 것이라고 생각합니다. 엘리야는 전에 이런 일을 해 본 적이 없습니다. 정말 그렇게 될 수도 있

just simply in sixty Hebrew words or less, "O Lord God, do it again." That's the point, "Let it be known that you are God in Israel today."

He said, verse 37, "Answer me, O Lord, answer me so that the people will know that you, O Lord, are God, and that you are turning their hearts back again."

Now, I see our time is up and I should take a break here. You know how the story is going to go. I think we'll come back after our lunch break and I will finish this rather than this time.

But for the moment, let's look to our Lord in prayer one more time.

> Father, thank you for your power as you have demonstrated through Elijah. O you are the living God. We long for that power to be shown in our nation this day. And we pray that that same power may be evidenced in your Church this day, too. Oh fire of God, fall upon us, one more time we pray. Thank you for all that you are going to do in your wonderful name, we pray, Amen.

[Tape 7]

We left you just before lunch in the middle of the story of Elijah. I hope that did not spoil anyone's lunch. We turn back once again to see the demonstration of the power of God. We have seen God demonstrate his power in his people and now demonstrates his power in his actions.

Here is one man of God standing against the whole na-

고 안 될 수도 있습니다. 아마 그는, "주여, 제가 저 언덕 뒤에서 잠깐 시험을 해 보고 온 후 백성들 앞에 나서겠습니다. 사실 저는 이런 일을 전에는 해 본 적이 없거든요"라고 말했을 수도 있었을 것입니다. 그러나 그는 전혀 그렇게 하지 않습니다.

그는 하나님이 살아 계신 하나님이심을 확신했습니다. 그는 이 3년 반 동안 계속 하나님께 기도해 왔고 하나님을 계속 만났었습니다. 3년 반 동안 하나님께서 그에게 가르치셨던 모든 것이 이 하루 동안에 다 드러나는 것입니다. 그래서 그는 간단히, 히브리어로 육십 단어도 못 되는 기도를 드렸습니다. "오 주여, 다시 그 일을 행하소서." 이것이 핵심입니다. "백성들로 하여금 오늘날 당신이 이스라엘의 하나님이신 것을 알게 하옵소서."

그는 37절에서, "주여 내게 응답하소서. 그래서 이 백성으로 하여금 주 여호와는 하나님이신 것과 주는 저희의 마음으로 돌이키게 하시는 것을 알게 하옵소서"라고 기도했습니다.

이제 시간이 다 된 것 같습니다. 여기서 휴식 시간을 가져야 되겠습니다. 다음 이야기가 어떻게 갈 것인지 여러분도 아시겠지요. 지금은 아니고 점심 시간 후에 이 강의를 마치려고 생각합니다.

지금은 이 시간을 위해 다시 한번 기도하겠습니다.

"아버지, 엘리야를 통하여 보여 주신 능력을 감사드립니다. 주는 살아 계신 하나님이시옵니다. 우리는 그 능력이 이 시대에 우리 나라에도 보여지기를 소원합니다. 또한 동일한 능력이 오늘날 주의 교회에도 증거되기를 기도합니다. 불의 하나님, 한 번 더 구하옵기는 우리에게 임하시옵소서. 주께서 앞으로 일으키실 모든 역사에 감사드리오며 주의 놀라우신 이름으로 기도합니다. 아멘."

tion, and, yet, he feels that he is in the majority. This is what I call the biblical Math. One person plus God equals a majority. And that's what it was for prophet Elijah.

He prayed in verse 36 of 1 Kings 18 to God. He addresses the Lord as the God of Abraham, Isaac, and Israel. By so reminding God's people, he calls to their mind the covenant and the 'promise doctrine' that was in the covenant.

God had promised that he would send a seed and he would give a land, and he would also give the inheritance of the Gospel. This began as early as Genesis 3:15. There God gave his wonderful promise when man and woman fell into the Fall.

God said, "I will put an enmity between the serpent and the woman." This was not a natural hostility between the serpent and the woman but a divinely-placed hostility. But then God said, "I'll also place an enmity between the serpent's seed and the woman's seed."

And then comes the surprise of the Gospel statement announced in this verse. Suddenly, he mentions a male descendant of the woman. And he says that the serpent will bite the heel of the male descendant that is to come from the woman. But the male descendant will crush the head of the serpent. To crush the skull is to be a lethal blow. And this is the end of the serpent then.

When will this come? Romans 16:20, Paul alludes to the same fact. Paul prays for the Christian Church that all of us may crush Satan under our feet shortly. And so the conquest over the serpent or the evil one is certain from the very beginning. This is called the first announcement of the Gospel

【테이프 #7】

　엘리야 이야기 중간에 점심 시간이 되었습니다. 그 이야기 때문에 식사를 망친 분이 없기를 바랍니다. 그러면 하나님께서 능력을 행사하시는 것을 다시 보도록 하겠습니다. 우리는 지금까지 하나님께서 당신의 백성들에게 능력을 베푸시는 것을 보아 왔습니다. 이제는 하나님께서 그의 행위 가운데서 능력을 나타내시는 것을 보게 됩니다.
　여기 홀로 나라 전체에 맞서 대항하면서도 스스로 다수 편에 속했다고 느끼는 한 하나님의 사람이 있습니다. 저는 이것을 성경적 수학이라고 부릅니다. 한 사람일지라도 하나님이 그와 함께 하시면 다수가 됩니다. 바로 엘리야의 경우가 그러했습니다.
　열왕기상 18장 36절을 보면 엘리야가 하나님께 드리는 기도가 나옵니다. 그는 하나님을 아브라함과 이삭과 이스라엘의 하나님이라고 부릅니다. 이렇게 언급함으로써 엘리야는 사람들의 마음 속에 하나님과 맺은 언약과 그 언약 속에 담긴 약속의 교리를 기억나게 하고 있습니다.
　하나님께서는 씨와 땅을 주기로 약속하셨고 또한 복음을 상속하게 할 것이라고 약속해 주셨습니다. 이 약속은 창세기 3장 15절부터 시작된 것입니다. 거기서 하나님은 남자와 여자가 타락하게 되었을 때 놀라운 약속을 주셨습니다.
　하나님이 말씀하셨습니다. "내가 뱀과 여자가 서로 원수가 되게 하리라." 이것은 뱀과 여자 사이에 저절로 있는 적의가 아니라 하나님께서 있게 하신 적의입니다. 또한 하나님은 "뱀의 후손과 여자의 후손 사이에도 원수가 되게 하리라"고 말씀하셨습니다.
　그리고는 놀랍게 복음을 선포하는 말씀이 옵니다. 갑자기 하나님께서는 여자의 후손인 한 남자를 언급하십니다. 그리고 그 뱀은 여자로부터 나오게 될 후손의 발꿈치를 상하게 할 것이고 그 후손은 뱀의 머리를 상

in Genesis 3:15.

Some people ask, "But what did Eve and Adam understand from this?" Genesis 4:1 gives us the answer. It says that "Adam lay with his wife Eve, and she conceived and gave birth to Cain. She said, 'With the help of the Lord, I have brought forth a man.'"

There is a problem with the translation of that verse. Luther translated it in a different way. He said, "I have gotten a man, even the Lord." In other words, when Eve had her first child, she thought that God was giving the answer that had been promised in Genesis 3:15.

Many of our translations add the word "with the help of" to the phrase "the Lord". But those words are not in the original Hebrew text. So it could well be that Eve's instincts were correct, her timing was wrong. This was not the last of the problems that come up in Genesis one through eleven.

Besides the Fall, there also is the Flood that came in Genesis six through eight. But once again, God gives a promise and a further revelation of his plan. He promises that God will come and dwell in the tents of Shem. Shem was one of Noah's sons. And this is the Semitic race of peoples on the face of the earth.

But we do not know which one of the Semitic peoples that he will come and dwell in the midst of them. There was a third great catastrophe or problem in Genesis one through eleven. Beside the Fall and the Flood, there also was the Tower of Babel that they tried to build. Here they were worried about their division of language and they wanted to keep the world together.

하게 할 것이라고 말씀하십니다. 머리를 부순다는 것은 치명적인 타격을 의미합니다. 이렇게 되면 뱀은 최후를 맞이하게 됩니다.

이런 일이 언제 일어날까요? 로마서 16장 20절에서 바울도 또한 같은 사실을 언급합니다. 바울은 교회를 위해 기도하면서, 하나님께서 속히 사단을 우리 모두의 발 밑에 상하게 하시기를 기원합니다. 그러므로 뱀 또는 마귀를 정복하는 일은 처음부터 분명한 사항이었습니다. 이것은 창세기 3:15에 나타난 첫 복음 선언이라고 부르는 것입니다.

어떤 사람은 "아담과 하와가 이 말씀으로부터 무엇을 깨달았을까요?" 라고 질문을 합니다. 창세기 4장 1절이 그 답을 줍니다. 거기 보면 아담이 하와와 동침하매 하와가 잉태하여 가인을 낳은 후 "내가 여호와로 말미암아 득남하였다"고 합니다.

그런데 이 구절에는 번역상의 문제가 있습니다. 루터는 이 구절을 좀 다르게 번역해서 "내가 한 남아, 곧 여호와를 낳았다"고 합니다. 다르게 말하자면, 하와는 첫 아이를 낳고, 하나님께서 창세기 3장 15절에서 주신 약속의 응답을 주셨다고 생각했다는 것입니다.

많은 번역가들은 "…로 말미암아"라는 말을 "여호와" 앞에 붙입니다. 그러나 히브리 원문에는 그런 말이 없습니다. 그러므로 하와의 직감은 옳았으나 시간 인식이 틀렸다고 할 수 있습니다. 이 외에도 창세기 1장부터 11장 사이에는 다른 여러 문제들이 등장합니다.

인간의 타락 외에도 창세기 6장부터 8장까지에는 홍수 기사가 실려 있습니다. 그러나 하나님은 다시 한번 약속을 주시고 보다 깊은 당신의 계획을 계시해 주십니다. 하나님은 이 땅에 오셔서 셈의 장막에 거하시겠다고 약속하십니다. 셈은 노아의 아들 중 하나였고, 지구에 사는 셈 종족을 말합니다.

그러나 우리는 셈 종족 가운데 어떤 자손들에게 하나님이 오셔서 그들 중에 거하실지는 알지 못합니다. 또한 창세기 1장부터 11장까지의 사건

But, as a matter of fact, here, too, God gave a promise for that catastrophe. He called one Semitic man called Abraham. And in Genesis 12:1-3, he gave the promise. He said, "I am going to make your name great. And I'll make a great nation out of you." "But" he said, "I am going to do this not so that you will be important, but that you will be a blessing to others. In fact, I want you to be a blessing to all of the nations upon the face of the earth that I've just listed in Genesis 10."

Then God called the three Patriarchs: Abraham, Isaac, and Jacob. And he continued to increase this plan that God had begun in Genesis one through eleven. And he said, "I will give a seed, a descendant that will come from the line of Abraham. I will give you the inheritance of the land of Canaan. And in your seed, all the nations of the earth shall be blessed. I'll give you the Gospel."

Now this was the consciousness that was in Elijah's mind as he prayed here this day. He said, "O Lord, God of Abraham, Isaac, and Jacob, let it be known today that you are God." When he used the words "Let it be known," he was thinking about an impression and a consciousness that would come upon the lives of everyone.

The words have an evangelistic purpose to them as well as just a cognitive knowledge purpose. He says also in verse 37, "Answer me, O Lord, answer me, so that this people may know that you, O Lord, are God." He did not want it for his own purposes or that he would be recognized or receive glory. He wanted the people of that day to recognize that the Lord was the only God.

중에 세번째의 큰 파국 혹은 문제가 있습니다. 인간의 타락과 홍수 사건 외에도 인간들이 지으려고 했던 바벨 탑 사건이 있습니다. 이로 말미암아 사람들이 흩어졌습니다. 그들은 거기서 자신들의 언어가 분열되는 것을 염려하여 자신들의 세계를 유지하려고 했습니다.

그러나 실상, 하나님께서는 여기서도 이들에게 재난을 위한 약속을 주셨습니다. 하나님은 셈족 가운데서 아브라함이라는 한 사람을 부르셨습니다. 하나님은 창세기 12장 1~3절에서 그에게 약속을 주셨습니다. 하나님께서는 이렇게 말씀하십니다. "내가 너의 이름을 크게 해주겠다. 너로부터 위대한 백성이 나오게 해주겠다. 그러나 내가 이렇게 하는 이유는 네가 중요한 사람이 되게 하려는 것이 아니라 네가 다른 사람들에게 복의 근원이 되게 하려는 것이다. 나는 실로 네가 창세기 10장에 기록된 지구상의 모든 나라들에게 복의 근원이 되기를 원한다."

하나님께서는 아브라함과 이삭, 야곱 세 족장을 부르셨습니다. 그리고 창세기 1장부터 11장 사이에서 시작하신 당신의 계획을 계속 확대시켜 가십니다. 하나님은 이렇게 말씀하십니다. "아브라함의 후손 중에 한 '씨'가 태어나게 하겠다. 내가 너에게 가나안을 상속하게 해 주겠다. 그리고 너의 씨 안에서 땅의 온 나라들이 복을 받게 될 것이다. 너에게 복음을 주겠다."

현재 엘리야가 기도하면서 이와 같은 생각을 하고 있는 것입니다. 엘리야는 "여호와, 아브라함과 이삭과 야곱의 하나님이여. 오늘날 주님이 하나님이심을 모두가 알게 하옵소서." "모두가 알게 하옵소서"라고 말할 때 엘리야는 모든 사람들의 삶에 깊은 인상을 주고 의식에 새겨질 것을 생각하고 있는 것입니다.

엘리야의 기도는 사람들의 지식에만 목표가 있는 것이 아니라 그들에게 전도하려는 목표도 가진 것입니다. 또한 그는 37절에서 이렇게 기도합니다. "여호와여 내게 응답하옵소서, 내게 응답하옵소서. 이 백성으로 주 여호

But then also this other note of revival... "that you are turning their hearts back again." There is that key word of the prophets, to turn or to repent, to come back to God. So for people who were limping between two opinions, he asked for a clear-cut decision. And verse 38 says:

> Then the fire of God fell. It burned up the sacrifice, the wood, the stones and the soil, and also licked up the water in the trench. When all the people saw this, they fell down and they cried, "The LORD is God!"

I think we would have fallen down, too, had we been there and seen such a sight. There is the declaration that God alone had become God.

There is one more demonstration of the power of God in this text. It is a God who demonstrates his power through prayer. These are verses 40 through the end of the chapter. You would have thought that it was all over at this point after fire fell from heaven. Just to see the fire of God fall in response to a prayer probably would change a whole nation.

But, as a matter of fact, that did not take place. God is not always seen in the great movements of our day, but sometimes he moves quietly.

There was a first order of business with regard to the prophets of Baal. They were taken down to the Kishon Valley and then slaughtered. Some are troubled by this fact. But you must understand the implications of what is taking place here.

Here are people who knew the truth of God but were de-

와는 하나님이신 것과 주는 저희의 마음으로 돌이키게 하시는 것을 알게 하옵소서." 엘리야는 자신을 위해서, 자신이 인정받거나 영광을 받으려고 기도하지 않았습니다. 그 시대의 백성들이 여호와만이 하나님이심을 알게 하려고 기도한 것입니다.

부흥을 말해 주는 다른 구절이 또 있습니다. "주가 지금 저희의 마음을 돌이키시는 것을 알게 하옵소서." 예언자들의 선포의 핵심은 '하나님께로 돌이키라, 회개하라, 돌아 오라'는 말들입니다. 엘리야는 지금 두 사이에서 머뭇거리는 백성들에게 명쾌하게 결단할 것을 요구하고 있습니다. 그러므로 38절에서는 이렇게 말씀합니다.

> 이에 여호와의 불이 내려서 번제물과 나무와 돌과 흙을 태우고 또 도랑의 물을 핥은지라 모든 백성이 보고 엎드려 말하되 여호와 그는 하나님이시로다 여호와 그는 하나님이시로다 하니

아마 우리가 거기 있어서 그런 광경을 보았더라면 우리도 분명히 땅에 엎드려졌을 것입니다. 이것은 오직 하나님만이 과연 하나님이시라는 그들 자신의 선언입니다.

이 본문에 하나님의 능력이 또 한번 나타나고 있습니다. 하나님은 기도를 통하여 그의 능력을 나타내십니다. 40절부터 18장 마지막까지 그 내용이 나와 있습니다. 여러분은 아마도 하늘에서 불이 떨어진 여기가 끝이로구나 하고 생각하시겠지요? 엘리야의 기도에 대한 응답으로 하나님의 불이 하늘로부터 떨어지는 것을 보기만 해도 아마 온 나라가 뒤바뀔 것이라고 생각하실지도 모르겠습니다.

그러나 사실, 그런 일은 결코 일어나지 않았습니다. 하나님은 언제나 우리 인생의 위대한 운동들 가운데서 만나 뵐 수 있는 것이 아닙니다. 하나님은 때때로 조용히 움직이십니다.

liberately disseminating a lie. They were affecting the lives of people, not just for seventy years or eighty years on this earth, but forever, for an eternity.

Then Elijah announced to King Ahab, "You better get up and start moving out because rain is going to come." God had given that promise in verse one. He told him to go and present himself to Ahab and then God would send the rain. You would say, "Well then, why does he need to pray because he has the promise of God?"

We answer with a straightforward answer. The promises of God are not meant to exempt us from prayer but to teach us what it is we are to pray for. That's how we can pray intelligently and pray in the Spirit. We ought to base our prayers, then, on the promises of God found in his Word.

And so Elijah went up on the top of Mount Carmel, verse 42. He bent down to the ground and put his face between his knees. And here he was in the attitude of prayer. Once again, there is no special posture for prayer.

We have seen Elijah in public prayer as he prays for fire to come down from heaven. But now we see him in private prayer. Scripture cites this man as an example of prayer in the book of James. The passage is found in James 5:17, 18. The text says in James 5:17:

> Elijah was a man just like us. He prayed earnestly that it would not rain, and it did not rain on the land for three and a half years. Again he prayed, and the heavens gave rain, and the earth produced its crops.

엘리야는 우선 바알의 선지자들을 처리하는 지시를 내렸습니다. 이에 바알의 선지자들은 모두 기손 골짜기로 끌려가서 죽임을 당했습니다. 어떤 이들은 이 사실로 인하여 곤혹스러워 합니다. 그러나 우리는 이 사건이 품고 있는 암시를 이해하여야 합니다.

여기 있는 자들은 하나님의 진리를 알면서도 오히려 의식적으로 거짓말을 퍼뜨리는 자들입니다. 사람들에게 미치는 이들의 악 영향은 이 땅에서 7,80년만 가고 마는 것이 아니라 영원토록, 영원히 가는 것입니다.

그 일이 있은 다음에 엘리야는 아합 왕에게 이렇게 말합니다. "왕이여, 이제 일어나 출발하십시오. 비가 오려고 합니다." 하나님께서는 1절에서 비의 약속을 주셨습니다. 엘리야에게 아합에게 가서 보이라고 명하시고 하나님께서 비를 보내겠다고 말씀하십니다. 그러면 이렇게 질문하는 사람도 있을 것입니다. "엘리야는 하나님의 약속을 받았는데 왜 또 기도를 해야 합니까?"

이에 대해서는 다음과 같은 답을 바로 할 수 있습니다. **"하나님의 약속은 우리에게 기도를 면제해 주는 것이 아니라 우리가 무엇을 위해 기도해야 할지를 가르쳐 주는 것이다."** 우리는 이렇게 해서 기도의 제목을 아는 가운데 기도할 수 있고 성령 안에서 기도할 수 있는 것입니다. 그러므로 우리는 기도할 때에, 하나님의 말씀에서 발견한 약속에 근거해서 기도해야 합니다.

그리고 42절에서 엘리야는 갈멜산 꼭대기로 올라갔습니다. 그는 땅에 엎드려 얼굴을 무릎 사이에 넣었습니다. 이것은 엘리야의 기도 자세였습니다. 다시 말씀드리면, 기도에는 특정한 자세가 없습니다.

우리는 좀전에 엘리야가 하늘에서 불이 내리기를 공개적으로 기도하는 것을 보았습니다. 그러나 이제는 그가 개인적으로 기도하는 것을 봅니다. 성경 야고보서에서는 엘리야를 기도의 모범으로 인용합니다. 야고보서 5장 17, 8절입니다. 야고보서 5 : 17에서 이렇게 말씀합니다.

Elijah is just like us, made of the same stuff. We are impressed that he could pray and call down fire from heaven. We are impressed that he could pray and the heavens would close up and there wouldn't be any dew or rain for three and a half years. We are impressed that he could pray and rain and dew would start again. We say, "He must be very different from what we are. He is very holy." But James says, "No, no, he is like us."

He is just like us. Therefore, what is the point of the passage? He prayed, and it didn't rain. We ought to pray, too, as well. The same Lord that he appealed to is the Lord that we appeal to in prayer. We must not make a plaster saint out of him and make him something special. He is like us in every way. You say, "Could we pray in our day and generation and shake the heavens like that?" And you know the answer is "Yes! Of course we can!"

There is more power in this group gathered here today than in all the nations upon the face of the earth. For Jesus taught if we should agree on earth as to seek what is in heaven, it shall be done. So the call to prayer is clear here, in this chapter.

But let's look at some of the characteristics of a fervent prayer. First of all, Elijah withdrew from the crowd. And he prostrated himself in the posture of prayer. And we notice, too, he based his prayer on the promises of God. He was fervent in prayer, for he sent his servant up the hill seven times to see if rain was coming. He was watchful in prayer, too, as well.

He was definite in prayer for he asked for rain. Sometimes

엘리야는 우리와 성정이 같은 사람이로되 저가 비오지 않기를 간절히 기도한즉 삼 년 육 개월 동안 땅에 비가 아니 오고 다시 기도한즉 하늘이 비를 주고 땅이 열매를 내었느니라

엘리야는 우리와 같은, 같은 재료로 만들어진 사람입니다. 우리는 그가 기도함으로 하늘에서 불을 내리도록 했다는 사실에서 깊은 인상을 받습니다. 또한 그가 기도하니까 하늘이 닫히고 3년 6개월 동안 이슬이나 비가 한 방울도 오지 않았다는 사실에 대단한 인상을 받습니다. 그리고 그가 기도하니 우로가 내리기 시작했다는 데에도 큰 인상을 받습니다. 우리는, "엘리야는 우리와는 아주 다른 사람이었을 거야. 아주 거룩한 사람이었음에 틀림없어"라고 이야기합니다. 그러나 야고보는 이렇게 말합니다. **"아니, 아니오. 엘리야는 우리와 같은 사람이오."**

엘리야는 우리와 똑 같은 사람입니다. 그렇다면 이 구절의 요지는 무엇이겠습니까? 엘리야가 기도하자 비가 오지 않았습니다. 우리도 또한 기도해야 합니다. 엘리야가 간구했던 여호와는 바로 우리가 기도 중에 간구하는 여호와이십니다. 우리는 엘리야를 뛰어난 성자로 보거나 특별한 어떤 사람으로 보아서는 안됩니다. 그는 모든 면에서 우리와 같은 사람입니다. 우리는 이렇게 질문할 수 있습니다. "우리가 이 시대에도 엘리야처럼 하늘을 움직이는 기도를 드릴 수 있을까요?" 이에 대한 대답은 분명합니다. "물론이죠. 우리도 할 수 있습니다."

지구상의 모든 나라들보다도, 오늘 이 자리에 모여 기도하는 이 모임이 더 큰 힘을 갖고 있습니다. 왜냐하면 예수께서 우리가 땅에서 마음을 합해 하늘에 있는 것을 구하면 그렇게 될 것이라고 가르쳐 주셨기 때문입니다. 그러므로 이 장의 여기서 분명한 것은 기도하라는 것입니다.

여기서 열심 있는 기도의 특징을 몇 가지 살펴봅시다. 먼저 엘리야는

we pray so generally that we do not make it very specific. But he prayed and asked God for rain. God had promised that in verse 1 of chapter 18. And not as a result of his special prayers but as a result of who God was, it rained.

There is an interesting little story here about the servant of Elijah. Elijah kept telling his servant, "Run up to the top of the mountain and see if you see anything coming." Seven times he went up and said, for six of the times, "There's nothing." But in verse 44, the seventh time, he reported, "A cloud as small as a man's hand is rising from the sea."

That certainly is not a big weather front at all, just a small hand of a cloud. But that was enough to indicate that God's promise was now going to be fulfilled. So Elijah went down and said to King Ahab, "Get ready. Hitch up your chariot, for rain is on the way."

And verse 45 says, "The sky grew black with clouds, and the wind blew and a heavy rain came down." And Ahab rode from Mount Carmel over to the summer palace of Jezreel. And Elijah raced ahead of the chariot for those eighteen miles as he went over to Jezreel.

This was not as a proof of his humility that he ran in front of the chariot. It is not that he was trying to bring the king unharmed, as if he were a bodyguard that he ran in front of it. But he wanted to be a reminder to the conscience of the king about what God was doing. And he wanted to stand alongside of the king to be able to advise him so that he would come back to know that the Lord is God.

What a great chapter of a revival in Elijah's day! Here is a concept of God who is larger than any vision that the people

무리로부터 떨어져 나왔습니다. 그리고 기도하려고 엎드렸습니다. 또한 우리는 그가 하나님의 약속에 근거한 기도를 드리는 것을 주목합니다. 그가 일곱 번이나 사환을 산꼭대기에 올려보내 비가 오는지를 알아본 것은 그가 열정적으로 기도하였다는 것을 보여줍니다. 또한 그는 기도에서 신중하였습니다.

그는 비를 구하는 아주 구체적인 기도를 드렸습니다. 종종 우리는 너무 일반적인 기도만 드리고 구체적인 기도를 드리지 않습니다. 그러나 엘리야는 하나님께 비를 달라고 간구했습니다. 하나님은 이미 18장 1절에서 비를 약속하셨습니다. 그러므로 엘리야의 특별기도들 때문에가 아니라 하나님이 어떤 분이신지에 따라서 비가 온 것입니다.

여기에는 엘리야의 사환에 얽힌 재미있는 이야기가 하나 있습니다. 엘리야는 그의 사환에게 "산꼭대기로 가서 어떤 일이 일어나는지 알아보라"고 자꾸 이야기합니다. 이 사환은 일곱 번이나 올라갔는데, 여섯 번까지는 "아무것도 없습니다"라고 대답했습니다. 그러나 44절, 일곱 번째 올라갔을 때, 사환이 이렇게 대답합니다. "바다에서 사람의 손 만한 작은 구름이 일어나나이다."

그것은 분명히 커다란 전선이 일어난 것은 아닙니다. 단지 조그만 손 만한 구름입니다. 그러나 그것만으로도 하나님의 약속이 이루어진다는 것을 예시하기에 충분했습니다. 이에 엘리야는 내려가서 아합 왕에게 말했습니다. "준비하시고 마차를 갖추십시오. 이제 비가 옵니다."

그리고 45절 "조금 후에 구름과 바람이 일어나서 하늘이 캄캄하여지며 큰 비가 내리는지라," 이에 아합은 갈멜 산에서 내려와서 이스르엘에 있는 여름 궁으로 갔고, 엘리야는 아합의 마차 앞에서 달리면서 이스르엘에 이르기까지 18마일을 달려갔습니다.

엘리야가 아합의 마차 앞에서 달린 것은 그가 겸손해서가 아닙니다. 무슨 경호원이라도 되어 왕을 보호하려고 그렇게 한 것도 아닙니다. 하

ever had up to that point. So we end this passage by asking the question we began with, "To whom or to what shall we liken God?"

Are the problems in our personal lives and in our churches and in our nation larger than God? Is it true that God has slipped in our estimation in recent years? Can't God make the weakest of us bold as a lion in facing the enemy? Cannot God shatter the traditional categories of our day and demonstrate that he is greater than all of them?

Now the invitation has come. Let us kneel before him and worship him as King. The people shouted in verse 39, "The LORD-he is God! The LORD-he is God!" Here is a man, too, who also lived a life of prayer. He was persistent in his prayer and he was expectant in his prayer. Let it be known to the nations once again that God is God and there is no one like him.

My wife and I visited Romania, before it fell, in Christmas 1989. We were in one of the largest churches in all of Europe. And yet it was a church constantly under threat of being pushed over by machines so that it would no longer exist. There were also informers in the audience to indicate who was present at every service.

And yet I've never seen more power in a church than I saw in that group in Romania. They attempted to set the pastor's house on fire by arranging the electrical current from the city to his house.

When the pastor discovered it, he asked one of the people from his church to come and take the wire that was put to their house and put it back to the power going down the

나님께서 지금 하시는 일을 아합에게 똑바로 상기시키려고 그렇게 한 것입니다. 그리고 엘리야는 아합의 옆에서 아합이 여호와가 하나님이심을 알고 돌아올 수 있도록 조언하고 지도할 수 있기를 원했던 것입니다.

엘리야 시대의 부흥을 보여 주는 얼마나 멋진 장입니까? 그 때까지 사람들이 도달했던 어떤 비전보다도 더 큰 하나님 개념이 여기 드러나 있습니다. 이제 우리가 시작할 때 물었던 질문을 함으로써 이 구절의 설명을 마치도록 하겠습니다. **"하나님을 누구에게, 무엇에 견줄 수 있겠습니까?"**

우리의 삶과 교회와 나라에 있는 문제들이 하나님보다도 더 큽니까? 정말로 요즘 우리의 우선순위에서 하나님을 누락시킨 것입니까? 하나님께서 우리 중 가장 약한 자라 할지라도 사자처럼 담대하게 만드셔서 적을 대적하도록 하실 수는 없을까요? 하나님께서 우리 시대에는 전통의 틀을 깨뜨리시고 자신이 이 모든 것들보다 크신 분이라는 것을 보이실 능력이 없는 분이신가요?

이제 이런 초대를 들어야 합니다. 다같이 하나님 앞에 무릎을 꿇고 그를 왕으로 모십시다. 39절에서는 백성들이 이렇게 외쳤습니다. "여호와 그는 하나님이시로다! 여호와 그는 하나님이시로다!"

또한 여기 기도의 삶을 살았던 한 사람이 있습니다. 그는 인내하며 기도했고 기대를 가지고 기도했습니다. 그러므로 이제, 하나님만이 하나님이시며 그와 같은 이가 없음을 다시 한번 세상에 알립시다.

제 아내와 저는 루마니아가 무너지기 전, 1989년 크리스마스에 그 나라를 방문한 적이 있었습니다. 우리가 간 교회는 유럽에서도 가장 큰 축에 속하는 교회였습니다. 그러나 이 교회는 불도저로 밀어버리겠다는 협박을 늘 받고 있는 교회였습니다. 참석자들 중에는 각 예배에 누가 참석했나를 점검하는 정보원이 있었습니다.

그러나 저는 루마니아의 그 그룹에서 본 것만큼 교회 안에서 능력 있게 역사하는 것을 본 적이 없습니다. 핍박하는 사람들은 도시에서 목사

street. The chief of police called his home, the pastor's home right away, and said, "I want you to come down to the police station."

They constantly watched his home and even while we were there, they were across the street listening with devices to hear what we were saying. He went down to the police station and they said, "You must stop spreading this Gospel. Your church is growing and you must stop that." He said, "Suppose I don't stop it. What will happen?" They said, "You will have an automobile accident." He said, "How can I have an automobile accident? I drive very carefully." They said, "Do not worry. We can arrange it."

And so he said, "Listen. I want to tell you something about the God I serve." He said, "This God knows every hair on my head and has every one numbered." He said, "You can't touch one hair without his permission. And even if he does give you permission, look out because you're in trouble with him!" And he said, "Good bye! That's all I have to say for you." That was a man who demonstrated that God was greater in his thinking than the chief of police.

I saw so much suffering in the Church in Romania. I said, "I will tell the Christians in the West to pray for you." He said, "Thank you very much. But we're more worried about you in the West and the Church there." "Oh?" I said, "Why are you worried about us?" He said, "Because I wonder how you will ever grow spiritually without suffering." He said, "What God has done for us has come through these years of intense suffering."

Twenty-four million people in Romania and two million

님의 집으로 가는 전기의 흐름을 조작해서 목사님의 집을 불태우려고 했습니다.

목사님은 이것을 발견하고서 교인 중 한 사람을 오도록 청해서 자기 집에 들어오는 전류를 되돌려 다시 거리로 흘러가도록 했습니다. 금방 경찰서장이 그 집, 목사님의 집으로 와서 그에게 말했습니다. "경찰서로 좀 내려오시오."

이들은 끊임없이 이 집을 감시했으며, 우리가 있는 동안에도 길 건너편에서 도청장치를 이용해서 우리가 무슨 이야기를 하고 있는지를 들으려고 했습니다. 목사님이 경찰서로 가자 그들은 이렇게 말했습니다. "이 복음을 선전하는 일을 그만두시오. 당신 교회는 지금 커지고 있으니 당장 그만두시오." 목사님이 말했습니다. "그렇게 못 하겠다면 어쩔 테요?" 그들은 "그렇게 하면 자동차 사고를 당하게 될 거요"하고 대꾸했습니다. "자동차 사고라니? 나는 차를 몰 때 조심해서 운전합니다." 그들은 "걱정 마시오. 우리가 조정할 수 있으니까."

그래서 목사님이 이렇게 말했습니다. "잘 들으시오. 내가 섬기는 하나님에 대해 당신들에게 할 말이 있소. 이 하나님은 내 머리의 모든 머리털을 다 알고 세고 계시는 분이시오. 그분의 허락이 없이는 내 머리털 하나도 건드릴 수 없소. 그러나 만일 허락하시더라도 조심하시오. 당신들은 하나님과 싸우게 되는 셈이니까! 그럼 잘들 계시오. 내 할 말은 끝났소." 이 목사님은 하나님께서 경찰서장보다 크신 분이라고 믿는 것을 똑똑히 보여준 분입니다.

저는 루마니아의 그 교회가 겪는 이런 고통을 보고, "내가 돌아가면 서방의 교인들에게 여러분을 위해 기도를 부탁하겠다"고 말했습니다. 그러나 그 목사님은 "대단히 감사합니다만, 사실 우리는 서구 신자들과 서구 교회들에 대해서 더 걱정을 한답니다." "아, 그러세요? 왜 우리를 위해서 걱정을 하시지요?" "그 이유는, 서구 교회들이 고난도 없이 어떻

came out of the revolution as believers. I saw the power of God demonstrated through the prayers of that community. What shall we say of what we have seen in these last years in the Soviet Union, former Soviet Union and in Eastern Europe? I still cannot get it through my head what happened and took place before my very eyes.

Is not God the God of the nations, and is he not in charge? We need to ask God for this concept of greatness of who he is. May the Church, as she worships Jesus Christ, say only God is great. And may we sense the power of God, as never before, as he moves in revival fires amongst us.

So the text of Psalm 85:6 comes back to my mind as I close this passage. "Can you not revive us again, O, Lord?" And the answer ought to be "Oh yes, you can. And that's so that we might rejoice in you." There is the theme of this great revival.

But before I go to lecture seven (six), I want to show you a little bit more in 1 Kings 19. These are not in the notes. I think it is important that we follow the life of Elijah for just a little bit more. I want to talk to you about chapter 19 and what happened to Elijah.

For after he had had such a great experience with God, it would seem as if he would have been a changed man. But 1 Kings 19:1 has a different view of Elijah. The text says, Now Ahab told Jezebel everything Elijah had done and how he had killed prophets with the sword."

And in verse 2,

So Jezebel sent a messenger to Elijah to say, "May the

게 영적으로 성숙할 수 있는지 의심스럽기 때문입니다. 하나님께서 우리에게 주신 것은 지난 몇 년 간의 극심한 고난을 통해서 온 것이거든요."

루마니아의 2,400만 인구 중에서 공산주의 혁명을 통해서 200만 명이 신자가 되었습니다. 저는 그 공동체의 기도를 통해 하나님의 능력이 나타나는 것을 보았습니다. 근래에 소련, 옛 소비에트 연방과 동구에서 본 일들에 대해서 우리가 무슨 말을 할 수 있겠습니까? 저는 아직도 제 눈 앞에서 무슨 일이 벌어졌었는지 제대로 알 수가 없습니다.

하나님께서 세상을 주관하시지 않으십니까? 그들을 다스리지 않으십니까? 우리는 하나님이 누구신가 하는 이 위대한 개념을 하나님께 구할 필요가 있습니다. 예수 그리스도를 경배하는 교회가 오직 하나님만이 위대하십니다 라고 말할 수 있기를 기도합니다. 또한 우리가, 그 어느 때보다도 우리 중에서 부흥의 불길이 역사할 때, 하나님의 능력을 느낄 수 있기를 기도합니다.

이제 이 구절을 마치려고 하니까 시편 85편 6절 말씀이 다시 생각납니다. "여호와여, 우리를 부흥시키지 못하시나이까?" 그리고 그 대답은 이것이 되어야 합니다. "아니라. 우리는 부흥할 수 있다. 이는 우리로 하여금 주님 안에서 기뻐하게 하심이라." 그것이 이 위대한 부흥의 주제입니다.

제7강(제6강)으로 넘어가기 전에 열왕기상 19장을 조금 더 보도록 하겠습니다. 이것은 강의안에는 없는 부분입니다. 엘리야의 삶을 우리가 조금 더 따라가보는 것이 중요하다고 생각합니다. 19장에서 엘리야에게 어떤 일이 일어났는지를 말씀드리겠습니다.

하나님의 그 위대한 역사를 체험하고 난 다음의 엘리야는 아주 완전히 성화된 사람처럼 보였을 것이라고 생각하기 쉬울 것입니다. 그러나 열왕기상 19장 1절은 다르게 설명하고 있습니다. 같이 보시겠습니다.

gods deal with me, be it ever so severely, if by this time tomorrow I do not make your life like one of them."

And verse 3 says, "Elijah was afraid and he ran." This man of such great courage who could stand up against a whole nation, he ran? Just because Jezebel threatened his life, he was afraid? I would have thought he would have said, "Listen. You want me to call down fire on you, too? I could do it once more if you want me to."

It is so interesting how the devil attacks us in the very areas of our strengths. Our great strengths become our liabilities oftentimes when we don't rely upon God. Such courage on just the day before, and now such fear in the face of what Jezebel had said.

Why was it that Jezebel gave him twenty-four hours notice? She said, "If I don't make your life like one of the prophets that I just lost, by tomorrow this time, then I am not Jezebel." She was trying to intimidate him. But what a brilliant move on her part! The text says, "He was afraid and he ran for his life."

And so he went from Jezreel way up in the north all the way south ninety miles to Beersheba. And he left his servant there in verse four, and "went a day's journey farther into the desert. And he came to a broom tree and he sat down under it and he prayed that he might die." He said there, "I've had enough, Lord." He said, "Take my life. I'm no better than my ancestors."

You know he was teasing because if he was so interested in having his life taken, he should have stayed; Jezebel would have done it free. But there he said, "Lord, I've had it. I've

아합이 엘리야의 무릇 행한 일과 그가 어떻게 모든 선지자를 칼로 죽인 것을 이세벨에게 고하니

그 다음 2절입니다.

이세벨이 사자를 엘리야에게 보내어 이르되 "내가 내일 이맘때에는 정녕 네 생명으로 저 사람들 중 한 사람의 생명 같게 하리라. 아니하면 신들이 내게 벌 위에 벌을 내림이 마땅하니라 한지라.

이에 3절은 엘리야가 두려워하여 도망갔다고 말해 줍니다. 나라 전체에 맞설 수 있었던 위대한 용기를 지닌 사람이 도망이라니요? 그저 이세벨이 한 번 위협하니까 두려워해요? 저는 엘리야가 이렇게 말할 줄 알았습니다. "좋다. 너도 하늘에서 불 내리는 것을 당하고 싶지? 원한다면 한 번 더 해 주지."

우리의 강한 부분을 마귀가 어떤 식으로 공격하는지를 보면 참 흥미롭습니다. 우리가 하나님을 의지하지 않으면, 우리 최고 강점도 약점이 됩니다. 어제는 그토록 용기가 충천했는데 오늘은 이세벨의 말 한 마디에 이처럼 두려워하는 것입니다.

이세벨은 왜 엘리야에게 24시간의 유예를 주었을까요? 이세벨의 말은 이렇습니다. "내일 이 시간까지 너를 내 선지자들 중의 한 사람과 같이 만들지 않으면 내가 이세벨이 아니다." 이세벨은 엘리야를 위협하려는 것이었습니다. 이세벨 편에서 보면 얼마나 잘하는 짓인지요! 성경은 "그가 두려워하여 자기 생명을 위하여 도망갔다"고 말씀합니다.

엘리야는 북쪽에 있는 이스르엘을 떠나 남으로 90마일이나 떨어진 브엘세바로 갔습니다. 4절을 보면, 엘리야는 거기서 사환과 헤어져 "스스로 광야로 들어가 하룻길쯤 행하고 한 로뎀나무 아래 앉아서 죽기를 기

had enough." What was it that he needed at this point? It's what some of us need when we have served God so faithfully, and all of a sudden, we are exhausted. And God sends graciously to his servants some proofs of his love.

What is the first proof of God's love for his servants who are exhausted after a long ministry and service for him? I suggest it's what's in verse 5 - sleep. You say, "That does not sound very spiritual. That sounds secular." But the Psalmist said, "He gives his beloved sleep."

But there is another proof of God's love in this passage. God sent an angel that touched him and told him, "Get up and eat." And there he sat up and God had already cooked him a meal. There he found by his head a cake of bread on hot coals, a jar of water, and kimchi. And he ate and drank and then laid down and went to sleep again.

Sometimes we don't understand how connected the physical is with the spiritual. Those of us who minister on the Lord's Day and give everything that we have, have you ever felt how tired you are at the end of the day? And how wonderful it is to be in the service of God and to hear the people of God sing on the Lord's Day. You feel like you could soar with the eagles as you preach the Word of God.

But then comes Monday and whoom. It is almost as if the bottom dropped out. Our poor bodies can't stand up - way up and then way down.

We need sleep sometimes and we need food. But God also sends his angel, too. This one is called the angel of the LORD in verse 7. My study of the angel of the LORD in the Old Testament is that it's a Christophany, appearance of

도하여 가로되, '여호와여 넉넉하오니 지금 내 생명을 취하옵소서. 나는 내 열조보다 낫지 못하니이다.'"

지금 엘리야는 하나님 앞에서 보채고 있다는 것을 아실 것입니다. 만일 그가 정말로 죽고 싶었다면 도망가지 말고 그 자리에 머물렀어야지요. 이세벨이 얼마든지 죽여 줄 수 있었습니다. 그러나 여기서 엘리야는 말합니다. "여호와여, 됐습니다. 이제 충분합니다." 엘리야가 당시에 필요로 했던 것은 무엇입니까? 그것은 우리가 하나님을 위하여 신실하게 일했는데, 갑자기 탈진하게 되었을 때 우리에게도 필요한 것입니다. 그 때 하나님은 은혜로우사 자기 일꾼들에게 사랑의 확증을 주시는 것입니다.

하나님을 위한 장기간의 사역과 봉사 후에 기진한 종들에게 주시는 하나님의 사랑의 확증의 첫번째는 무엇입니까? 저는 그것이 5절에 나와 있다고 말씀드립니다. 바로 잠입니다. "에이, 그건 별로 영적인 답이 아닌데"라고 생각되십니까? 속된 말로 들릴지도 모르겠습니다. 그러나 시편 기자는 "여호와께서 그 사랑하시는 자에게는 잠을 주시는도다"(시 127 : 2하)라고 말씀합니다.

또한 이 구절에는 하나님의 사랑에 대한 확증이 또 하나 있습니다. 하나님께서 보내신 천사가 엘리야를 만지고 이렇게 말합니다. "일어나 먹으라." 엘리야가 일어나 보니 이미 하나님께서 음식을 준비해 주셨습니다. 머리맡에 따끈한 빵 한 조각과 물 한 주전자, 그리고 김치도 있었습니다. 그래서 먹고 마시고 다시 또 누워서 잤습니다.

때로 우리는 육이 얼마나 영과 연결되어 있는지를 잘 이해하지 못합니다. 우리가 주일날 교회 일하는 데 진력한 후에 저녁 마칠 때쯤 되면 피곤을 느끼지 않습니까? 주일날 하나님을 섬기는 것, 하나님의 백성들이 찬양하는 것을 들으면 사실 얼마나 즐겁습니까? 하나님의 말씀을 선포할 때에는 마치 독수리가 솟아오르는 것같이 고조된 느낌도 듭니다.

Christ in the Old Testament.

Look how gentle and personal it is, for the angel arouses him and touches him. God does not waken his servant to lecture him and say, "What are you doing here?" He rather says, "Get up and eat" a second time. He says, "The journey is too much for you. You need something to sustain you." So in verse 8, he got up and ate for the second time.

And strengthened by that food, he went forty days and forty nights until he reached Sinai or Mount Horeb. Then in verse 9, it says, "Then he went into THE cave and spent the night."

Hebrew specifically says that there was a special cave there, THE cave. But what cave was it since there's been none mentioned in the text? Unless it is the same cave where God put Moses when he was passing by with all of his glory. And I think that is the answer because of what happens in verse 11. For God tells him to come out of that cave on Mount Sinai because he is going to pass by.

That particular verb is very distinctive and is used back in Exodus when God passed by in front of Moses. We will see that in Exodus 33:19.

> And the LORD said, "I will cause all my goodness to pass in front of you, and I will proclaim my name, the Lord, in your presence. I will have mercy on whom I will have mercy, and I will have compassion on whom I will have compassion."

The God who had caused all of his attributes and charac-

그러나 그 후엔 다시 월요일이 돌아오지요. 네, 그 때는 마치 바닥에 구멍이라도 난 듯한 기분입니다. 우리 약한 몸은 견딜 수가 없습니다 - 치솟다간 곤두박질치는 것입니다.

우리에게는 잠이 필요할 때도 있고 음식이 필요할 때도 있습니다. 하나님께서 당신의 천사를 보내시기도 하십니다. 이 천사는 7절에 보니까 여호와의 사자라고 하였습니다. 제가 구약 성경의 여호와의 사자를 연구한 결과, 그것은 구약 시대에 그리스도께서 나타나신 그리스도현현이었습니다.

천사가 와서 엘리야를 깨우고 어루만지는 것이 얼마나 부드럽고 개인적인지요! 하나님은 그의 종을 깨워서 "너 여기서 무엇하고 있느냐?"하고 가르치지 않으십니다. 오히려 하나님은 두 번 "일어나 먹으라"고 말씀하십니다. "갈 길이 멀다. 몸을 지탱하려면 뭘 좀 먹어야 한다"고 하십니다. 8절을 보면 엘리야는 일어나 먹기를 두 번 했습니다.

그리고 그 식물을 먹고 힘을 얻은 엘리야는 밤낮으로 사십 일을 가서 시내 산, 즉 호렙 산에 다다랐습니다. 그리고 9절을 보면, "엘리야가 그곳 굴에 들어가 거기서 유하더니"라고 하였습니다.

히브리인들은 특히 거기에는 특별한 동굴이 하나 있었다고 이야기합니다. 그 굴이라고 했으니까요. 그렇다면 그 굴은 어떤 굴일까요? 성경 본문에는 아무런 언급이 없습니다만, 혹시 하나님께서 당신의 모든 영광으로 모세를 지나치실 때의 그 동굴은 아닐까요? 저는 11절의 사건으로 보아 그렇다고 생각합니다. 하나님께서는 자신이 지나갈 것이므로 엘리야에게 시내 산의 그 굴에서 나오라고 말씀하십니다.

이 동사는 아주 독특한 동사이며, 출애굽기에서 하나님이 모세 앞을 지나실 때 쓰인 동사입니다. 이것을 출애굽기 33장 19절에서 볼 수 있습니다.

ter to pass by in front of Moses is now the one who had passed by in front of Elijah. What is it that Elijah needs now more than anything else? Once he's had sleep and food and the personal touch of the angel of the LORD, he needs a new view of God.

Now a minister or a pastor must have preached to him in chapter 19 what he preached in chapter 18. His view of the problem and of his fear and of Jezebel was greater than what God had become.

Now here is God's servant, down at Mount Sinai, two hundred miles away from his post, where he had been commissioned to serve. So the Lord said to him twice in verse 9 and in verse 13, "What are you doing here, Elijah?" Elijah has a ready answer which he gives in verses 10 and 14.

He doesn't change his answer even though God asked him the question twice. He said, "I've been very zealous for the Lord God of hosts. The Israelites have rejected your covenant, and they've broken down your altars, and they put your prophets to death with the sword. Now only I am the only one left. And they're trying to kill me, too. And I guess it's alright with you, but I'm the last one. I guess you understand if I die, here goes all that you've been doing in all of history. Christmas and Easter can be canceled. It all hangs on me and it's all over."

Now the Lord does not come back and lecture him at this point. He knew what the problem of his servant was. He had hoped for one great day, that it would change a whole nation. He said if only the palace, and the press, and the populace could come to see the power of God, they'd be changed.

여호와께서 가라사대 내가 나의 모든 선한 형상을 네 앞으로 지나
게 하고 여호와의 이름을 네 앞에 반포하리라 나는 은혜 줄 자에게
은혜를 주고 긍휼히 여길 자에게 긍휼을 베푸느니라

자신의 모든 속성과 성품으로 모세 앞을 지나게 하신 하나님께서 이제는 엘리야의 앞을 지나가십니다. 이 시점에서 엘리야에게 가장 필요한 것은 무엇일까요? 이미 엘리야는 잠도 잤고 음식도 먹었고 여호와의 사자의 개인적인 만짐을 받기도 하였습니다. 이제 그에게 필요한 것은 새로운 하나님께 대한 관점입니다.

이제 목회자는 열왕기상 18장을 설교할 때 설교한 것을 19장에서 자신에게 설교해야만 하는 것입니다. **문제나 두려움, 혹은 이세벨에 대한 두려움에 대한 관점이 하나님을 생각하는 것보다 더 컸던 것입니다.**

여기 시내 산 자락에, 섬기라고 부름 받은 자신의 위치에서 이백 마일이나 떠나 온 하나님의 종이 있습니다. 그러므로 하나님께서는 9절과 13절에서 두 번이나 그에게 말씀하십니다. "엘리야야, 네가 어찌하여 여기 있느냐?" 엘리야는 미리 가지고 있던 대답으로 10절과 14절에서 대답합니다.

하나님께서 같은 질문을 두 번이나 물으셨지만 그는 자기 대답을 바꾸지 않습니다. 그의 대답은 이렇습니다. "저는 전능하신 하나님 여호와를 위한 열심이 특별합니다. 이스라엘은 주님의 언약을 버렸고 주님의 제단을 부수었습니다. 주님의 선지자들을 칼로 죽여서 저만 홀로 남았습니다. 그런데 이제 저들이 저마저도 죽이려고 합니다. 하나님께는 별 문제가 아니겠습니다만 제가 마지막 남은 한 사람입니다. 하나님, 아시겠지만 제가 여기서 죽으면 하시려는 모든 역사상의 일들이 없어집니다. 크리스마스도 부활절도 다 없어질 수 있다구요. 이것들이 다 저에게 달렸는데 이젠 다 끝났습니다."

308 It's Time to Let God be God

But it didn't work that way at all, and he was discouraged. He seemed to say, "What's the use of preaching?" So the Lord said, "You'd better come out of the cave and stand here in front of the cave because I have something to teach you." He said in verse 11, "because the Lord is about to pass by."

And then, a little parable was enacted in front of his eyes. First of all, there came a mighty wind, a tornado. It tore the mountains apart. It shattered the rocks and pushed the big rocks along in front of it. But the Lord was not in that. And after that, there was an earthquake. And the earth opened up and cracked. And it was a marvelous display.

Some years ago, one of my friends was in the mighty earthquake in Alaska. He was taking some boys home from a children's club where he was teaching them the Bible. And as the waves of the earthquake came down the street, they began to hit the bottom of the car. He told the boys to get out of the car and stand on the side of the road.

But then the ground kept cracking open, he was afraid the boys would fall into the cracks. And a little bit over, the earth opened up and a two story house went down and closed over it. And then the bridge that they were to be on up the road one mile went up in the sky and fell down four hundred feet.

Earthquakes are impressive. But the Lord wasn't in that either. After that there came a fire. Oh, yes, he had seen fire fall from heaven. This must be it. But the Lord wasn't in the fire. All of these great demonstrations of power, why isn't God in these demonstrations of power?

그러나 여호와께서는 그 때 다시 돌아오셔서 그에게 강의를 하지 않으십니다. 하나님은 당신의 종에게 어떤 문제가 있는지를 다 알고 계신 것입니다. 엘리야는 어느 한 날에 나라 전체가 바뀌는 그런 위대한 날을 소망하였습니다. 그는 왕궁의 사람들, 언론들, 그리고 전체 대중이 하나님의 능력을 보기만 하면 바뀔 것이라고 말했던 것입니다.

그러나 일이 그런 식으로 되어가지 않았기 때문에 엘리야는 낙담했습니다. 그는 마치 "설교가 다 무슨 소용이람"하고 푸념하는 것처럼 보였습니다. 그래서 하나님께서 말씀하십니다. "엘리야야, 그 굴에서 나와 그 앞에 서라. 내가 너에게 가르쳐 줄 것이 있다." 그리고 11절에서 "이는 여호와께서 지나가려고 하시기 때문이다"고 이르십니다.

그 후에 엘리야의 눈 앞에서는 작은 비유가 벌어졌습니다. 먼저 무서운 바람, 폭풍이 지나갔습니다. 이 바람이 산을 갈랐습니다. 바위들을 날려보내고 앞에 있는 큰 바윗돌을 박살 내었습니다. 그러나 여호와께서 거기 계시지 않았습니다. 다음에는 지진이 있었습니다. 땅이 갈라지고 무너져 내렸습니다. 그야말로 장관이었습니다.

몇 년 전 제 친구 하나가 알래스카에서 큰 지진을 만났습니다. 그는 한 어린이 클럽에서 아이들에게 성경을 가르치고 있었는데, 아이들을 집으로 데려다 주는 중이었습니다. 그 때 도시를 강타한 지진의 파동이 거리를 따라 밀려와 차의 밑부분을 치기 시작했습니다. 친구는 아이들이 차에서 내려 길 옆에 서도록 했습니다.

그러나 땅은 계속 갈라졌고 친구는 아이들이 그 틈으로 떨어지지 않을까 염려가 되었습니다. 조금 지나자 땅이 입을 벌렸고 2층 건물이 그리로 무너져 들어갔고 그 위로 땅이 다시 붙었습니다. 그리고 그들이 가려는 1마일 앞에서 도로로 이어지는 다리가 공중으로 솟았다가 400피트나 밑으로 떨어졌습니다. 지진은 정말 대단합니다. 그러나 여호와께서는 거기에도 계시지 않았습니다.

And then after the fire, there came a still small voice. It was just a whisper. And he took his cloak and hid his face behind it. And then the voice said, "What are you doing here, Elijah?"

He gave the same answer. And the Lord said to him, "Go back." This text shows us that God gives to his despondent servants not only proofs of his love but signs of his goodness. The signs of his goodness are found in his nature and in the personality of God.

And for every discouraged missionary, evangelist and pastor and Christian worker in the Church, I think we ought to have the same kind of solution. Our prayer ought to be "God, give me a new view of your goodness. Let me see not the great movements in terms of their spectacular nature, but let me see you. What I need is a whole new view of who God is." And that, I think, was the great sign of God's goodness.

But God has a third cure here for Elijah. We've talked about the first cure, proofs of his love. We've talked about the second cure of the signs of his goodness. But look at this third cure that God gives for a discouraged and downhearted prophet.

He gives him a whole fresh call to service. God does not say "All right. You failed me once, that's enough." But he said, "I want you to go back again." He said, "I have very serious business for you." He said, "When you get there, I want you to anoint two kings. The king of Syria, you will personally be the one to anoint. Also a new king in Israel, Jehu, I want you to anoint him. And also you're worried

그 다음에는 불이 일어났습니다. '그렇지, 주님은 하늘에서 떨어진 불 가운데 나타나셨었지. 이번에는 틀림없을 거야.' 그러나 여호와께서는 불 가운데도 계시지 않았습니다. 이 모든 능력의 과시, 왜 하나님은 이런 능력의 과시 속에 계시지 않으시나요?

불이 지나간 다음에 한 세미한 음성이 왔습니다. 마치 속삭임 같았습니다. 엘리야는 자신의 겉옷을 취하여 얼굴을 가렸습니다. 그러자 음성이 들려 왔습니다. "엘리야야, 네가 어찌하여 여기 있느냐?"

엘리야는 아까와 같은 대답을 했습니다. 그러자 여호와께서는 이렇게 말씀하십니다. **"돌아가라."** 여기서 성경은 하나님께서는 그의 낙심한 종들에게 사랑의 확증과 아울러 그의 선하심의 표식을 주신다는 사실을 보여줍니다. 하나님의 선하심의 표식은 하나님의 본성과 인격에서 찾아 볼 수 있습니다.

오늘날 교회 안에 있는 낙담한 선교사, 전도자, 목사나 일꾼들 각자에게는 이와 같은 해결책이 있어야 할 것입니다. 우리의 기도는 이러해야 합니다. "하나님이여, 주의 선하심을 새롭게 보게 해 주옵소서. 화려해 보이는 위대한 운동이 아니라, 주님을 보게 해 주옵소서. 저에게 필요한 것은 하나님이 누구신지에 대한 완전히 새로운 관점입니다." 제 생각에 그것은 하나님의 선하심에 대한 위대한 표식이었습니다.

그러나 하나님께서는 여기서 엘리야를 위한 세번째의 치유를 행하십니다. 우리는 치유의 첫째 방법인 하나님의 사랑의 확증에 대해 이야기했습니다. 치유의 두번째 방법인 하나님의 선하심의 표식에 대해서도 언급했습니다. 그러나 이제는 하나님께서 심령이 침체하여 낙심해 있는 선지자에게 주시는 세번째의 치유를 살펴봅시다.

하나님은 엘리야에게 완전히 새로운 소명을 주십니다. 하나님은 "그래, 좋다. 나를 한 번 실망시켰지, 그만해"라고 말씀하지 않으십니다. 오히려 "나는 네가 다시 가서 일하기를 원한다"고 하십니다. "내가 네게

about your ministry and the effect of it. I have an answer for that, too. I want you to anoint Elisha, and he will succeed you as prophet."

And so we have the call of Elisha at the end of this chapter. Now Elijah returned all two hundred miles back to where he had come from. He went even further up towards Dan where he saw Elisha plowing. And Elisha's father was a very prosperous farmer. He had twelve yoke of oxen on his farm that they were plowing with.

And Elisha had one of the pair of oxen, and he was plowing with it. Elijah ran up to him and took his mantle of prophetic office and put it over Elisha. And immediately, Elisha left his plowing and ran after Elijah. And he said, "Can I go back and say good-bye to my parents?" Elijah says in effect, "Yes, you may."

So he went back and took his oxen and chopped them up and made a party. This was not a sad day. It was a happy day. We are very happy when there is a wedding and we have a big celebration. But here is a man going into the service of God, and this was even a greater occasion. So he took the two oxen and began to cut them up.

I was preaching this passage in Tokyo some years ago. I was being translated through an interpreter. You never know whether the interpreter is giving your message or his. But in the Old Testament, you can at least hear sometimes the names of the characters coming through, so you think it's your message.

And I had a very fine translator who also had translated for Billy Graham when he was there. He was one of my for-

아주 중대한 일을 시키겠다"고 하십니다. "가서 두 왕에게 기름을 부어라. 시리아 왕에게 비밀리에 기름을 붓고, 이스라엘의 새 왕 예후에게도 기름을 부어라. 또 너는 너 자신의 사역과 그 결과에 대해 걱정하고 있구나. 나는 거기에 대한 해답도 가지고 있다. 엘리사에게 기름을 부어라. 그가 너의 예언자 직을 계승할 것이다."

그래서 우리는 이 장의 끝에서 엘리사의 소명을 봅니다. 이제 엘리야는 그가 지나왔던 200마일을 돌아갔습니다. 그리고 그는 그곳보다 훨씬 더 올라가서 단에 이르러 엘리사가 밭 가는 것을 만납니다. 엘리사의 아버지는 대단한 부자입니다. 그 농장에는 12겨리의 소가 있는데 그 소들로 밭을 갈고 있었습니다.

엘리사는 그 중 한 겨리의 소를 몰면서 밭을 가는 중이었습니다. 엘리야는 달려가서 자기가 입고 예언하는 외투를 벗어 엘리사에게 씌웠습니다. 그러자 엘리사는 즉시 밭 가는 일을 버리고 엘리야를 좇아갔습니다. 엘리사가 물었습니다. "가서 부모님께 인사를 올리고 와도 좋겠습니까?" 엘리야는 사실 허락합니다. "그리 하도록 하라."

엘리사는 가서 몰던 소를 잡아 잔치를 베풀었습니다. 그 날은 슬픈 날이 아니라 기쁜 날이었습니다. 결혼식이나 큰 잔치가 있으면 크게 기뻐하지요? 그런데 지금은 한 사람이 하나님의 사역을 시작하려는 순간이니 더욱 중요한 순간입니다. 이에 엘리사는 소 두 마리를 잡아 사람들과 나누었습니다.

저는 몇 년 전 이 구절을 가지고 도쿄에서 설교한 적이 있습니다. 통역자가 제 설교를 통역하고 있었습니다. 사실 설교자는 통역자가 설교자의 말을 하는지 통역자 자신의 말을 하는지 알지 못합니다. 그런데 구약을 설교할 경우, 성경에 나오는 사람의 이름을 적어도 몇 번은 들을 수 있기 때문에 설교자는 '아, 내 설교로구나' 하고 알게 됩니다.

제 통역자는 아주 뛰어난 사람으로서 빌리 그래함이 일본에 왔을 때,

mer students and knew how much I love to add humor to my lectures. But I could not add humor to it because it wouldn't translate. So I had just said that they had taken the oxen and they had killed the oxen and were going to make a party. I waited for him to translate it, but he went on and on and on.

I knew I didn't say all of that. And pretty soon, I heard the word "sukiyaki." I knew I didn't say anything about sukiyaki. But then all of a sudden, I understood what he said. He told them that they took the oxen and made sukiyaki out of it. And everyone was so happy to hear that the Old Testament talked about sukiyaki. So now when I'm in Japan, I tell the sukiyaki story. But here they made McDonald's.

But the point was it was a joyous time for the people of God. God had called another one into his service and what a happy day! So our text says that God had called his servant and given him a fresh call to service. What a wonderful Lord we see in this passage! I added this passage because I think it helps us see the balance of the life of Elijah.

In chapter 17, we saw that God's Word can be depended on. And in chapters 18 and 19, we saw the God of the Word who could be depended on. And all that God would end his reviving of his Church, he'd give us a whole new view of who he was. Our prayer ought to be "Lord God, please pass before our eyes once more. Give us a vision of how wonderfully great you are. Let me see your attributes as being more important even than the spectacular developments that come in revival."

Sometimes we are so impressed with the spectacular aspect

그의 통역도 담당했었습니다. 그는 한때 제 밑에서 공부한 적이 있어서 제가 강의할 때 유머를 많이 쓴다는 것을 알고 있었습니다. 그러나 그 때는 유머가 제대로 통역되지 않기 때문에 유머를 섞지 못하고 있었습니다. 그래서 그저 그들은 소를 잡아 죽여서 잔치를 하려고 했다는 이야기만 했습니다. 그리고 통역자의 말이 끝나기를 기다리고 있는데, 글쎄 이 사람의 통역이 좀처럼 끝나지 않는 것입니다.

내가 이렇게 많은 말을 하지는 않았는데, 하고 생각하는데 곧 '스끼야끼'라는 말을 듣게 되었습니다. 저는 스끼야끼라는 말을 한 적이 없었습니다. 그러나 불현듯 저는 그가 무슨 말을 했는지 깨닫게 되었습니다. 그 사람들이 소를 잡아 스끼야끼를 만들어 먹었다고 말 한 것입니다. 거기 모인 모든 사람들은 성경에 스끼야끼라는 말이 나오는 것을 보고 무척이나 좋아했습니다. 그러니, 제가 일본에 있다면 스끼야끼 이야기를 하겠지만, 여기서는 그들이 맥도날드 햄버거를 만들었다고 해야겠습니다.

그러나 이 이야기의 요점은, 하나님의 사람들이 즐거운 시간을 가졌다는 것입니다. 하나님께서 또 한 사람을 주의 일꾼으로 부르셨으니 얼마나 즐겁습니까! 우리 본문은 이렇게 하나님께서 자기 일꾼을 부르시고 그의 소명을 새롭게 하셨다고 말씀합니다. 이 본문에 나타난 여호와는 얼마나 놀라운 분이십니까? 이 본문이 엘리야의 삶의 균형을 잘 보여준다고 생각되어서 덧붙여 말씀드렸습니다.

열왕기상 17장에서 우리는 하나님의 말씀은 믿을 만하다는 것을 보았습니다. 그리고 18장과 19장에서는 그 말씀을 하신 하나님은 믿을 만하다는 것을 보았습니다. 그리고 하나님께서는 그의 교회가 부흥하기를 원하실 때는 언제나 우리에게 자신이 누구신지에 대하여 완전히 새로운 관점을 주십니다. 우리는 "여호와 하나님, 우리의 앞으로 다시 한번 지나가 주옵소서. 주님이 얼마나 놀랍도록 위대한 분이신지 보여 주옵소서. 부흥 중에 일어나는 휘황한 발전들보다도, 더 중요한 주의 성품을 보게

of revival that we begin to lose the emphasis on the living God. We ought not to fear the spectacular, but we ought not to seek it. It is God who is the one who is in charge. Well, there's the theme, I think, of this great revival that came under Elijah.

Now I propose to finish up this hour by speaking of some of the dangers that go along with revival, too, before we go to our next lecture. You may want to take one of the blank pages in the back and just list these dozen or more dangers that need to be avoided. I'm indebted for this list to Owen Roberts. And here, I think, he has given to us a very fine list in his book on revival.

He speaks of the first danger, and that is that we would give glory to the human instrument rather than to God. We must always remember that revival comes from God. There is nothing that we mortals can do to produce revival. But God is pleased to work through human instruments. As God ordained leaders, they must be respected and honored. But we must not exalt these human instruments. The work is really God's work and not the work of the instrument.

The personalities that God uses may be very different than those that he is employing in the Church today. And the methods that human instruments employ, necessarily, are very different at times. But if there is any work that is to last, it must be God's. So the first danger is we must avoid giving credit or honor to the mere human instrument. Only God must be exalted, not the human instrument.

The second danger is we must be careful about trying to duplicate what God did. God moves revivals forward by his

하옵소서"라고 기도 드려야 하겠습니다.

때로 우리는 부흥 시의 화려한 것들에 놀란 나머지 살아 계신 하나님을 놓치기 시작합니다. 화려한 면들을 피할 이유는 없습니다만 그것을 추구해서는 안 됩니다. 주관하시는 분은 하나님이십니다. 저는 이것이 엘리야를 통해 일어난 위대한 부흥운동의 주제라고 생각합니다.

자, 이제 부흥운동에 따라오는 몇 가지 위험을 지적하고 이 시간을 마치고, 다음 시간을 진행하도록 하겠습니다. 우리가 피해야 하는 위험사항들의 항목 수는 열 두어 개인데 뒷부분의 백지를 사용하시면 되겠습니다. 이 항목들은 오웬 로버츠에게 배운 것입니다. 저는 오웬이 부흥에 대해 매우 의미 있는 항목들을 뽑아냈다고 생각합니다.

그는 첫 번째 위험으로, 우리는 하나님께가 아니라 인간에게 영광을 돌린다고 말합니다. 부흥은 언제나 하나님께로부터 온다는 점을 잊지 말아야 합니다. 부흥을 일으키기 위해 우리 유한한 인간들이 할 수 있는 일은 아무것도 없습니다. 그러나 하나님은 기꺼이 인간들을 통해 일하십니다. 하나님께서 기름 부으신 지도자들은 존경받고 존중받아야 합니다만, 사람 도구가 높임을 받아서는 안 됩니다. 그 일은 참으로 하나님의 일이지 그 사람의 일이 아닙니다.

하나님께서 사용하시는 일꾼들은 오늘날 교회 안에서 사용하시는 사람들보다 훨씬 다양합니다. 또한 사람들을 사용하시는 방법도 필연적으로 때에 따라 매우 다릅니다. 그러나 어떠한 사역이 변하지 않는 것을 보면 그것이 하나님의 일임을 알 수 있습니다. 그러므로 첫번째 위험은 단지 도구로 쓰인 인간을 신뢰하거나 높이는 일을 피하는 것입니다. 인간 도구가 아니라 오직 하나님만이 높임을 받으셔야 합니다.

두번째 위험은 우리가 하나님이 하신 일을 모방하지 않도록 조심해야 한다는 것입니다. 하나님은 당신의 방법을 통해 부흥을 진행시키십니다. 그러나 우리는 이웃 교회나 이웃 나라에서 어떤 좋은 일이 일어나면 우

own means. But our natural tendency is when we see something happening in a neighboring church or neighboring country, we try to manufacture it ourselves. Our desire is noble, of course, and that we do not fault. But the question is whether it's prompted by the Holy Spirit. It is much better to go into our closet at this point and to pray God duplicate it rather than mere human instruments duplicate it.

So when we hear the refreshing rain from God in another place, we should not become jealous. Rather, we should urge our friends and our family in the Church of God to join in prayer and ask God, "Will you not do it again here?" But we need to resist all efforts to try to reproduce it on our own.

We need to remember that Satan, of course, is the great counterfeiter of everything that is legitimate and true. He is eager to produce a counter-work that eventually will stop the work of God. Therefore, we need to be very careful that we do not accept a cheap substitute for the real work that God is doing. In our zeal to have what God is really doing in other places, we must not take a cheap substitute.

There is a third danger that we must bring up, too. There is the danger of focusing merely on the sensational and the peculiar. We must not, of course, expect revival always to go along the same lines. Since revival is the extraordinary work of the Spirit of God, he must remain free to do what he wishes. But our focus and our eyes must always be upon the Savior. If our focus is drawn away from the Savior and on to ourselves, then I think that we have missed the point. And when we also put the focus upon the sensational rather

리 힘으로 그것을 제조하려는 본성을 가지고 있습니다. 물론 그러한 우리의 소원은 깨끗하며 결코 잘못이 아닙니다. 그러나 문제는 그 일을 성령이 시키신 것이냐 하는 것입니다. 그 시점에서는 차라리 골방에 들어가 하나님께 그 일을 우리에게도 허락해 주시도록 기도하는 것이 인간 도구들이 그것을 제조하는 것보다 훨씬 낫습니다.

그러므로 우리는 하나님께서 다른 곳에 새롭게 하는 비를 내리셨다는 말을 들을 때 투기하지 말아야 합니다. 그런 때에는 친구들과 가족들과 교회의 성도들을 권고하여, 함께 기도로 "여기서는 그와 같은 부흥을 허락하지 않으시려나이까?" 라고 간구하는 것입니다. 그렇게 하지 않고 그런 일을 우리가 만들어 내려고 애쓰는 것은 절대 피해야 하는 일입니다.

우리는 물론 사단이 합법적이고 참된 모든 것의 가짜를 만드는 데 천재라는 사실을 기억해야만 합니다. 사단은 결국 하나님의 사역을 그치게 하기 위해 모조품을 만드는 일에 대 열심입니다. 그러므로 우리는 하나님이 이루시는 참된 사역을 값싸게 모방한 것을 수용하는 일이 없도록 크게 주의해야 합니다. 다른 곳에서 하나님께서 행하시는 일을 우리도 하고자 하는 마음에서 하나님의 사역의 값싼 대용품을 취해서는 결코 안됩니다.

또 우리가 조심해야 하는 세번째 위험이 있습니다. **그것은 감각적이고 특이한 것에만 관심을 두는 것입니다.** 물론 우리는 부흥이 늘상 같은 식으로 일어날 것이라고 생각해서는 안 됩니다. 부흥은 하나님의 영의 비상한 역사이기 때문에 그가 원하시는 대로 자유롭게 일어납니다. 그러나 우리의 초점과 우리의 눈은 언제나 구세주께 집중되어야 합니다. 우리가 구세주에게 관심을 두지 않고 우리 자신에게 관심을 두는 것은 초점을 놓치는 일이라고 생각됩니다. 또한 구세주 아닌 감각적인 일에 관심을 두는 것도 우리를 큰 실수에 빠지게 합니다.

의심의 여지없이 위대한 부흥의 특징은 간단하게 서술될 수 있습니다. 그것은 하나님의 임재를 놀랍고 분명하게 느끼는 것입니다. 우리는 사람

than the Savior, that, too, can take us into error.

Without a doubt, the greatest feature of a revival can be stated simply. It is the wonderful and distinctive sense of the presence of God. We must not focus on the number of people that came; nor must we focus on the confessions and the tears that were spilt. Or even on the conversions that accompanied the revival. Or to focus on the joy and enthusiasm which obviously came from the revival. Every eye ought to be fixed upon the Savior.

There is a fourth danger we must mention. I think there is the danger of extreme measures. In seeking to produce a kind of revival-like effects, we are tempted to employ extreme measures.

True revival brings a deep conviction of sin. But it is possible to have deep sorrow which is not of God. Sometimes we are impatient to see the manifestation of God, and therefore we try to produce it on our own. But none of these things can be a substitute for the real work of God. Not even preaching can be a substitute for the real divine power. So there is the danger of erecting kind of human standards of assurance and things that we would like to see.

Revival leaders, of course, are men usually and women of great passion. But it is also to be expected that their passions will fall under the Spirit of God, the control of the Spirit of God. Having biblical wisdom to know how to deal gently but firmly and biblically with such matters is very important. We want to make sure that the revival is not stopped or disrupted by artificial means.

There is a fifth danger we must mention. That is the dan-

들이 얼마나 모였는지에 신경을 써서는 안 됩니다. 참회의 고백과 흘린 눈물에 관심을 두어서도 안 됩니다. 심지어 부흥에 수반되는 회심에도 우리의 관심을 두어서는 안 됩니다. 혹은 부흥에 반드시 수반되는 기쁨과 열광을 주목해서도 안 됩니다. **모든 눈은 구세주에게 고착되어야 합니다.**

네번째 위험을 언급해야만 하겠습니다. **극단적인 방법을 사용하는 위험입니다.** 우리는 부흥효과 비슷한 것을 산출하려다 보면 극단적인 방법을 사용해 보고 싶은 유혹을 받습니다.

참된 부흥은 깊은 죄책을 일으킵니다. 그러나 하나님으로부터 나지 않은 깊은 슬픔을 가질 수도 있는 것입니다. 때로 우리는 하나님의 나타나심을 기다리지 못하고, 우리 손으로 직접 그것을 만들어내려고 하는 경우가 있습니다. 그러나 이런 것은 하나도 하나님의 참된 사역의 대용품이 되지 못합니다. 설교라 할지라도 참된 하나님의 능력을 대치하지 못합니다. 그러므로 확신 혹은 우리가 보기 원하는 것들에 대하여 우리 스스로 인간적인 기준을 세우는 위험이 있을 수 있습니다.

부흥운동의 지도자들은 물론 큰 열심을 가진 사람들입니다. 그러나 그들의 열심은 성령의 지배하에, 성령의 지도를 받도록 되어야 합니다. 어떻게 하면 성경의 지혜를 가지고 그런 문제들을 부드럽고 확고하게, 그리고 성경적으로 처리할 수 있는가 하는 것이 매우 중요합니다. 우리가 확신하기는, 부흥은 결코 인위적인 수단에 의해서 정지되거나 방해받지 않습니다.

지적해야 할 다섯번째 위험이 있습니다. **그것은 설교와 가르침을 무시하는 것입니다.** 건전한 설교와 가르침이 부흥기보다 더 절실한 때는 없습니다. 부흥이 있게 되면 우리는 특별한 스케줄에 따라 움직여야 되기 때문에 설교와 교육을 제대로 하기 어렵습니다. 그런 때는 교사와 설교자에게는 어려운 시절입니다. 이들에게 너무 많은 것이 요구되어지기 때문입니다.

ger of neglecting preaching and teaching. At no time is sound preaching and teaching more needed. During times of revival, we are so taken up with an unusual schedule that it is hard to keep up a preaching and teaching schedule. These are difficult days for teachers and for pastors, for much is demanded of them.

Earnest men and women of God will find themselves hard-pressed because they need to add additional counseling hours to their ministry already. And there are the multiplications of public meetings and extended times in the meetings which also cut in on the teaching, preparation for teaching.

In history, there has been the experience that some have found that they've had to cut back on their hours of private worship and study in the Word of God. And we are tempted to preach less during that time because there are so many people who want to share their experience, and we want to hear what God is doing.

And all of this is good, but at no point is preaching of the word of God now more important than this. The same thing could be said, of course, of the prayer service, too. We don't need to let that prayer service be taken over just with testimony and times of rejoicing. So nothing must crowd out the essential teaching of the Word of God.

I tell my students that the kind of passages that I'm preparing and giving to you here have taken a lot of time. We have tried to simulate in class what it takes to get a sermon for each week for the pastor. We have found that it's somewhere between ten and fifteen hours for each message that is to be preached on the Lord's Day. But when revival comes,

신실한 하나님의 사람들은 이미 하고 있는 목회 사역에 상담하는 시간을 더해야 하므로 매우 쫓기는 처지에 놓이게 됩니다. 게다가 공적인 모임도 많아지고 각종 회합도 많아져서 가르치기 위해 준비하는 시간을 침해하게 됩니다.

역사상, 어떤 이들은 개인 경건 시간과 하나님의 말씀을 공부하는 시간을 줄일 수밖에 없다는 경험을 해왔습니다. 또한 우리는 그 시간에 설교를 덜하고 싶은 유혹을 받곤 합니다. 왜냐하면 자신들의 경험을 이야기하기 원하는 사람들이 너무 많으며 우리도 하나님께서 하신 일들을 듣기 원하기 때문입니다.

이것은 다 좋은 일입니다만 하나님의 말씀이 이 때보다 더 중요한 때는 없습니다. 기도회에 대해서도 같은 말을 할 수 있습니다. 기도 시간을 그저 간증과 즐거움을 나누는 시간으로 돌릴 필요는 없는 것입니다. **그처럼 하나님의 말씀을 가르치는 핵심적인 사역을 다른 어떤 것도 혼잡케 해서는 안 됩니다.**

저는 학생들에게 제가 강의하는 내용을 준비하는 데 많은 시간이 소요된다고 이야기하곤 합니다. 우리는 목회자들이 매주 설교를 만드는 그 노력을 강의내용을 만드는 데 들이곤 합니다. 우리가 알기로, 주일에 선포되는 각 설교는 보통 10시간에서 15시간까지의 시간을 요합니다. 그런데 부흥기에는 그 정도의 시간을 내기가 무척이나 어렵습니다.

전에 부흥이 오기 전에는 우리가 말씀을 전할 때 졸면서 듣지 않는 사람들이 있습니다. 그런데 지금은 그들이 갑자기 정신이 번쩍 들어서 배우기를 원하는 것입니다. 이게 도대체 어떻게 된 것입니까? 바로 이 때야말로 하나님의 말씀을 설교하고 가르치기 가장 좋은 시기입니다. 그러므로 이런 때에는 반드시 개인 경건 시간을 갖고 설교 준비를 잘 해야 하는 것입니다.

이제 여섯번째 위험입니다. 이것은 방금 이야기한 것과 관련이 되는

it's extremely difficult to find that amount of time.

But now we have people who often have been asleep and have not heard the Word of God when we've been preaching it before the revival came. But now all of a sudden, they are awake and they want to be taught. And what is this that is happening? Now is the finest hour to teach and preach the Word of God. And so there must be a guarding of the personal, private time of worship and the preparation for preaching.

And this leads us to danger number six. It is associated with what we just said. It is the danger of neglecting prayer and of private devotions with God. With the flurry of activity during a revival, this is one of the things that might be lost. It is not unusual during the time of a revival to see schools and businesses close down in order to hear what God is doing. Regular habits of life, such as eating and sleeping and studying and relaxing, now are pushed aside.

And there's something beautiful that is happening here that never happened before. People who used to find attending the house of God a chore, a duty are suddenly now enjoying being with people of God. Bible study and prayer which used to be not at all in some Christian's life suddenly springs to life. So old habits and old schedules are changed suddenly.

But there is the danger that in the press of the enthusiasm and the joy of revival, we might push to the back prayer. No amount of public prayer can be exchanged for the private devotional life of each believer. We must not let the thrill of revival be such that it takes away the time in the prayer clos-

데, **기도나 하나님께 대한 개인적인 헌신을 경시하는 것입니다.** 부흥기의 활동량 폭등으로 인하여 이런 일이 잊혀지기 쉽습니다. 부흥이 일어날 때 학교와 상점들이 문을 닫고 하나님께서 하신 일을 보는 것은 드문 일이 아닙니다. 먹고 자고 공부하고 쉬는 일상사는 이제 관심 밖으로 밀려납니다.

부흥이 일어나면 전에는 없던 아름다운 일이 일어납니다. 전에는 의무적으로 교회에 출석하던 사람들이 이제는 하나님의 사람들과 같이 하는 것을 즐거움으로 받아들입니다. 성경공부와 기도를 모르고 살던 신자들이 갑자기 살아납니다. 그래서 옛날의 습관과 계획이 갑자기 바뀝니다.

그러나 부흥에 따르는 열광과 기쁨의 와중에서 혼자 기도하는 일을 제쳐놓을 수 있습니다. 아무리 많은 공적 기도라 할지라도 신자의 개인 경건생활을 대치할 수는 없습니다. 부흥에서 오는 스릴에 정신이 팔려 골방에서 하는 개인기도를 잊어서는 결코 안됩니다. 중요한 것은 성경적인 균형을 유지하는 것입니다.

다음으로 일곱번째 위험입니다. **하나님의 일꾼들을 놓고 좋지 않은 비교를 하는 일입니다.** 현재 하나님의 포도원은 너무도 커서 참으로 다양한 일꾼들이 들어 있습니다. 그런데 부흥이 오면 어떤 상황이 벌어지겠는가 한번 생각해 보십시오. 졸면서 하나님의 말씀을 듣지 않던 사람들이 갑자기 하나님의 말씀의 능력에 크게 놀라게 됩니다.

그리고 각성기에는, 하나님의 도구인 사람이 저들의 눈에는(그들이) 사는 모습보다 더 크게 보입니다. 그리고 지금 부흥회를 인도하는 부흥사와 지난 수년 동안 교회에서 신실하게 목회해 오던 목회자의 설교 스타일을 비교하는 경향이 생깁니다.

그러나 조금만 생각하면 이 일에서 균형을 잃지 않을 수 있습니다. 순회 연설가들인 이들 부흥사들은 좀더 세세한 부분에 대한 메시지를 개발할 수가 없다는 것은 사실 놀랄 일이 아닙니다. 이들은 늘 하는 메시지만

et. The key word is maintaining a biblical balance.

This leads us to the seventh danger. There is a danger of making unfavorable comparisons among workers. Now God's vineyard is very large and has all different types of workers in it. But consider the situation and what happens when revival comes. All of a sudden, people who have been slumbering and not paying attention to the Word of God are suddenly startled by the power of the Word of God.

And the instrument, the human instrument in their awakening, now seems to be bigger than life in their eyes. And now also, there is a tendency to begin comparing preaching styles between the one who is now leading the revival and the faithful pastor who had been ministering all those years.

But a little thought ought to help us to understand how to maintain balance on this. It should not surprise us that people who are itinerant speakers are able to develop fewer messages in more detail. They tend to be more fluent and persuasive in the pulpit because they've worked on those single messages.

But meanwhile, the pastor who must speak on a different theme and different text every week has to come up brand new with something. Therefore, the temptations to make comparisons must be steadfastly resisted. It is a danger to make comparisons among God's servants. We must earnestly and quietly teach our people the same.

Our theme ought to be looking unto Jesus, the author and finisher of our faith. We must resist the Corinthian division that came in the Church at Corinth. There they said, "I am of Apollos," "I am of Paul," and "I am of someone else."

전하기 때문에 강단에 서면 일반 목회자들보다 더 말을 잘하고 설득력 있게 설교하는 것입니다.

반면에 매주 다른 주제에 대해서 다양한 본문을 가지고 설교해야 하는 목회자들은 늘 새로운 것을 들고 나와야 합니다. 그러므로 비교를 하고 싶은 유혹은 꾸준히 제거되어야 합니다. 하나님의 일꾼들을 비교하는 것은 위험한 일입니다. 우리는 성실하게, 그리고 조용히 이런 것을 성도들에게 가르쳐야 합니다.

우리는 마땅히 우리 믿음의 시작과 마침이 되시는 예수님을 바라보는 것으로 주제로 삼아야 합니다. 고린도교회에 있었던 것과 같은 분열은 단연 거부해야 합니다. 고린도교인들은 자신들이 아볼로에게, 또는 바울에게, 또는 다른 사람에게 속했다고 이야기했습니다. 그러나 성경은 말합니다. "아니다. 우리는 모두 그리스도께 속하였다." 그러므로 좋지 않은 비교는 그만 두어야 합니다.

우리가 반드시 피해야 할 여덟번째 위험이 있습니다. **이제 갓 하나님을 믿게 된 사람들을 칭찬하고 높이는 것입니다.** 우리는 이제 금방 하나님을 믿게 된 사람들에게 너무 성급하게 일을 맡기곤 합니다. 성경은 그렇게 하는 것은 잘못된 것이라고 분명히 가르치고 있습니다. 새신자들은 지도하는 위치가 아니라 배우고 훈련받는 위치에 있어야 합니다.

새신자나 그리스도 안의 어린이들을 지도적인 위치에 앉혀서는 안 됩니다. 이들은 반드시 배우고 훈련받는 기간을 거치면서 믿음의 권속 안에 있는 자신을 확인해야 합니다. 이들은 기도하는 법과 하나님의 말씀을 공부하는 법을 배워야만 합니다. 이것은 특히 오늘날에는 더욱 그러합니다. 그 이유는 오늘날은 교회 밖에 있는 사람들이 가지고 있는 성경 지식이 옛날만큼 강하지 못하기 때문입니다.

우리는 이런 사실을 70년대에 미국에서 캠퍼스 사역을 통해 많은 사람들이 그리스도께로 돌아왔을 때 보았습니다. 제가 있는 신학교에서도

But the biblical text says, "Oh no! We are all of Christ." So we need to be careful of making unfavorable comparisons.

There is an eighth danger that we must avoid. This is the exaltation and the promoting of people who have just come to know the Lord. We tend to give the new converts position and place in the work of God too suddenly. Scriptures plainly teach that this is wrong. The position for the new convert is not in leadership but rather in training and discipling.

New converts and babes in Christ should not be put in positions of leadership. They must go through a period of teaching and training and proving themselves in the household of faith. They need to learn how to pray and how to study the Word of God. This is particularly true in our day and age. This is because Biblical knowledge is not as strong as it used to be even among people who are outside the Church.

We saw this in the States in the 1970's when we had so many coming out of campus ministries that were won to Christ. I told you that in our seminary in 1975, we had eighty to eighty-five percent who were just brand new believers - one, two, three years old. I would mention Abraham in class and people were enthusiastic but they had no idea who he was. They didn't know whether he played for one of the football teams or was a baseball player. But if I said Abraham was important, they wanted to learn about him. These were new converts that should not be pushed into positions of service as yet.

There is a ninth danger that we should also avoid. That is the danger of encouraging party spirit. Revival movements

1975년에는 80~85%의 학생들이 믿은 지 1, 2, 3년 된 신자들이었다는 말씀을 이미 드렸습니다. 말하자면, 제가 교실에서 아브라함을 강의하면 그들은, 아브라함이 누군지도 모르면서 열심히 들었습니다. 학생들은 아브라함이 미식축구 선수인지 야구선수인지도 몰랐습니다. 그러나 제가 아브라함이 중요하다고 말하면, 그들은 모두 아브라함에 관해서 배우기 원했습니다. 이들은 아직 봉사의 자리에 들어가서는 안 되는 새신자들이었습니다.

우리가 또 조심해야만 하는 아홉번째 위험이 있습니다. **분파심을 조장하는 위험입니다.** 역사상의 부흥운동들은 이 문제로 어려움을 겪어 왔습니다. 미국의 경우 이 문제는 대단히 큽니다. 미국에는 '오래된 빛'(Old Lights)이라는 분파가 있는가 하면 '새로운 빛'(New Lights)이라는 분파도 있습니다. 그 이름이 그리 의미 있는 것은 아니었습니다.

사단은 이미 오래 전부터 논쟁을 일으키는 것이 부흥을 중단시키는 가장 좋은 방법이라는 것을 알아차렸습니다. 부흥이 성공적으로 진행되려면 논쟁이 없어야 했습니다. 이제 우리는 핵심적인 것들과 우선적인 일들만큼 중요하지는 않은 것들을 구분하는 법을 배울 필요가 있습니다. 종종 우리는 하나님께서 우리 삶 가운데 독특하게 역사하신 것을 핵심적인 것으로 간주하고 싶어합니다.

그러나 우리는 하나님께서 우리로 하여금 그것들보다 더 큰 것으로서, 우리의 근거가 되는 복음을 바라보도록 은혜 주실 것을 마땅히 구하여야 합니다. 이러한 것들이 중요하지 않다는 것이 아닙니다. 오해는 마십시오. 제가 가르치기 시작했을 때 사람들이 이렇게 질문하던 것을 기억합니다. "이것이 중요한가요 아니면 저것이 중요한가요?" 또 이렇게 묻는 사람들도 있었습니다. "요한복음 13장이 말씀하는 것처럼 우리도 발을 씻어 주어야 하지 않을까요?" 제가 이런 질문들에 즉각 대답했다면 현명하지 못한 일입니다. 그렇게 질문한 사람은 아직 질문을 다 묻지 못했기

throughout history have been plagued with this. On the American scene, we have had enormous problems with it. We had the "Old Lights" and "New Lights" The titles didn't make much sense either.

But long ago, Satan discovered one of the best ways to stop a movement is by starting controversy. And if a revival was to prevail, there had to be the absence of controversy. Here we need to learn how to distinguish between those things that are essential and those which are not as important as the primary things. Sometimes we want to make something that is distinctive with a work of God that's done in our life as an essential.

But our prayer ought to be that God would give us the grace to be bigger than that, to look to the gospel for our basis. It is not that these things are not important. Do not misunderstand me. I remember when I began teaching, people would ask me questions, "Is this or is that important?" Some would ask me, "Should we practice, for example, foot washing because John 13 says so?" But I was unwise in immediately proceeding to answer the question. The person who asked the question had not finished it yet.

I should have asked him, "It is important for what?" Some things are important in order to believe that Jesus Christ is one's own personal Savior. Some things are important because you are teacher of the Word of God and, therefore, you have a higher degree of accountability. Other things are important because they are consistent with the whole teaching of the Word of God. But just to ask, "Is this important?" without finishing the question is to, I think, con-

때문입니다.

 마땅히 저는 "그것이 무엇을 위해 중요합니까?"라고 물었어야 합니다. 어떤 것들은 예수 그리스도가 각 개인의 구주이심을 믿는 일에 중요합니다. 어떤 것은 여러분이 하나님 말씀의 교사이고 책임이 크기 때문에 중요한 것이 있습니다. 다른 것들은 하나님 말씀 전체의 교훈과 일관되기 때문에 중요하기도 합니다. 그러므로 질문을 제대로 완결하지 않은 채 "이것이 중요합니까?"라고 묻는 것은 문제를 혼동시킬 뿐입니다.

 다음으로 열 번째 위험이 있습니다. **그것은 비평적이 되는 위험입니다.**

【테이프 #8】

 오늘 마지막 시간에 들어오신 것을 환영합니다. 이번 시간은 4시 30분까지인데 이번에는 시간을 잘 지켜서 마쳐드리겠습니다. 제가 알고 있는 것을 전부 여러분께 전해 드리고 싶었는데 이제 거의 말씀드린 것 같습니다. 참을성 있게 들어주셔서 감사합니다.

 아까 말씀드리던 위험 목록을 마저 채우겠습니다. 열 번째 위험은 비평적인 태도를 취하는 위험이었습니다. 다른 사람에 대해 나쁘게 생각하고 나쁘게 말하는 위험입니다. 저는 우리가 하나님께 용서받은 사람으로서 다른 사람들을 매우, 대단히 부드럽게 대해야 한다고 생각합니다.

 오래 믿은 그리스도인들은 새로 믿는 그리스도인들의 열정과 기쁨을 판단하지 않도록 조심해야 합니다. 또한 새로 믿는 그리스도인들도 오래 믿은 성도들에게서 볼 수 있는 바, 오랜 세월 동안 하나님과 동행하면서 체득한 경험을 경시해서는 안 됩니다. 그리고 모든 그리스도인들은 하나님의 일꾼들에 대해서 험담하지 않도록 조심해야 합니다. 하나님의 일꾼들은 비판을 초월해 있다는 말은 아닙니다. **그러나 우리는 그들이 여호와께 친히 답변하지 우리에게 직접 답변하지 않는다는 것을 반드시 기억해야 합니**

fuse the issue.

There is a tenth danger that we must mention. And that is the danger of being critical.

[Tape 8]

Welcome back to our final hour for today's session. We will go to 4 : 30, and I will try to be very mindful of the clock this time. I wanted to tell you everything I know and I almost did. But thank you for being very patient.

Let's complete the list of dangers as we finish this session. The tenth danger was the danger of being critical. It was the danger of thinking and speaking ill of someone else. I think we must constantly remember that, as people who have been forgiven of God, we must be very very gentle with others.

Older Christians must be careful not to judge the enthusiasm and the joy of younger Christians. And younger Christians must not belittle the experience and the long years of walk with God that is found in the older group. And all of God's people must beware of speaking ill of God's servants. It is not that God's servants are above or beyond criticism. But we must remember that they answer to the Lord himself and not to us directly.

The eleventh danger is the danger of pride and jealousy. It is not easy for a pastor who has labored many years in his congregation and suddenly see such a change: to hear their enthusiasm over how they have suddenly found new truth or have been converted through the revival. Nor is it easy for some who have preached to smaller groups to see such enor-

다.
　열한번째 위험은 **교만과 시기의 위험입니다.** 오랜 동안 그 회중을 목회해 온 목회자가 어느날 갑자기 사람들이 변화되는 것을 본다는 일은 결코 쉬운 일이 아닙니다. 자신들이 갑자기 어떻게 새로운 진리를 발견하게 되었는지, 혹은 부흥회 기간에 어떻게 갑자기 회심하게 되었는지를 열정적으로 간증하는 것을 듣고 있기가 쉽지 않습니다. 또한 적은 수의 사람들에게 설교하던 목회자에게는 수많은 인파가 부흥사에게 몰려가서 귀를 기울이는 것도 받아들이기 쉬운 일이 아닙니다. 그렇다 해도 우리는 교만과 시기의 죄를 피해야 합니다.
　부흥에 따라올 수 있는 열두번째 위험이 있습니다. **진실을 과장하거나 왜곡하는 일입니다.** 아시다시피 우리가 얼마나 일어난 일에 대한 통계자료를 주변에 배포하길 좋아합니까? 사실 전도 수치에 대해서는 과장이 너무 흔하기 때문에 우리는 아주 새로운 표현을 하나 갖게 되었는데, 그것은 "전도하듯이 말한다"는 말입니다. 미국에서 과장하기 좋아하는 전도자를 빗대기 위해서 만든 말입니다.
　강단으로 나오라는 초청에 1,000명이 응했는데 그 중 단 10명만이 구원을 위해서 나왔다고 해도 우리는 1,000명이 주님을 알게 되었다고 말합니다. 이것은 통계를 과장하는 위험에 그치는 것이 아니라 사실을 잘못 기술하는 위험까지 갖고 있는 것입니다.
　열세번째 위험은 **대중매체입니다.** 종교행사는 보통 큰 뉴스 거리가 되지 않습니다만 부흥은 큰 뉴스거리가 됩니다. 우리는 신문과 TV관계자들은 자신들이 보는 것만을 보도한다는 점을 명심해야 합니다. 그러나 부흥의 가장 큰 사역은 사람들의 마음 속에 일어나는 것으로 불가시적입니다. 그렇기 때문에 그들은 부흥의 가시적인 면, 보이는 면에 관심을 고정시키려는 유혹에 빠지곤 합니다.
　열네번째의 위험이 있습니다. **공개적으로 고백하지 말아야 할 죄를 공개**

mous crowds coming to hear the revival speaker? But we must avoid the sin of pride and jealousy.

There is the twelfth danger in the revival. That's the danger of exaggerating or distorting the truth. You know how we generally throw statistics around about what has taken place. It is so common for some in evangelism to exaggerate that we have created a whole new expression. A new word that we have coined for this is "speaking evangelistically." That's a new word we created in the states to talk about evangelist who tend to exaggerate.

If a thousand people came forward for an altar call and only ten were for salvation, we say over a thousand came to know the Lord. It's not only the danger of exaggerating statistics, there is a danger of mis-stating facts, too, as well.

Thirteenth danger is the media. Religion is not big news, but revival is. We must remember that Newspapers and TV people only report what they see. But the greatest work of revival is invisible, in the hearts of men and women. And so they have the temptation of fixing their attention on what is visible and what is seen.

There is a fourteenth danger. This is the danger of confessing things that should not be confessed in public. We've already referred to this in previous lectures. But the rule is to make the area of confession as large as the knowledge of sin. Anything more than that gets us into sensationalism.

There is a fifteenth danger. This is the lack of discernment. Here, I think, we must be aware that not everything that happens in the revival is automatically done by God. There are many physical effects that come along with the re-

적으로 고백하는 위험입니다. 여기에 대해서는 지난 번의 강의에서 이미 언급한 바 있습니다. 그러나 원칙은 고백의 범위를 죄에 대한 지식의 영역 내로 한정하는 것입니다. 그 이상 지나치는 것은 우리를 감각주의로 빠지게 합니다.

열다섯번째의 위험이 있습니다. **분별의 결핍입니다.** 저는 우리가 이점을 매우 주의해야 한다고 생각합니다. 즉 부흥기에 일어난 일은 다 자동적으로 하나님이 하신 일이라고 생각해서는 안 됩니다. 부흥 기간 중에 일어난 가시적인 결과 중에는 하나님께로부터 온 것도 있지만 그렇지 않은 것도 있습니다. 여기 해당하는 일이 18세기 웨슬레의 부흥운동 중에 일어났었습니다. 찰스 웨슬레와 조지 횟필드는 처음에는 이런 가시적인 현상을 장려했습니다.

그러나 나중에 가서는 자신들의 결정을 바꾸어 그것들을 금지했습니다. 이들은 예언의 영은 예언자의 지배를 받는다고 하였습니다. 그러므로 자신들의 집회에서는 최면, 입신, 또는 그런 종류의 일들을 허용하지 않는다고 했습니다. 그리고 그들은 "만일 부흥이 지속되기를 원한다면 우리는 확고한 입장을 견지해야만 한다"고 말했습니다. 바로 이점에서 우리는 성령의 사역을 방해하지 않기 위한 지혜를 가질 필요가 있고 동시에 사단의 훼방하는 역사를 대항하기 위한 지혜를 필요로 하는 것입니다.

마지막으로 열여섯번째의 위험이 있습니다. **하나님의 모든 권면을 무시하는 위험입니다.** 균형이 깨어진 부흥은 능력이 상실된 부흥입니다. 교회에 들어온 새신자들을 위해서는 하나님의 말씀 전체가 필요합니다. 우리는 이 시점에서 사람들이 듣고 싶어 하는 것을 배달하듯이 말할 것이 아니라, 오히려 하나님 말씀의 가르침 전체를 전해 주도록 신중해야 합니다. 부흥 운동을 이끌어 가는 사람들은 성경의 진리를 과장하거나 축소하지 않도록 매우 조심해야 합니다.

vival; some are from God, and some are not. This happened in the eighteenth century during the Wesleyan revivals. Charles Wesley and George Whitfield, at first, encouraged these physical manifestations.

But, then, later on, they reversed their decision and prohibited them. They said that the spirits of the prophets were subject to the prophets. And therefore, trances, swoons and things of this sort, they said, should not take place in their meeting. They said, "If we want the revival to remain alive, we've got to take a courageous stand." We need to have much wisdom here so that we do not hinder the Spirit, but we must also be wise to counter the works from Satan.

The last danger, number sixteen-this is the danger of neglecting the whole counsel of God. A revival out of balance is a revival out of power. The whole Word of God is necessary for new babes in Christ. We must be careful not to cater to what the people want at this point, but, rather, the whole teaching of the Word of God. Those who lead the revival must be careful of overstating and understating the Biblical truth.

Well, I hope these 16 dangers will be, at least, of some help to you. By no means, have we considered everything. Nor have we had time to put all the necessary qualifications that must be put with every one of them. But we pray that God would make us wise in what we do.

자, 이제까지 말씀드린 16가지의 위험이 여러분에게 최소한 어느 정도는 도움이 되기를 바랍니다. 우리가 다 다룬 것은 결코 아니며, 필요한 것을 하나하나 다 다룰 만한 시간도 우리에게는 없습니다. 단지 우리가 하는 일에 하나님께서 지혜 주시기를 기도드리는 바입니다.

구약에 나타난 부흥운동 (상)

- **초판발행** | 2023년 10월 22일
- **인   쇄** | 2016년 11월 25일
- **발 행 인** | 김 수 곤
- **지 은 이** | 월터 카이저
- **발 행 처** | 도서출판 선교횃불
- **전   화** | 02-2203-2739
- **팩   스** | 02-6455-2798
- **등 록 일** | 1999년 9월 21일 제54호
- **등 록 처** | 서울시 송파구 백제고분로 27길 (삼전동)
- **이 메 일** | ccm2you@gmail.com
- **홈페이지** | www.ccm2u.com

* 파본은 교환해 드립니다.
* 이 출판물은 저작권법의 보호를 받는 저작물이므로
  무단전재와 무단복제를 금합니다.